新 坐 标 法 学 教 科 书

本书撰写获中国政法大学
青年教师学术创新团队支持计划资助

请求权基础案例实训

新坐标

法学教科书

案例研习

吴香香 —— 主编

北京大学出版社
PEKING UNIVERSITY PRESS

图书在版编目(CIP)数据

请求权基础案例实训/吴香香主编. —北京：北京大学出版社，2023.6
ISBN 978-7-301-33964-0

Ⅰ.①请… Ⅱ.①吴… Ⅲ.①民法—案例—中国 Ⅳ.①D923.05

中国国家版本馆 CIP 数据核字(2023)第 069190 号

书　　　名	请求权基础案例实训 QINGQIUQUAN JICHU ANLI SHIXUN
著作责任者	吴香香　主编
责 任 编 辑	方尔埼
标 准 书 号	ISBN 978-7-301-33964-0
出 版 发 行	北京大学出版社
地　　　址	北京市海淀区成府路 205 号　100871
网　　　址	http://www.pup.cn　http://www.yandayuanzhao.com
电 子 信 箱	yandayuanzhao@163.com
新 浪 微 博	@北京大学出版社　@北大出版社燕大元照法律图书
电　　　话	邮购部 010-62752015　发行部 010-62750672　编辑部 010-62117788
印 刷 者	三河市北燕印装有限公司
经 销 者	新华书店
	650 毫米×980 毫米　16 开　21 印张　459 千字 2023 年 6 月第 1 版　2023 年 6 月第 1 次印刷
定　　　价	69.00 元

未经许可，不得以任何方式复制或抄袭本书之部分或全部内容。
版权所有，侵权必究
举报电话：010-62752024　电子信箱：fd@pup.pku.edu.cn
图书如有印装质量问题，请与出版部联系，电话：010-62756370

目　录

序	001
凡例	001
请求权基础方法概要	001
案例一：电梯劝烟案	001
案例二：喂猴被伤案	021
案例三：合同失败返还案	051
案例四：违约方解除案	089
案例五：画家村案	115
案例六：以房抵债案	151
案例七：买卖型担保案	179
案例八：海运货物灭失案	211
案例九：房屋善意取得案	243
附录：批注回复	281

序

随着请求权基础方法在全国范围内的迅速普及，以此为主题的学术作品也不断涌现。只是读者接触到的多为精雕细琢后的"成品展示"，而试错与纠错才是请求权基础方法训练的必经之路。就此而言，呈现作品从"未完成态"到成品的思路调整过程，也许比展示成品本身更有意义。本书的编写即以"展示过程"为目标，重现教师批改学生作业的真实情境，内容与体例也有鲜明的"过程色彩"。

本书的案例选取以现实性与本土化为标准。案例原型多为广受关注的本土案件，如电梯劝烟案、新宇公司诉冯玉梅违约方解除案、宋庄画家村宅基地自建房买卖案、第72号指导案例、以房抵债案、朱俊芳与嘉和泰公司买卖型担保案、连成贤诉臧树林排除妨害纠纷案等，意在立足本土规范，运用本土民法教义学，呈现请求权基础方法在本土案例解析中的方法逻辑与适用细节。

内容与体例采过程性与对话性的展示方式。九则案例报告依由易至难与知识区块相近性排序。为了重现作业批改的实况，每则案例报告均有正文、批注与批注回复三部分。其中，我的批注意见以"实时对话"的方式穿插于正文中，作者对批注的回复则集中收录于书末附录。在此意义上，各篇案例报告均非终稿，而毋宁说是"倒数第二稿"。读者朋友们可代入案例报告写作者的角色，对照批注意见与批注回复，经思考整合出自己的终稿。

作者团队是请求权基础案例课的助教团。请求权基础课程的助教多选自上届课程中的优秀学生。本书的几位年轻作者又是历届助教团队中的佼佼者，有些已在攻读博士学位，有些以前几名甚至是第一名的成绩入读硕士研究生，并多有"全国民商法博士生论坛""全国鉴定式案例研习大赛""全国法科学生写作大赛"等各类奖项傍身，称得上出类拔萃。每篇案例报告也都凝聚了作者真诚的学术努力。

作者具体分工如下：

请求权基础方法概要	吴香香，中国政法大学教授
案例一：电梯劝烟案	谭姗姗，中国政法大学 2020 级民商法学硕士研究生
案例二：喂猴被伤案	贺健飞，中国政法大学 2022 级民商法学硕士研究生
案例三：合同失败返还案	章　煜，北京大学 2022 级民商法学硕士研究生
案例四：违约方解除案	王坤庚，中南财经政法大学罗马一大法与经济学院 2022 级"比较法与欧洲法"硕士研究生
案例五：画家村案	王元昊，上海交通大学 2022 级民商法学硕士研究生
案例六：以房抵债案	姚美呈，中国政法大学 2022 级民商法学硕士研究生
案例七：买卖型担保案	李祥伟，中国政法大学 2021 级民商法学硕士研究生
案例八：海运货物灭失案	万桃源，南京大学 2022 级中德比较法学博士研究生
案例九：房屋善意取得案	张弘毅，北京大学 2021 级民商法学博士研究生
全书批注	吴香香，中国政法大学教授
附录：批注回复	各篇作者

在体例统一的前提下，书中也保留了各位作者的行文特色与个人观点。书中的批注意见未必均代表我的观点，而多是为了帮助作者补全论证，提醒作者完成论证需要回应的问题。感谢优秀的作者们容忍我的指指点点，相信所有的错讹都有其意义，它们是成长留下的痕迹。同时，也衷心感谢北京大学出版社副总编蒋浩先生与第五图书事业部副主任杨玉洁女士从本书策划到出版以来的一路支持。

吴香香

2023 年 3 月 28 日

凡 例

一、法律(现行有效)

1.《中华人民共和国民法典》(2020年通过),简称《民法典》。
2.《中华人民共和国民事诉讼法》(2021年修正),简称《民事诉讼法》(2021)。
3.《中华人民共和国土地管理法》(2019年修正),简称《土地管理法》(2019)。
4.《中华人民共和国城市房地产管理法》(2019年修正),简称《城市房地产管理法》(2019)。
5.《中华人民共和国城乡规划法》(2019年修正),简称《城乡规划法》(2019)。
6.《中华人民共和国道路交通安全法》(2021年修正),简称《道路交通安全法》(2021)。
7.《中华人民共和国旅游法》(2018年修正),简称《旅游法》(2018)。
8.《中华人民共和国企业破产法》(2006年通过),简称《破产法》(2006)。
9.《中华人民共和国海商法》(1992年通过),简称《海商法》(1992)。
10.《中华人民共和国对外贸易法》(2016年修正),简称《对外贸易法》(2016)。
11.《中华人民共和国立法法》(2023年修正),简称《立法法》(2023)。

二、法律(已失效)

1.《中华人民共和国民法通则》(2009年修正,2021年失效),简称原《民法通则》(2009)。
2.《中华人民共和国物权法》(2007年通过,2021年失效),简称原《物权法》(2007)。
3.《中华人民共和国合同法》(1999年通过,2021年失效),简称原《合同法》

(1999)。

三、司法解释及司法解释性质文件(现行有效)

1.《最高人民法院关于适用〈中华人民共和国民法典〉时间效力的若干规定》(法释〔2020〕15号),简称《时间效力规定》(2020)。

2.《最高人民法院关于适用〈中华人民共和国民法典〉总则编若干问题的解释》(法释〔2022〕6号),简称《总则编解释》(2022)。

3.《最高人民法院关于审理民事案件适用诉讼时效制度若干问题的规定》(法释〔2020〕17号),简称《诉讼时效规定》(2020)。

4.《最高人民法院关于适用〈中华人民共和国民法典〉物权编的解释(一)》(法释〔2020〕24号),简称《物权编解释一》(2020)。

5.《最高人民法院关于适用〈中华人民共和国民法典〉有关担保制度的解释》(法释〔2020〕28号),简称《担保制度解释》(2020)。

6.《最高人民法院关于审理买卖合同纠纷案件适用法律问题的解释》(法释〔2020〕17号),简称《买卖合同解释》(2020)。

7.《最高人民法院关于审理商品房买卖合同纠纷案件适用法律若干问题的解释》(法释〔2020〕17号),简称《商品房买卖合同解释》(2020)。

8.《最高人民法院关于审理民间借贷案件适用法律若干问题的规定》(法释〔2020〕17号),简称《民间借贷案件规定》(2020)。

9.《最高人民法院关于审理旅游纠纷案件适用法律若干问题的规定》(法释〔2020〕17号),简称《旅游案件规定》(2020)。

10.《最高人民法院关于审理人身损害赔偿案件适用法律若干问题的解释》(法释〔2022〕14号),简称《人身损害赔偿解释》(2022)。

11.《最高人民法院关于审理铁路运输人身损害赔偿纠纷案件适用法律若干问题的解释》(法释〔2021〕19号),简称《铁路运输人身损害赔偿解释》(2021)。

12.《最高人民法院关于确定民事侵权精神损害赔偿责任若干问题的解释》(法释〔2020〕17号),简称《精神损害赔偿解释》(2020)。

13.《最高人民法院关于适用〈中华人民共和国保险法〉若干问题的解释(四)》

（法释〔2020〕18 号），简称《保险法解释（四）》（2020）。

14.《最高人民法院关于审理无正本提单交付货物案件适用法律若干问题的规定》（法释〔2020〕18 号），简称《无正本提单交付货物案件规定》（2020）。

15.《最高人民法院关于适用〈中华人民共和国民事诉讼法〉的解释》（法释〔2022〕11 号），简称《民事诉讼法解释》（2022）。

16.《最高人民法院关于人民法院执行工作若干问题的规定（试行）》（法释〔2020〕21 号），简称《执行规定》（2020）。

17.《最高人民法院关于人民法院民事执行中查封、扣押、冻结财产的规定》（法释〔2020〕21 号），简称《查扣冻规定》（2020）。

18.《最高人民法院关于人民法院办理执行异议和复议案件若干问题的规定》（法释〔2020〕21 号），简称《执行异议规定》（2020）。

19.《全国法院贯彻实施民法典工作会议纪要》（法〔2021〕94 号），简称《贯彻民法典纪要》（2021）。

20.《最高人民法院关于印发〈全国法院民商事审判工作会议纪要〉的通知》（法〔2019〕254 号），简称《九民纪要》（2019）。

21.《最高人民法院关于印发〈第八次全国法院民事商事审判工作会议（民事部分）纪要〉的通知》（法〔2016〕399 号），简称《八民纪要》（2016）。

四、司法解释（已失效）

1.《最高人民法院关于适用〈中华人民共和国物权法〉若干问题的解释（一）》（法释〔2016〕5 号，2021 年失效），简称原《物权法解释一》（2016）。

2.《最高人民法院关于适用〈中华人民共和国合同法〉若干问题的解释（二）》（法释〔2009〕5 号，2021 年失效），简称原《合同法解释二》（2009）。

五、其他规范性文件（现行有效）

1.《中华人民共和国土地管理法实施条例》（2021 年修订），简称《土地管理法实施条例》（2021）。

2.《自然资源部关于修改印发〈不动产登记操作规范（试行）〉的通知》（自然资

函〔2021〕242号),简称《不动产登记操作规范(试行)》(2021)。

3.《住房和城乡建设部关于印发房屋交易合同网签备案业务规范(试行)的通知》(建房规〔2019〕5号),简称住建部《房屋交易合同网签备案业务规范(试行)》(2019)。

4.《中国人民银行、中国银行业监督管理委员会、中国保险监督管理委员会等关于印发〈农民住房财产权抵押贷款试点暂行办法〉的通知》(银发〔2016〕78号),简称《农民住房财产权抵押贷款试点暂行办法》(2016)。

5.《关于印发〈武进区农村宅基地管理办法(试行)〉的通知》(武宅改办〔2021〕1号),简称《武进区农村宅基地管理办法(试行)》(2021)。

六、其他规范性文件(已失效)

《国土资源部印发〈关于加强农村宅基地管理的意见〉的通知》(国土资发〔2004〕234号,2020年失效),简称原《国土资源部加强农村宅基地管理的通知》(2004)。

七、国际条约

《联合国国际货物销售合同公约》(自1988年1月1日起在中国生效),简称《公约》。

请求权基础方法概要

《民法典》主要依立法者视角构建,基本线索是权利类型及其效力。① 以"提取公因式"技术集成的立法规范体系,不断重复"从一般到特别"的体系逻辑,虽然便于储法和教习,但并不能无缝对接法律适用。法律适用的找法过程恰恰"逆向"于立法,遵循的是"从特别到一般"的检索过程。② 请求权基础思维体现的正是这一"从特别到一般"的找法技术。各类请求权基础及其下挂的辅助规范、抗辩规范体系是"公因式展开"后的民法体系,直接服务于法律适用。

一、请求权基础与规范类型

请求权基础方法以诉讼中的攻防结构为基本框架,以此为标准,《民法典》的规范也可区分为两大类,即原告攻击的规范工具与被告防御的规范工具。原告诉讼请求多体现为"请求权要求",因而原告方首要的规范工具即支持其请求权的规范依据,称请求权基础(主要规范)。就请求权基础的适用前提或法律效力作说明或补充的条文,为请求权基础的辅助规范,同属原告攻击的规范工具。对抗或限制请求权基础或其辅助规范的条文为被告的规范工具,称防御规范。防御规范又可分为狭义抗辩(独立抗辩)规范与否认(非独立抗辩)规范。进而,抗辩规范的辅助规范也是被告的防御工具。排除被告抗辩的反抗辩规范又服务于原告,对抗原告反抗辩的再抗辩规范则服务于被告。

(一)典型的主要规范

请求权基础的法律效果体现为请求权或给付义务,因而请求权基础的识别应

---

① 本书所涉规范均为《民法典》条文,为行文简便,下文仅标识条文号。
② 参见吴香香:《民法典编纂中请求权基础的体系化》,载《云南社会科学》2019年第5期。

从条文的法律效果部分切入。法律效果直接体现为请求权的主要规范,如物权人原物返还请求权条款(第235条)的"权利人可以请求返还原物"。法律效果体现为给付义务的主要规范,则如违约责任条款一般条款(第577条)的"应当承担继续履行、采取补救措施或者赔偿损失等违约责任"。

依请求权基础方法的外在结构(详见下文),典型请求权基础的规范内容包括基于合同的请求权、类似合同的请求权、无因管理请求权、基于物法的请求权、侵权请求权与不当得利请求权等类型。①

基于合同的请求权可区分为原合同请求权与派生合同请求权。与之相应,原合同请求权的规范基础为合同的给付义务条款,如买卖合同的出卖人主给付义务条款(第598条)、从给付义务条款(第599条)、权利瑕疵义务条款(第612条)、品质瑕疵义务条款(第615条第1句)与买受人主给付义务条款(第626条第1句)等。派生合同请求权又可再区分为违约所生请求权与解除所生请求权,前者的请求权基础如违约责任一般条款(第577条)②、瑕疵履行的违约责任(第582条、第583条);后者的请求权基础则如解除后的返还与赔偿条款(第566条第1款)。

类似合同的请求权包括缔约过失请求权(第500条)、后合同义务请求权(第558条)、基于无权代理的请求权(第171条第3款第1句)等类型。无因管理请求权则包括适法无因管理的费用偿还(第121条或第979条第1款第1分句)与损失补偿请求权(第979条第1款第2分句)、不适法无因管理人与不法管理人在受益人主张管理利益时的费用偿还与损失补偿请求权(第980条)③,以及管理人的善良管理义务(第981条第1句)、报告与财产移交义务(第983条)。唯应注意,总则编第121条与合同编第979条第1款第1分句的表述基本一致④,均可作为适法无因管理费用偿还请求权的规范基础。

就绝对权而言,同样有原给付请求权与派生给付请求权的二阶构造。基于物

---

① 关于请求权基础方法的内在结构与外在结构,可参见吴香香:《请求权基础思维及其对手》,载《南京大学学报(哲学·人文科学·社会科学)》2020年第2期。
② 参见姚明斌:《民法典违约责任规范与请求权基础》,载《法治现代化研究》2020年第5期。
③ 参见金可可:《〈民法典〉无因管理规定的解释论方案》,载《法学》2020年第8期;易军:《无因管理制度设计中的利益平衡与价值调和》,载《清华法学》2021年第1期。
④ 这是民法典活页形式立法导致的重复条文,关于此种立法体例的论述可参见朱庆育:《第三种体例:从〈民法通则〉到〈民法典〉总则编》,载《法制与社会发展》2020年第4期。

法的绝对权请求权为占有与物权的内在效力延伸，与过错无关，对应原给付请求权，典型者如占有保护请求权(第462条第1款第1、2分句)与物权请求权(第235条、第236条)。其他绝对权的消极防御请求权则以侵权责任编第1167条为规范基础。侵害绝对权所生的侵权损害赔偿请求权为派生给付请求权，请求权基础在侵权责任编，如过错侵权一般条款(第1165条第1款)。

不当得利返还请求权的规范基础则为第122条或第985条主文，二者表述基本一致。此外，自得利人处无偿受让利益的第三人也负担返还义务(第988条)。

(二)典型的辅助规范

最典型的辅助规范是请求权基础的辅助规范，功能在于细化请求权基础的适用前提或法律效果。

适用前提类辅助规范，多为描述性法条，典型者如权利主体、权利客体及各类权利定义条款，以及合同编各类有名合同定义条款。权利主体(如第13条自然人权利能力)、权利客体(如第115条第1句物的定义)、权利内容(如第240条所有权定义)可能构成各类请求权基础共用的辅助规范。各有名合同定义(如第595条买卖合同定义)则仅是此类典型合同请求权基础的个别辅助规范，辅助认定合同性质。①

法律效果类辅助规范，多为填补性法条，同样有共用辅助规范与个别辅助规范之分。前者如按份责任承担方式条款(第177条)与连带责任承担方式条款(第178条第1款)是多数人之债共用的法律效果辅助规范；违约损害赔偿范围条款(第584条)是各类违约损害赔偿请求权共用的法律效果辅助规范；人身损害赔偿范围条款(第1179条)、财产损失计算条款(第1184条)是侵权损害赔偿共用的法律效果辅助规范。后者如买卖标的物交付地点认定条款(第603条)，仅是出卖人交付义务的个别辅助规范。

上述辅助规范在个案中能否得到适用，均取决于原告举证的事实能否充分证成其适用前提。但有一类典型辅助规范与举证分配无关，其功能在于确定法律适

---

① 但保证合同的定义条款(第681条)可作为请求权基础，因为《民法典》保证合同章未就保证人的给付义务专设条文。

用或指引法官裁量。前者如民法地域效力条款(第12条)、诉讼时效之法官职权禁止条款(第193条),后者则如民法法源条款(第10条)、相邻关系法源条款(第289条)、意思表示解释规则(第142条)、合同解释规则(第466条)等。

(三)典型的抗辩规范

请求权基础检视的内在结构区分"请求权已产生→未变更/未消灭→可行使"三个阶段,与之相应的抗辩则分为权利产生抗辩、权利变更/消灭抗辩、权利行使抗辩(抗辩权[①])。例如,法律行为无效规则(第144条无行为能力无效条款、第153条违法或悖俗无效条款)是合同请求权产生的抗辩规范,正当防卫条款(第181条第1款)与自助行为条款(第1177条第1款)是侵权请求权产生的抗辩规范,债权债务终止条款(第557条第1款)是请求权消灭的抗辩规范,时效抗辩权条款(第192条第1款)、双务合同履行抗辩权条款(第525—527条)、一般保证人先诉抗辩权条款(第687条第2款主文)则是权利行使抗辩规范。

上述抗辩规范均针对请求权基础或其辅助规范,但抗辩规范自身也可能有其抗辩规范,从而体现出"原告请求→被告抗辩→原告反抗辩→被告再抗辩……"的诉讼攻防结构。例如,针对被告的诉讼时效抗辩权,原告可提出诉讼时效中止的反抗辩(第194条第1款);对此,被告可进一步提出中止原因消灭已满六个月的再抗辩(第194条第2款)。

唯应注意,此处所谓抗辩为狭义抗辩(独立抗辩),不同于积极否认(非独立抗辩)。积极否认所涉,是被告无主张责任的事项,即否认原告主张的关于请求权成立的事实陈述。典型的积极否认如《民间借贷案件规定》(2020)第15条第2款。抗辩所涉,则是被告有主张责任的关于请求权基础的对立事项,须依次检视的是权利未产生的抗辩、权利已消灭的抗辩与权利行使的抗辩(抗辩权)。因而,积极否认是对原有要件的防御,不改变举证分配,被告的证明为反证;狭义抗辩则会引入新的消极要件,被告承担举证责任,其证明为本证。[②]

---

① 关于抗辩权的进一步分类,可参见申海恩:《抗辩权效力的体系构成》,载《环球法律评论》2020年第4期。
② 依《民事诉讼法解释》(2022)第108条,本证与反证的证明标准也不同。

二、请求权基础的检视结构

在检视请求权基础之前,首先须"预选"请求权基础规范。"预选"并非由请求权规范的构成要件切入,而是根据案件中当事人的请求,从法律效果部分入手。如果当事人请求损害赔偿,那么只有法律效果为"损害赔偿"的请求权规范才在"预选"范围之内。但以"损害赔偿"为效果的请求权规范并非只有一个,于此即涉及多个被预选之请求权基础规范的检视顺序问题。

(一)外在结构

对于法律适用的结果而言,请求权规范基础的检视顺序似乎并无意义,但遵循特定的检视顺序可以达致此效果:避免于检讨某特定请求权基础时,须以其他请求权基础的检讨作为前提问题。易言之,尽量避免于检讨某特定请求权基础时,受到前提问题的影响。基于这一合目的性的考量,越特别的请求权基础越应被置于检视顺序的前列。以下是民法上请求权规范基础检视的一般顺序。

1. 基于合同的请求权

因为合同构成特殊规则,可以影响所有其他请求权基础规范:合同是无因管理的先决问题,构成管理的"原因",若有合同存在,则无因管理没有成立的空间。合同请求权构成占有的权源时,即排除物上请求权的成立。合同可以作为违法性阻却事由,排除侵权法上请求权的成立可能。合同可以作为财产变动的正当原因,从而排除基于不当得利的请求权。

2. 基于缔约过失的请求权等类似合同的请求权

检查合同上的请求权之后,当立即检查基于缔约过失的请求权,因为于此须探讨的问题一般在检查合同请求权时已有涉及。而且,基于缔约过失的请求权规范应在检视侵权法上的请求权规范之前予以检讨,因为当事人意欲缔结但未有效成立的合同仍可能影响侵权法上的责任标准,如赠与人只对故意或重大过失负责。

3. 基于无因管理的请求权

无因管理在某些方面的效力类似合同:它可以作为占有的正当权源,排除物上请求权;也可以构成合法性事由排除侵权请求权的成立,亦可能构成侵权责任减轻的事由;还可以作为财产变动的合法原因,排除不当得利请求权的成立。

4. 物法上的请求权

物上请求权的权利人只须证明物权或占有的存在,无须证明对方的过失或得利等其他要件,因而,物上请求权应在基于侵权的请求权和不当得利请求权之前检视。此外,所有权人与无权占有人关系规范可排除适用侵权法和不当得利法的一般规范,也应于此检视。

5. 不当得利和侵权互不影响

因此,二者并不存在检视上的先后顺序,但一般而言,损害赔偿请求权优先考虑侵权,返还请求权优先考虑不当得利。

需要注意的是,在上述每个请求权类型中,又包含次级请求权基础规范,这些规范之间也存在检视上的先后顺序。例如,给付不当得利的检视优先于其他类型的不当得利。如果涉及亲属法或者继承法上的请求权,其检视顺序紧接在合同请求权之后;基于单方法律行为的请求权,其检视顺序同样紧接在合同请求权之后。

(二) 内在结构

根据"法律效果"预选请求权规范并确定检视顺序之后,对每个请求权规范基础的进一步探寻就必须考虑规范的构成要件。即将案件事实"涵摄"于特定请求权规范的构成要件之下,并将案件事实与其构成要件不符的请求权规范从经预选的规范中剔除。请求权规范的要件通常由多个构成要件特征组成,为涵摄之前,须分解各个要件,而各构成要件又蕴含着法律概念,每个法律概念须经由定义予以具体化,使其在内容上更接近于案件事实。

具体而言,每个请求权的检视都须经过三层(请求权已产生→未消灭→可行使)四步(请求权产生要件→权利未发生的抗辩→权利已消灭的抗辩→权利行使抗辩权)。其中,请求权已产生可拆解为两个步骤:满足请求权产生的积极要件,且不存在阻碍请求权产生的消极抗辩。

1. 请求权产生要件

对请求权是否产生的检视须考量其各个产生要件是否被满足。非但对数个请求权规范的检视有其先后,对单个请求权规范之构成要件的检视也有次序。

2. 权利发生的抗辩

此外,还须检讨是否存在权利发生的抗辩,此类抗辩的存在意味着请求权根本不曾成立。如对于基于合同的原生请求权而言,要求合同成立并且无效力阻却事由。其中,关于是否存在合同效力阻却事由的检讨,即考查是否存在针对该请求权的权利发生抗辩,包括行为能力的欠缺、意思表示瑕疵、形式瑕疵、内容瑕疵等。

3. 权利消灭的抗辩

于此,须检视是否存在针对该请求权的权利消灭的抗辩,即请求权虽曾一度发生,而嗣后归于消灭的事由,如清偿或代物清偿、提存、抵销、免除、混同、终局给付不能、对待给付不能等。

权利产生抗辩与权利消灭抗辩之效力足以否定请求权的存在或使请求权归于消灭,故在诉讼进行中,当事人即使未提出抗辩,法院亦应审查事实,如有抗辩事由之存在,为当事人利益起见,须依职权予以有力之裁判。

4. 权利行使抗辩权

这一步骤检视是否存在针对请求权的抗辩权,即是否存在权利行使抗辩权,如时效抗辩权、同时履行抗辩权等。抗辩权仅于被告主张时,法院始得就其所主张之事由,予以审查。

在上述步骤中对抗辩及抗辩权的检视之后,仍须检视是否存在针对抗辩的防御规范。

(三) 请求权基础的多元性

同一案件事实可能满足数个不同法律规范的构成要件,此时发生多元请求权基础,具体情形大致可归纳为四类:规范排除的竞合,选择性竞合,请求权聚合与请求权竞合。一般而言,于规范排除的竞合情形,一个请求权规范排除另一个请求权规范的适用:高位阶法排除低位阶法,特别法排除一般法,新法优于旧法。选择性竞合情形,就两个以上不同内容的请求权(或一个请求权,一个形成权),当事人可以择一行使。请求权聚合情形,当事人得同时主张数个不同内容的请求权。

有争议的是所谓请求权竞合。例如,原告的损害赔偿请求可能既有合同规范支持,又有侵权规范支持。由此产生的问题是,当事人是否有权利以及是否有义务选择其中一项作为裁判依据?抑或当事人既无权利也无义务选择裁判依据,这些规范只是支持当事人诉讼请求的不同理由?

对此问题,《民法典》第186条的规定是:"因当事人一方的违约行为,损害对方人身权益、财产权益的,受损害方有权选择请求其承担违约责任或者侵权责任。"依文义解释,该项规范似乎意在要求当事人选择裁判依据。但如何适用法律本应是法官的权限,法官不应受当事人之法律意见的约束。若要调和规范文本与法官权限,唯一可能的解释是,认为于此情形当事人享有两项不同的实体法请求权,一项是合同请求权,一项是侵权请求权,而私法权利的行使与否,应该由当事人自决。但是这样的解读却因两项请求权在责任限制、转让等方面的互相影响而遭遇了诸多批评。①

拉伦茨(Karl Larenz)一派认为,此类情形在实体法上通常仅成立一项请求权,只不过有多重规范依据,因而所涉并非"请求权竞合"(Anspruchskonkurrenz),而是"请求权规范竞合"(Anspruchsnormenkonkurrenz)。典型的请求权规范竞合,即合同损害赔偿请求权与侵权损害赔偿请求权的竞合。仅在例外情形下,才可能成立真正的请求权竞合,如在数项请求权服务于不同的目的时。② 由于请求权规范竞合的数项请求权基础可同时作为支持某一诉讼请求的裁判理由,也可称之为裁判理由的竞合(Begründungskonkurrenz)。③

德国民事诉讼领域目前的通说是,即使认为此类情形在实体法上成立数项竞合的请求权,诉讼视角下通常也只是一项请求权,只构成一项诉讼标的。④ 因为诉讼法上的请求权与实体法不同,仅以诉讼标的为断,而是否同一诉讼标的之判准,并不在于原告主张的实体请求权是否同一,而在于原告的诉讼请求与案件事实是否同一。⑤ 一项实体法上的请求权虽然足以支持一项给付之诉,但一项给付之诉的

---

① 对此问题的讨论可参见叶名怡:《〈合同法〉第122条(责任竞合)评注》,载《法学家》2019年第2期;谢鸿飞:《违约责任与侵权责任竞合理论的再构成》,载《环球法律评论》2014年第6期;张家勇:《中国法民事责任竞合的解释论》,载《交大法学》2018年第1期。

② Vgl. Larenz/Canaris, Lehrbuch des Schuldrechts, Bd. 2. Besonderer Teil, Halbbd. 2, 13. Aufl., München: C. H. Beck, 1994, S. 597; Wolf/Neuner, Allgemeiner Teil des Bürgerlichen Rechts, 11. Aufl., München: C. H. Beck, 2016, S. 257 ff.

③ Vgl. Peter Arens, Zur Anspruchskonkurrenz bei mehreren Haftungsgründen, AcP 170(1970), S. 423.

④ Vgl. Gottwald, Münchener Kommentar zur ZPO, 5.Aufl., München: C.H. Beck, 2016, § 322, Rn. 116;曹志勋:《德国诉讼标的实体法说的发展——关注对请求权竞合的程序处理》,载《交大法学》2018年第1期。

⑤ Vgl. Peter Arens, Zur Anspruchskonkurrenz bei mehreren Haftungsgründen, AcP 170(1970), S. 414; Wolf/Neuner, Allgemeiner Teil des Bürgerlichen Rechts, 11. Aufl., München: C. H. Beck, 2016, S. 263. 关于诉讼标的理论争议,还可参见〔德〕奥特马·尧厄尼希:《民事诉讼法(第27版)》,周翠译,法律出版社2003年版,第202—210页。

依据却不必限于一项实体请求权,而完全可以有数项请求权基础支持。① 我国也有学者采类似主张,并认为我国的实践操作也更接近上述诉讼标的理论(新诉讼标的理论)。②

温德沙伊德(Bernhard Windscheid)将请求权与诉权剥离,发展出实体法上的请求权概念③,但也引出了诉讼标的与实体请求权的关系问题④,尤其是当同一诉讼请求有多项请求权规范支持时。本书无意就此问题展开论证,只是希望说明:请求权思维引导下的法庭报告技术/关联分析法,审查的并非原告选择的特定请求权基础,而是所有可能的请求权基础。一方面,即使原告明确选择特定请求权基础,法官原则上也不受其拘束。⑤ 另一方面,当事人也没有义务选择请求权基础,而只需要以"请求对方返还某物"或"请求对方赔偿若干损失"等方式提出诉讼请求即可,为其寻找规范支持是裁判者的任务。⑥ 而这又反过来要求法官必须对同一诉讼请求之所有可能的请求权基础均予检视,不能有所遗漏。

举例而言,原告以合同请求权基础为依据提出损害赔偿诉讼请求,法官并不受其拘束,既有权力也有义务就此诉讼请求审查所有可能的请求权基础,而不限于合同。据此,可能出现三种情形:其一,仅合同请求权基础成立,原告胜诉;其二,合同请求权基础不成立,但其他请求权基础成立(如侵权),原告仍胜诉;其三,所有可能的请求权基础均不成立,原告败诉。因此,如果原告败诉,就不是因为其诉讼请求不被合同请求权基础支持,而是因为没有任何请求权基础支持其诉讼请求,法官在其第一次诉讼请求中即已全面审查了所有可能的请求权基础,原告也就无权再以侵权为由提出相同诉讼请求,于此仅存在一个诉讼标的。⑦

---

① Vgl. Chris Thomale, Der verdrängte Anspruch-Freie Anspruchskonkurrenz, Spezialität und Subsidiarität im Privatrecht, JuS 2013, S. 296.
② 参见张卫平:《重复诉讼规制研究:兼论"一事不再理"》,载《中国法学》2015年第2期。
③ 参见金可可:《论温德沙伊德的请求权概念》,载《比较法研究》2005年第3期。
④ 参见梅夏英、邹启钊:《请求权:概念结构及理论困境》,载《法学家》2009年第2期。
⑤ 例外情形如法院对特定请求权基础无管辖权等,请参见 Walter Zimmermann, Klage, Gutachten und Urteil, 21. Aufl., Heidelberg: C. F. Müller, 2019, S. 37.
⑥ 参见朱庆育:《民法总论》(第2版),北京大学出版社2016年版,第564页。Wolf/Neuner, Allgemeiner Teil des Bürgerlichen Rechts, 11. Aufl., München: C. H. Beck, 2016, S. 264.
⑦ Vgl. Gottwald, Münchener Kommentar zur ZPO, 5.Aufl., München: C. H. Beck, 2016, § 322, Rn. 116; Peter Arens, Zur Anspruchskonkurrenz bei mehreren Haftungsgründen, AcP 170(1970), S. 419.

既然不同的请求权基础只是同一诉讼请求的不同法律理由，其间所涉就不是原告的权利行使问题，而是法律适用问题，属于法官的职权范围，原告既没有权利也没有义务选择裁判依据。由此反观，请求权基础思维的经典问句"谁得向谁根据何种规范为何种请求"（Wer will was von wem woraus），预设的提问对象就是法官而不是当事人，因为当事人不必回答"根据何种规范"。

（四）鉴定式与裁判式

适用请求权方法分析案件事实时，其分析过程可用鉴定体裁（Gutachtenstil）或裁判体裁（Urteilstil）予以表述。鉴定体裁遵循真实的思维过程，以假设性问题的提出为第一步（假设结论），列出假设的请求权基础之构成要件（大前提），再逐步分析此假设成立所须满足的条件在案件事实中是否存在（涵摄），最后得出结论。而裁判体裁则并不以思维顺序为撰写顺序，将结论置于开始部分，再说明此结论的正当性。鉴定体裁更接近真实的思维过程，裁判体裁中结论的得出也只能借助鉴定体裁式的分析与思考。

三、请求权基础的实战运用

法学课堂中的请求权思维训练，专注于对请求权基础本身（大前提）的找寻，案件事实（小前提）则是事先给定的。但这仅体现了法律工作的一半内容。现实中的法院裁判，首先应处理的却是原告、被告双方基于自己的立场分别讲述的"两个故事"，内容常常互相矛盾，并混杂着各种夸张修辞、主观推测与情绪宣泄，具有法律意义的重要事实点反而可能被湮没。由此产生的问题是，对于小前提（案件事实）的萃取，请求权思维是否仍可发挥效用？舍尔哈默（Kurt Schellhammer）在其著作中指出，法学止于事实处理，法学方法也对此闭上了双眼，仅将自己限于法律适用，事实处理并无任何经科学验证的方法，有的只是淳朴的法律手艺。[1] 这项"手艺"就是德国法官群体自19世纪即开始探索的"法庭报告技术/关联分析法"[2]，其核心即以

---

[1] Vgl. Kurt Schellhammer, Die Arbeitsmethode des Zivilrichters, 17. Aufl., Heidelberg, München, Landsberg, Frechen, Hamburg: C. F. Müller, 2014, VII.
[2] See James R. Maxeiner, Imagining Judges that Apply Law: How They Might Do It, *Penn State Law Review*, Vol. 114:2, 2009, p. 472; Hartmut Kliger, Juristenausbildung und Anwaltsausbildung, NJW 2003, S. 713.

请求权基础思维引导案件事实(小前提)的裁剪与认定。

法庭报告技术/关联分析法来自德国法院的长期实践,其产生的部分原因是为了裁判效率、避免重复劳动,在需要多人合作(如合议庭)决定法律争议时,先由一名报告人(Berichterstatter)根据特定程式处理事实并提出裁决建议,以作为合议庭裁判的表决基础。① 如今走出法学院的德国未来法官与律师,在参加第二次司法考试之前的法务见习(Vorbereitungsdienst)阶段,都必须用真实案件反复操练法庭报告技术/关联分析法,这也是第二次司法考试的考查重点。《德国法学教育指南》(Juristen-Ausbildungsrichtlinien)即明确要求两次司法考试之间的法律候补文官(Rechtsreferendar)必须具备运用法庭报告技术/关联分析法处理案件事实的能力。

法庭报告技术/关联分析法的母版可追溯至罗马法上法律审(in iure)与事实审(in iudicio)的二阶构造。首先审查原告的诉讼请求是否存在相应的诉权(actio)规范依据(请求权基础),被告的抗辩是否存在诉讼上的抗辩(exceptio)规范依据,并就此撰写裁决。若原告无诉权,则在此阶段案件即终结。若存在相应的诉权规范与抗辩规范,则转由法官主持质证,并检视诉权与抗辩的要件是否满足,作出最终判决。②

运用法庭报告技术/关联分析法写就的案件分析报告(Relation),通常由案情(Sachbericht)与鉴定(Gutachten)两部分组成。与法律鉴定相对应的审查过程,并非同时处理原告与被告讲述的"两个故事",而是划分不同阶段依次审理,原则是程序先于实体、法律先于事实、原告先于被告。③ 第一阶段是程序阶段(Prozeßstation),检视原告起诉是否符合程序要件(Zulässigkeit)。第二阶段是原告阶段(Klägerstation),对原告陈述进行法律审查(而非证据审查),检视原告诉讼请求的法律合理性(Schlüssigkeit),即针对原告诉讼请求预选所有可能的请求权基础,并审查原告陈述(而非经质证的事实)是否满足请求权规范的适用前提。第三阶段是被

---

① 参见〔德〕卡尔·弗里德里希·斯图肯伯格:《作为笛卡尔方法的法学鉴定学》,季红明、蒋毅译,载李昊、明辉主编:《北航法律评论》(2017年第1辑),法律出版社2019年版,第169—189页。
② Vgl. Kurt Schellhammer, Die Arbeitsmetheode des Zivilrichters, 17. Aufl., Heidelberg, München, Landsberg, Frechen, Hamburg: C. F. Müller, 2014, S. 3.
③ Vgl. Kurt Schellhammer, Die Arbeitsmetheode des Zivilrichters, 17. Aufl., Heidelberg, München, Landsberg, Frechen, Hamburg: C. F. Müller, 2014, S. 9.

告阶段(Beklagtenstation),对被告陈述进行法律审查(而非证据审查),检视被告防御的法律合理性(Erheblichkeit),即被告陈述(而非经质证的事实)是否满足防御规范的适用前提。第四阶段是证据阶段(Beweisstation),仅双方有争议且具有法律意义的事项才需要举证,一方主张且另一方认可的陈述则视为真实。① 第五阶段是裁判阶段(Entscheidungsstation),形成证据认定建议与裁判建议。

其中最关键的是原告阶段与被告阶段(对应罗马法上的法律审),这两个阶段的审理纯粹是法律审查,仅检视双方陈述是否以及在多大范围内可支持其法律主张,而不涉及陈述的真实性,事实认定是证据阶段的任务。② 因而,也有将这两个阶段并称为陈述阶段(Darlegungsstation)者③,实质是以请求权思维引导事实萃取,以请求权规范、辅助规范与防御规范分别审查原告与被告的陈述是否具有法律合理性。

原告阶段与被告阶段的审查并不是依案件事实发生的时间顺序展开,而是根据原告诉讼请求寻找请求权基础,依次检视原告陈述与被告陈述是否满足各项备选请求权规范及其各层级辅助规范、防御规范的适用前提,实质是将课堂练习的请求权方法分别适用于原告、被告两方陈述的法律审查,只不过其中"给定的事实"被替换为原告、被告两个版本的"当事人陈述"。陈述审查阶段本身既不调查未知事实,也不证明已知陈述。不过,为了避免突袭判决(Überraschungsentscheidung),法官有释明义务。④ 不具有法律合理性的原告诉讼请求与被告防御,是法官释明义务的典型适用情形。当事人主张不具有法律合理性的原因,常常是他们低估了自己的主张责任,法官应在判决之前为当事人提供补正的机会。⑤

经过陈述阶段的检视,即可确定原告、被告双方各自期待的裁判结果是什么,哪些请求权基础与防御规范应纳入考量,当事人双方的陈述是否以及在多大程度

---

① Vgl. Brox/Walker, Allgemeiner Teil des BGB, 42. Aufl., München: Franz Vahlen, 2018, S. 32.这是当事人主义的体现,而我国民事判决书事实部分采用"本院查明"的表述,则是法院职权主义的体现。
② Vgl. Schuschke/Kessen/Höltje, Zivilrechtliche Arbeitstechik im Assessorexamen, 35. Aufl., München: Franz Vahlen, 2013, S. 119 f.
③ Vgl. Anders/Gehle, Das Assessorexamen im Zivilrecht, 13. Aufl., München: Franz Vahlen, 2017, S. 47.
④ Vgl. Walter Zimmermann, Klage, Gutachten und Urteil, 21.Aufl., Heidelberg: C.F. Müller, 2019, S. 29.
⑤ Vgl. Kurt Schellhammer, Die Arbeitsmetheode des Zivilrichters, 17. Aufl., Heidelberg, München, Landsberg, Frechen, Hamburg: C. F. Müller, 2014, S. 105.

上满足了这些规范的适用前提。借此,可进一步确定具有法律意义但双方陈述矛盾的待证事实有哪些,是否以及应当就哪些要件事实、依怎样的顺序在下一阶段安排举证。原则上,仅双方有争议(陈述不一致)且构成请求权基础要件或抗辩要件的陈述才需要举证确认。因而,经过陈述阶段的检视,大量案件不必进入证据阶段即可结案。① 这也正是法庭报告技术/关联分析法之法律审查先于事实审查的意义所在。在后续的证据阶段,争议陈述一旦被确证,裁判结论也就呼之欲出:争议事项得到原告的证据支持则原告胜诉;得到被告的证据支持则被告胜诉;双方均无法证明争议事项的真假时,则由负担举证义务的一方承受不利后果。②

需要说明的是,本书的案例报告仍仅限教学场景下的鉴定式案例分析技术,即以给定事实为前提的请求权基础探寻,尚不涉及真实诉讼场景的法庭报告技术。③

四、请求权基础与法律关系

我国当前的民事裁判以法律关系思维为主导④,其方法特征可归纳如下:其一,法律关系先于诉讼请求。原告起诉的第一步是选定案由,法院审理的起点也是确定案由,而案由的定性实质是法律关系的定性,《民事案件案由规定》中的案由类型完全依法律关系分类。其二,事实认定先于法律适用。审理过程中虽没有强行的法律审查阶段与事实审查阶段的划分,但大致遵循先查清事实(发生了什么)再适用法律(应当如何解决)的思路展开审理。庭前准备阶段即开始调查收集必要的证据[《民事诉讼法》(2021)第 132 条]。其三,事件历史先于攻防结构。在框定的法律关系(案由)范畴内,案件事实的认定与法律关系的审查大多依时间顺序展开,同时处理原告、被告双方的陈述与证据,而不划分原告阶段与被告阶段,不单独审查其各自陈述的法律合理性。

请求权基础思维与法律关系思维的核心区别在于,前者是规范找寻先于事实

---

① Vgl. Schuschke/Kessen/Höltje, Zivilrechtliche Arbeitstechik im Assessorexamen, 35.Aufl., München: Franz Vahlen, 2013, S. 121.
② Vgl. Brox/Walker, Allgemeiner Teil des BGB, 42. Aufl., München: Franz Vahlen, 2018, S. 33.
③ 关于法庭报告技术的详细介绍,可参见吴香香:《请求权基础:方法、体系与实例》,北京大学出版社 2021 年版,第 17—43 页。
④ 参见杨立新主编:《请求权与民事裁判应用》,法律出版社 2011 年版,第 348 页。关于法律关系方法的探讨,还可参见崔建远:《论法律关系的方法及其意义》,载《甘肃政法学院学报》2019 年第 3 期。

认定,后者是事实认定先于规范找寻。二者的对立在检视重心、审查次序与说理结构等诸多方面均有所体现。

（一）检视重心

请求权思维以诉讼请求为检视重心。审理过程始终围绕原告诉讼请求是否有相应的请求权基础展开,而请求权基础的找寻并不限于民法范畴内特定的"法律关系"。换言之,原告若胜诉,其请求权基础可能源自合同法律关系,也可能源自侵权或其他法律关系,法律关系不是审理范围与裁判依据的限定因素。在请求权规范竞合(请求权基础竞合)时,原告既无权利也无义务"择一",竞合的数项请求权基础均为裁判理由。

法律关系思维则以法律关系为检视重心。审理过程自始限于特定的"案由(法律关系)",甚至要求原告起诉时即选定"案由"。而一旦确定案由,之后的审理就局限于该法律关系之内,如果该法律关系领域内的规范无法支持原告诉讼请求,原告就须承受败诉后果。① 第186条之违约与侵权择一的规则也与案由制度相暗合,进一步限定了法院审理与选择裁判依据的范畴。案由制度与第186条的目的似乎均在于尊重当事人意思自治,但细究之下却更像是"法律陷阱",因为适用法律本应是法官职责,选择裁判依据并非当事人义务。

（二）审查次序

请求权思维是先找寻规范再认定事实。法庭报告技术/关联分析法区分法律审查与事实审查两个阶段排查备选的请求权基础。其中法律审查又分为原告阶段与被告阶段,检视双方陈述(不涉及真实性认定)是否具有法律上的合理性,即是否满足备选的请求权基础规范、辅助规范与防御规范的适用前提。在此过程中,备选的请求权基础范围逐步限缩。仅在双方陈述均具有法律合理性的前提下,才能进入就具有法律意义的争议陈述进行的证据审查阶段,有证据支持的请求权基础得以最终确定。此之先法律再事实、先原告再被告的审理思路,既不会忽略任何请求权基础,也避免了不必要的多余举证,既无缺漏也无冗余。

---

① 主张将案由功能仅限于法院管理,实际审理则应充分利用诉讼标的概念与请求权基础方法的观点,可参见曹建军:《民事案由的功能:演变、划分与定位》,载《法律科学(西北政法大学学报)》2018年第5期。

法律关系思维则是先认定事实再找寻规范。法律关系思维对法院裁判的预设是，先认定确切的案件事实，再根据案件事实寻找大前提。然而，当事人的某项事实陈述在法律上是否重要，是否需要通过证据证明，以及当事人在陈述中是否遗漏了具有法律意义的重要细节，都只能通过应予适用的法律规范进行判断，所以法官不可能事先不作任何法律评价。但与请求权思维之事先明确预选所有可疑的请求权基础不同，法律关系思维中事实认定阶段的法律评价是"隐性"的，隐藏在法官模糊的"前见"中。在模糊"前见"引导下的事实认定，即使可以维持表面的客观准确，也很难保证没有疏漏或冗余，裁判质量更多地取决于裁判者的"经验"。

（三）说理结构

请求权思维以诉讼的攻防模式确定说理结构。法庭报告技术/关联分析法的法律审查区分原告阶段与被告阶段，实质是课堂练习版请求权思维的两次运用，先用于检视原告陈述，再用于检视被告陈述。外在结构上，预选的多项请求权基础有其特定的检视次序。内在结构上，每项请求权基础的检视均遵循"积极要件→消极抗辩"的结构；其中，抗辩的检视又依"权利未发生的抗辩→权利已消灭的抗辩→权利行使抗辩权"之次序进行。法律审查之后的证据阶段，争议事实的认定也依据上述程式进行。此外，攻防结构也直接对应举证分配。

法律关系思维则以法律关系的时间发展确定说理结构。截取案件最初发生的特定时间点，就当时发生的事实审查当事人之间的法律关系，再顺时间轴向后截取另一时间点，审查法律关系是否发生变化以及如何变化，反复重复这一过程直至审理之时。这种检视模式看似严谨周密，但却以事实已经准确认定为前提，而如上文所述，法律关系思维中模糊"前见"引导下的事实认定本身已经难免疏漏。某一时间点当事人间的法律关系如何，如果没有体系化的方法支撑，又会变成法官的"经验"论证。而且"最初"的时间点如何确定，同样不是单纯的事实问题，而只能诉诸应适用的法律规范。此外，以时间为线索的说理结构也难以对应举证分配。

（四）小结

作为裁判方法，法律关系思维虽然可能有其不足，但它却是法律人未受请求权思维训练之前天然的思维方式：一方面是因为它以时间顺序分析法律关系，符合一般的认知习惯;另一方面是因为法学院所传授的知识体系以法律关系为主线。法学院的知识传授以法律关系为主线,是立法体例与学理体系在教学领域的反射。理性自然法影响下的近现代民法典,体系建构上均采法律关系思维(法律效果思维①、法律制度思维②)。③ 但体系建构方法是层层向上的公因式提取,而法律适用方法却是渐次向下的规范具体化。擅长体系建构的法律关系思维未必是法律适用的最佳技术。

请求权思维与法律关系思维其实各擅胜场,请求权思维更长于具体纠纷的解决,法律关系思维则更长于抽象体系的建构。如果可以理解两种思维各有其主场,也许就可以理解为何请求权思维中居于核心的请求权规范(主要规范),在法典体系中大多只是分则的具体规范;而法律关系思维中居于核心的法律行为、所有权等制度,在请求权思维中扮演的却只是辅助规范的角色。有批评观点质疑请求权思维过分强调对抗关系,而法律首先是相互关联的制度体系。④ 外在体系构建的视角下,上述质疑也许不无合理之处,但将关注重点置于原告、被告的攻防关系中,恰是请求权思维作为裁判方法的优势所在。

各擅胜场并不妨碍两种思维互相补强。⑤ 在司法裁判维度,法律关系思维对请求权基础的预选可起到辨识方向的助力作用。涉及物权变动时,最适宜的检视方法也是历史方法。在体系建构维度,请求权基础及其各层级的辅助规范与防御规范,恰是民法中大小"公因式"层层展开后的规范全景图,是民法的内在体系⑥,可以检验并反哺外在体系的构建。⑦ 作为外在体系载体的民法典,其立法质量越高,就

---

① 在体系构建层面,以法律效果思维(Rechtswirkungsdenken)作为请求权思维对立面的观点可参见 Rudolf Gmür, Rechtswirkungsdenken in der Privatrechtsgeschichte, Bern: Verlag Stämpfli & Cie AG, 1981, S. 226。
② 关于请求权思维与法律制度思维的对立消解,可参见 Jan Schapp, Methodenlehre und System des Rechts, Tübingen: Mohr Siebeck, 2009, S. 224。
③ Vgl. Eugen Bucher, Für mehr Aktionendenken, AcP 186(1986), S. 9 f.
④ Vgl. Bernhard Großfeld, Sprache, Recht, Demokratie, NJW 1985, S. 1578.
⑤ Vgl. Jan Schapp, Grundlagen des bürgerlichen Rechts, München: Franz Vahlen, 1991, S. 49 ff.
⑥ Vgl. Jan Schapp, Methodenlehre und System des Rechts, Tübingen: Mohr Siebeck, 2009, S. 8; Jens Petersen, Anspruchsgrundlage und Anspruchsaufbau als Abbildung des inneren Systems der Privatrechtsordnung, in: Festschrift für Dieter Medicus zum 80. Geburtstag, Köln: Carl Heymanns Verlag 2009, S. 295 ff.
⑦ 关于请求权思维与制定法的互动可参见〔德〕Detlef Leenen:《请求权结构与制定法:案例分析法与制定法的互动》,贺栩栩译,载陈金钊、谢晖主编:《法律方法》(第19卷),山东人民出版社2016年版,第57—69页。

越有助于请求权思维的高效运用,而请求权思维的运用越纯熟,也就越能够推动法典体系的演进。

但体系建构本身并不是目的,民法的首要目的是解决纠纷,其本质是体系化的纠纷解决方案。与之相应,法学教育的基本要求是培养合格的纠纷解决者。[①] 就此而言,请求权思维的训练必不可少,只是它必须以法律知识的体系化传授为基础。但只传授知识体系,而无请求权方法的训练,也只是未就之功。

[①] 也有批评意见认为,请求权思维及其引导下的法庭报告技术完全是法官视角,忽视了律师视角的法学教育,请参见 Hartmut Kliger, Juristenausbildung und Anwaltsausbildung, NJW 2003, S. 711 ff.;张淞纶:《作为教学方法的法教义学:反思与扬弃——以案例教学和请求权基础理论为对象》,载《法学评论》2018 年第 6 期。但不容否认的是,即使律师所需的部分技能不直接指向纠纷解决(如合同架构、争议规避),也以纠纷解决能力为基础。

案例一：电梯劝烟案

◇ **案情介绍**

2021年5月2日，甲（69岁）进入某小区单元楼电梯内，按下一楼电梯键。乙（30岁）随后进入并按下负一楼电梯键。甲在电梯内吸烟，乙对其进行了劝阻。电梯到达一楼时，甲并未走出电梯。电梯到达负一楼后，乙走至电梯门中间欲出电梯时，甲向前跟了一步，乙遂回头，二人继续对话。之后，乙走出电梯门，甲在电梯门内，二人继续争执，乙重新进入电梯，按下一楼按钮。电梯到达一楼后，甲与乙走出电梯，仍有言语争执，但全过程无肢体冲突。

物业工作人员听到争执声后赶来劝解二人，之后乙离开，甲则进入物业公司办公室。2分钟后，甲突然丧失意识，倒地不起。物业工作人员急忙呼叫救护车。6分钟后，救护车到达。经积极抢救后无效，医护人员宣布甲死亡。

经查，由于电梯监控只有影像没有声音，双方在电梯内的对话内容无法得知，但从监控影像可观察到，甲的情绪较为激动，乙则全程保持冷静。甲于十年前做过心脏支架手术，甲的死因是心脏病突发。[①]

问题：甲的配偶丙得基于何种规范对乙为何种请求？

[①] 本案改编自田九菊与杨帆生命权纠纷上诉案，相关文书可参见河南省郑州市金水区人民法院民事判决书（2017）豫0105民初14525号；河南省郑州市中级人民法院民事判决书（2017）豫01民终14848号。该案还多次作为典型案例为司法实践和学界所重视，参见《河南省郑州市中级人民法院民事判决书》，载最高人民法院民事审判第一庭编：《民事审判指导与参考》（2018年卷），人民法院出版社2019年版，第143—149页。王文胜：《适用公平责任规则是否以存在法律因果关系为要件》，载周江洪、陆青、章程主编：《民法判例百选》，法律出版社2020年版，第464—468页。

◇ 解题大纲

一、《民法典》第1181条第1款第1句的近亲属侵权损害赔偿请求权 ………… 003
    （一）《民法典》第1181条第1款第1句的规范属性 ……………………… 003
    （二）请求权是否已成立 …………………………………………………… 004
        1.《民法典》第1181条第1款第1句的适用前提 ……………………… 004
        2. 请求人系死者近亲属 ………………………………………………… 006
        3. 行为人对死者的侵权行为成立 ……………………………………… 006
            （1）一般侵权请求权的要件之争 ……………………………………… 006
                ①不法性要件的独立性？ ………………………………………… 006
                ②责任成立与责任范围的二阶区分 ……………………………… 008
            （2）本案行为人乙对死者甲的侵权行为是否成立 …………………… 009
                ①法益被侵害 ……………………………………………………… 009
                ②行为 ……………………………………………………………… 009
                ③责任成立因果关系 ……………………………………………… 009
                    A. 条件性 ……………………………………………………… 009
                    B. 相当性：特殊体质的影响 ………………………………… 009
                ④不法性 …………………………………………………………… 014
                ⑤责任能力 ………………………………………………………… 015
                ⑥过错 ……………………………………………………………… 015
        4. 责任不成立，不必再检视责任范围 ………………………………… 016
    （三）请求权不成立，不必检视请求权消灭抗辩 ………………………… 016
    （四）请求权不成立，不必检视请求权行使抗辩权 ……………………… 016
    （五）小结 …………………………………………………………………… 016

二、《民法典》第1186条的公平责任请求权 …………………………………… 016
    （一）《民法典》第1186条的规范属性 ……………………………………… 016
    （二）本案争议焦点回顾 …………………………………………………… 017
    （三）小结 …………………………………………………………………… 019

三、结论 ……………………………………………………………………………… 019

乙对甲的劝阻吸烟的行为可能构成侵权，因而丙基于甲近亲属之身份可能向乙主张的请求权有二：其一，基于《民法典》第 1181 条第 1 款第 1 句的近亲属侵权损害赔偿请求权；其二，继承自甲以《民法典》第 1186 条为依据的公平责任请求权。

一、《民法典》第 1181 条第 1 款第 1 句的近亲属侵权损害赔偿请求权

（一）《民法典》第 1181 条第 1 款第 1 句的规范属性

《民法典》第 1181 条第 1 款第 1 句之请求权主体虽为死者近亲属，但其请求权来源存在"继承说"和"固有说"之争。"继承说"认为，近亲属的损害赔偿请求权继承自死者，损害赔偿本质上是对死者生命丧失的填补。① "固有说"则认为，近亲属的损害赔偿请求权并非通过继承取得，死者已逝，无法赔偿，损害赔偿需填补的是近亲属因死者逝去而带来的物质和精神损失。② 两种学说各自所需检索的请求权基础不同，进而导致要件不同。

若采继承说，则本条款并非请求权基础，丙对乙的请求权应以甲对乙的侵权请求权结合继承编的规定进行检索。[批注1]但从文义解释出发，第 1181 条第 1 款第 1 句容纳"继承说"的空间较小。"近亲属"和"继承人"的范围虽有重合，但"近亲属"的文义可能无法涵盖遗嘱继承。而法定继承存在继承顺位，以"近亲属"笼统地作为继承主体并不准确。另外，在"继承说"之下，适用继承法规定即可，第 1181 条第 1 款第 1 句将

[批注1]
在"继承说"下，《民法典》第 1181 条第 1 款第 1 句的规范属性是什么？

---

① 参见叶名怡：《论死亡赔偿范围——以〈中华人民共和国侵权责任法〉第 16、17、22 条为分析重点》，载《法商研究》2010 年第 5 期。值得注意的是，即使持"继承说"的学者也未必认为本条款为近亲属继承自死者的请求权，而是主张第 1179 条所规定之"死亡赔偿金"实际是对死者生命侵害的损害赔偿，参见叶金强：《论侵害生命之损害赔偿责任——解释论的视角》，载《环球法律评论》2011 年第 5 期。
② 参见张新宝：《〈侵权责任法〉死亡赔偿制度解读》，载《中国法学》2010 年第 3 期；项斌斌：《生命权作为人格权之民事权利属性质疑》，载《华东政法大学学报》2019 年第 2 期；李宗录、陈小凤：《我国〈民法典〉视域下近亲属死亡赔偿金请求权释论》，载《浙江理工大学学报（社会科学版）》2022 年第 3 期。

成为赘文。① 更实质的反驳理由则在于,就死亡本身(生存利益)无法产生损害赔偿问题,因而也无从产生继承问题。② 逻辑上的生命权侵权并无可能:在死亡结果发生前,不存在对生命权的侵害;在死亡结果发生后,由于被侵权人权利能力消灭,也无从作为权利主体享有侵权请求权。且伦理上通常认为对生命权的侵害于死者本身而言无法弥补,而正是因为生命的不可救济性,才体现出其价值的可贵。③

我国审判实务多采更值得赞同的"固有说"④。**据此,《民法典》第1181条第1款第1句可作为独立的请求权基础**〔批注2〕。

(二) 请求权是否已成立

1.《民法典》第1181条第1款第1句的适用前提〔批注3〕

如上所述,本条款保护的是近亲属自身的固有权益,进而需要明确的是,保护的是近亲属的何种权益。对此,有学者认为此条款规范的是对近亲属关系这一身份权的侵权⑤,也有学者认为本条款系间接被侵害人侵权损害赔偿请求权的特别规范⑥。本文采间接被害人保护说,理由不仅在于"近亲属关系"在我国法上尚不属于法律明确规定的权益,权益内容模糊;还在于就权益内容而言,被侵权人的死亡并不会导致近亲属关系的消灭,否则此后即无法以近亲属关系求偿。

〔批注2〕
请求权基础的识别是请求权基础案例分析的前提。

〔批注3〕
先厘清请求权基础的适用前提再展开案例分析,也是请求权基础方法的基本要求。

---

① 参见叶金强:《论侵害生命之损害赔偿责任——解释论的视角》,载《环球法律评论》2011年第5期。
② 参见王泽鉴:《损害赔偿》,北京大学出版社2017年版,第132页。
③ 参见姚辉、邱鹏:《论侵害生命权之损害赔偿》,载《中国人民大学学报》2006年第4期。
④ 参见湖南省岳阳市湘阴县人民法院民事判决书(2022)湘0624民初675号,陕西省汉中市城固县人民法院民事判决书(2022)陕0722民初247号,湖南省长沙市中级人民法院民事判决书(2020)湘01民终8171号,四川省乐山市马边彝族自治县人民法院民事判决书(2019)川1133民再1号,云南省大理白族自治州宾川县人民法院民事判决书(2019)云2924民初1850号,吉林省通化市辉南县人民法院民事判决书(2020)吉0523民初260号。其中多份判决书明确说明死亡赔偿金并非死者遗产。
⑤ 参见李宗录、陈小凤:《我国〈民法典〉视域下近亲属死亡赔偿金请求权释论》,载《浙江理工大学学报(社会科学版)》2022年第3期。也有学者仅将近亲属的精神损害解释为身份权侵权,参见谢鸿飞:《惊吓损害、健康损害是精神损害——以奥地利和瑞士的司法实践为素材》,载《华东政法大学学报》2012年第3期。
⑥ 参见邹海林、朱广新主编:《民法典评注:侵权责任编1》,中国法制出版社2020年版,第184—185页。

侵权请求权基础的检视分为责任成立与责任范围两个阶段。本条款责任成立阶段须满足请求人系死者的近亲属,且行为人对死者的侵权行为成立;责任范围阶段则须确定死者近亲属得主张的请求权内容。因本条款位于侵权责任编第二章"损害赔偿"之下,条文中的"承担侵权责任"实为"承担侵权损害赔偿责任"。关于此处的损害赔偿,需要厘清的问题有二:其一,死亡赔偿金的性质;其二,是否包括精神损害赔偿。

就死亡赔偿金[《人身损害赔偿解释》(2022)第 15 条]而言,上文所涉"继承说"和"固有说"采不同立场。"继承说"之下所需赔偿的是死者的生存利益损失,"固有说"之下法律所设置的因死亡而生的损害赔偿是为了填补与死者有密切关系的间接被害人的损失。也有学者从损害的角度出发,认为结果上"继承说"和"固有说"观点可以并存,即侵权人应当既赔偿死者生存利益的丧失,还应当赔偿近亲属的财产和精神损害。① 但本文认为,对间接被侵权人赔偿是侵权法体系内的特例,法律特别允许近亲属主张赔偿,恰以不赔偿死者生存利益丧失为前提。**从财产损失的角度而言,近亲属利益是死者利益的反射,**[批注4]具有附从性②,赔偿死者生存利益丧失,就意味着近亲属在财产上的损失也一并被涵盖在内。仅就财产损失而言,对死者与对近亲属的损害赔偿无法同时存在。因而,死亡赔偿金是对死者近亲属的赔偿,不应作为遗产处理,最高人民法院也曾明确表态采此观点。③

就精神损害赔偿而言,《人身损害赔偿解释》(2022)第 1 条

[批注4]
　　此论断需要更详尽的阐释。

---

① 参见徐静:《死者近亲属损害赔偿请求权如何实现:从〈侵权责任法〉相关条款切入》,载《社会科学》2012 年第 3 期。
② 参见邹海林、朱广新主编:《民法典评注:侵权责任编 1》,中国法制出版社 2020 年版,第 188 页。
③ 参见《最高人民法院关于空难死亡赔偿金能否作为遗产处理的复函》([2004]民一他字第 26 号)。

第 1 款与《精神损害赔偿解释》(2020)第 1 条均支持死者近亲属可提出精神损害赔偿。此精神损害赔偿之目的在于填补近亲属因被侵权人死亡而产生的精神痛苦。德国法上，近亲属不能就因被侵权人死亡而遭受的精神痛苦请求慰抚金，司法实践中则通过将近亲属的精神痛苦归入"惊吓损害"支持其精神损害赔偿，但通过惊吓损害来对近亲属的精神痛苦进行赔偿，仍然要求遭受高于一般的精神痛苦时才能主张。① 由于《民法典》第 1181 条第 1 款第 1 句赋予了近亲属宽泛的损害赔偿请求权，因此无须要求近亲属遭受高于一般的精神痛苦时才能主张精神损害赔偿。

据此，本请求权基础的责任成立阶段应检视：其一，请求人系死者的近亲属；其二，行为人对死者的侵权行为成立。若责任成立，则须进一步检视损害赔偿的范围。

2. 请求人系死者近亲属

本案中，请求人丙系死者甲的配偶，属于其近亲属范围（《民法典》第 1045 条第 2 款），该要件满足。

3. 行为人对死者的侵权行为成立

(1) 一般侵权请求权的要件之争

①不法性要件的独立性？

侵权责任构成要件，旨在确定某一行为人之行为是否属于侵权行为，并将该行为带来的损害归责于特定行为人。关于侵权责任构成要件之学说，通说观点为四要件说，即行为的违法、损害后果、因果关系与过错[批注5]。也有学者主张三要件说，认为侵权责任之成立要件为损害、过错与因果关系。②

[批注5]
1. 需要有文献支持。
2. 还有另一种四要件说，即加害行为、损害结果、因果关系与过错。在梳理中对此观点也应有所体现。

---

① 参见〔德〕埃尔温·多伊奇、〔德〕汉斯-于尔根·阿伦斯：《德国侵权法——侵权行为、损害赔偿及痛苦抚慰金（第 5 版）》，叶名怡、温大军译，中国人民大学出版社 2016 年版，第 233 页。
② 参见王利明：《我国侵权责任法的体系构建——以救济法为中心的思考》，载《中国法学》2008 年第 4 期；李锡鹤：《侵权行为两论》，载《华东政法学院学报》2002 年第 2 期。

不同学理见解的实质区别在于,是否承认不法性独立于过错要件。反对区分不法性与过错的观点认为,过错要件可吸收不法性。理由略谓:首先,不法性本身即具有模糊性,难以为人的行为确定标准,为人们行为提供指引的是法律所保护的权利的范围。① 其次,在过失客观化标准之下,不法性与过失无论是在内容上还是在功能上都存在重叠。② 支持区分不法性与过错的观点则认为:一方面,不法性是法律对客观行为的评价,过错则针对行为人的主观心理状态。过错的判断之中,容纳了一定的道德评价,法官拥有自由裁量的空间,具有不确定性,因而过错要件难成为客观的行为指引规范。③ 另一方面,若仅仅以过错作为侵权责任成立的判断要件,则可能导致侵权责任的过度泛化④,强加责任于行为人。

是否区分不法性与过错,与行为不法说、结果不法说的争议密切相关。若采结果不法说,只要没有特殊的不法性排除理由,对法益的损害即被认定为不法。⑤ 于此,不法性判断的重点是不法性排除事由,即加害人可以援用的不法性阻却事由,包括正当防卫、紧急避险、权利行使、执行公务等。而在行为不法说看来,过错和不法通常是一体的。

本文认为,不法性要件不妨保留。

其一,由于我国立法上并未采取德国的"三分"模式,未区分绝对权侵权、背俗侵权与违反保护性法律侵权,《民法典》第1165条文义所涵盖的权益保护范围非常广泛。对目前尚未形成确定标准的数据保护、个人信息和隐私保护等侵权案件,积极确认行为的不法性非常必要。⑥

---

① 参见王利明:《我国侵权责任法的体系构建——以救济法为中心的思考》,载《中国法学》2008年第4期。
② 参见李锡鹤:《侵权行为两论》,载《华东政法学院学报》2002年第2期;王利明:《我国〈侵权责任法〉采纳了不法性要件吗?》,载《中外法学》2012年第1期。
③ 参见廖焕国:《论我国侵权责任构成中违法性要件之取舍》,载《求索》2006年第5期;叶金强:《侵权构成中违法性要件的定位》,载《法律科学》2007年第1期;张金海:《论违法性要件的独立》,载《清华法学》2007年第6期。
④ 参见程啸:《侵权行为法中的过错与违法性问题之梳理》,载《中外法学》2004年第2期;李承亮:《侵权责任的违法性要件及其类型化》,载《清华法学》2010年第5期。
⑤ 参见〔德〕马克西米利安·福克斯:《侵权行为法》(第5版),齐晓坤译,法律出版社2004年版,第85页。
⑥ 需要说明的一点是,无论是行为不法说还是结果不法说,都认为在框架性权利的请求权基础检索中,不法性是需要进行积极认定的。参见李昊:《德国侵权行为不法性理论的变迁》,载田士永、王洪亮、张双根主编:《中德私法研究》(第3卷),北京大学出版社2007年版,第26页。

[批注 6]
体系解释之下，《民法典》既然规定了各类不法性阻却事由，就是对"不法性"要求的确认，不能仅以《民法典》第 1165 条第 1 款中未出现"不法性"表述，即否认一般侵权以"不法性"为前提。

[批注 7]
论点犀利。

[批注 8]
《民法典》侵权责任编第一章（一般规定）与第二章（损害赔偿）的区分，也可呼应责任成立与责任范围的二阶区分。

[批注 9]
非属绝对权的权益侵害（纯粹经济损失），侵权请求权基础的检视另有其特别框架。

其二，不法性阻却事由体系建立是对不法性要件的反面证成[批注6]，这也是不法性阻却事由与免责事由的重要区分。例如，正当防卫作为不法性阻却事由针对的是"不法侵害（不考量过错）"，而非针对以过错为前提的侵权行为[批注7]。因而，保留不法性要件更符合侵权责任体系的融贯解释要求。①

其三，从价值和逻辑区分而言，不法性是在客观层面对行为的法律评价，而过错则是对行为人主观状态的非难。因而，过错要件还需前置性地考量过错能力（即责任能力），只有行为人的理性能够意识到自己行为可能带来的后果，将责任归咎于行为人才是合理的。

其四，就侵权责任成立的要件检索层面而言，越精细越利于分析的精准。法律通过构成要件将一行为置于法律规范之框架下，犹如显微镜般精细观察行为人之行为，要件拆分越细致越有利于问题点的准确定位。

②责任成立与责任范围的二阶区分

在不法性与过错区分的基础上，侵权请求权的检视可进一步拆分为两个阶段：第一阶段确认侵权责任的成立，第二阶段确认侵权责任的范围[批注8]。② 其形式如下：

两阶段说在要件拆分上的核心特点有二：其一，增加"绝对权被侵害"要件，该要件相当于一个侵权责任的"过滤网"，筛除非属绝对权被侵害的案件[批注9]。其二，在因果关系上区别责任成立因果关系与责任范围因果关系。责任成立因果关系即法益被侵害与侵害行为之间的因果关系。责任范围因果关系

---

① 参见张金海：《论违法性要件的独立》，载《清华法学》2007 年第 6 期。
② 参见〔德〕马克西米利安·福克斯：《侵权行为法》（第 5 版），齐晓坤译，法律出版社 2004 年版，第 12—13 页；〔德〕埃尔温·多伊奇、〔德〕汉斯-于尔根·阿伦斯：《德国侵权法——侵权行为、损害赔偿及痛苦抚慰金（第 5 版）》，叶名怡、温大军译，中国人民大学出版社 2016 年版，第 7—10 页；吴香香：《请求权基础：方法、体系与实例》，北京大学出版社 2021 年版，第 84 页。

则是在侵权责任成立后,确定法益被侵害与具体损害之间的因果关系,以解决损害赔偿的范围。〔批注10〕

具体到本案所涉的死者近亲属侵权请求权,区分责任成立与责任范围两个阶段更有必要。因为《民法典》第1181条第1款第1句之责任成立阶段的检视重心是"行为人"对"死者"是否成立侵权行为,而责任范围阶段检视的则是"近亲属"的损害及其与"死者死亡"之间的因果关系(责任范围因果关系)。

〔批注10〕
规范解释层面,区分二阶因果关系也符合《民法典》第1165条第1款的文义,即"因过错侵害他人民事权益造成损害"。其中,"因"过错侵害他人民事权益可对应责任成立因果关系;"造成"损害可对应责任范围因果关系。

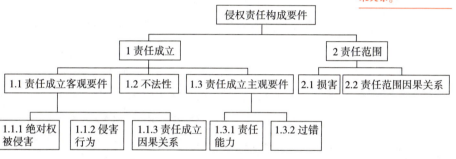

(2)本案行为人乙对死者甲的侵权行为是否成立

①法益被侵害

甲死亡,生命权受侵害,该要件满足。

②行为

行为以有意识为前提,乙的劝阻吸烟行为系有意识为之,该要件满足。

③责任成立因果关系

A.条件性

首先需要考量条件性,即"无此行为,则无此结果"。本案中,没有乙的劝阻行为,则无甲的死亡结果,条件性满足。

B.相当性:特殊体质的影响

[批注11]
因果关系的判断是电梯劝烟案的核心，这部分的文献梳理较扎实。

其次检验相当性。① **因果关系的"相当性"**[批注11]要求存在此行为，通常会引发此后果，而非难得一有、极为罕见、依据事物通常的发展不可能发生的情形。相当因果关系非属事实判断，而属法律上因果关系，故存有自由裁量之空间，具有法政策判断之色彩。②

就本案而言，通常情形下，劝阻吸烟行为并不会导致对方死亡，初步判断因果关系的相当性并不满足。但本案死者患有心脏病，因而还需要考量，受害者的特殊体质是否影响因果关系的判断。

关于受害者的特殊体质，英美判例法中确立了"蛋壳脑袋"规则，即侵权人不能以受害人存在特殊体质为由要求不负侵权责任。③《美国侵权法重述（第三次）》第31节即规定，"由于被侵权人特殊体质，行为人的侵权行为导致了大于或不同于合理预期的损害，行为人仍须对所有损害承担责任"④。英美侵权法并不区分"责任成立因果关系"与"责任范围因果关系"，而是一体思考责任成立与责任范围，将因果关系类型分为事实上因果关系（条件性）和法律上因果关系（相当性）。关于法律上原因之判断，采取合理预见说，即以损害发生是否是行为引起的危险范围，以及损害是否是通常事件正常发展过程所生之结果为判断基础。而"蛋壳脑袋"规则构成可预见性的例外，强调的是对特殊体质

---

① 在责任成立阶段的因果关系类型是否需要考虑相当性因果关系存在争议。有学者认为，责任成立因果关系为事实判断，满足条件性因果关系即为已足，无须达到相当性的程度，通过过失要件进行限制即可。参见〔德〕埃尔温·多伊奇、〔德〕汉斯-于尔根·阿伦斯：《德国侵权法——侵权行为、损害赔偿及痛苦抚慰金（第5版）》，叶名怡、温大军译，中国人民大学出版社2016年版，第25页。也有学者认为，在特殊体质作为"结合的因果关系"出现时，只须满足条件性因果关系，参见程啸：《受害人特殊体质与损害赔偿责任的减轻——最高人民法院第24号指导案例评析》，载《法学研究》2018年第1期。

② 本案二审判决书即明确否认甲死亡结果与乙劝阻吸烟行为存在法律上因果关系，参见河南省郑州市中级人民法院民事判决书(2017)豫01民终14848号。然而本案的特别之处在于，死者甲存在"特殊体质"，二审法院并未阐明特殊体质对因果关系要素的影响，存在说理上的欠缺，从树立典型案例的法律适用示范效果层面来说，殊值遗憾。

③ 参见孙鹏："蛋壳脑袋"规则之反思与解构》，载《中国法学》2017年第1期。

④ 参见〔美〕爱伦·M.芭波里克选编：《侵权法重述纲要》（第3版），许传玺等译，法律出版社2016年版，第194页。

所造成的异常损害，侵权人仍得为此特殊损害负责，即使不可预见，仍然判定因果关系成立。"蛋壳脑袋"规则涉及的是法政策考量，意在使身体上具有缺陷或异常疾病之被害人与一般健康正常人受到相同的法律保障，享受与他人正常交往的权利。①

德国学说的因果关系判断，在"相当性"标准之外还有"规范保护范围"标准，以限制为达特定结果而牵强地否认或承认因果关系的"相当性"。规范保护范围从立法者的特定先见出发，以达到其阻止特定损害的规范目的。在德国判例中，受害人特殊体质不阻却因果关系的成立，规范的目的在于保护受害人因特殊体质产生的损害，理论上以规范保护范围优于相当性为根据。[批注12]②

然而"蛋壳脑袋"规则的正当性却殊值深思。受害者的不幸能否足够使加害者的行为在超越可预见性时仍成立客观不法？[批注13]要求行为人对自己无法预见的损害承担责任，是否同样有过度限制行为自由之嫌？如果在受害人存在特殊体质案件中，同样秉持完全赔偿原则，将可能导致行为人因极其轻微的过失对无法预料的严重结果负责。另外，若仅因特殊体质便轻易判定因果关系成立，他人动辄得咎，对于确保特殊体质者正常的社会交往可能会适得其反，他人唯恐避之不及，反倒限制了其行为自由。因此，认为特殊体质不阻断因果关系者，也可能同时在责任减轻方面大做文章。

我国司法实践中常有借认定特殊体质的比例因果关系来减轻侵权责任的做法。③ 有学者主张，"蛋壳脑袋"规则仅可适

[批注12]
需要考虑的是，以规范保护范围将特殊体质被害人纳入保护，意在论证相应规范以保护特殊体质的受害人为目的，但问题在于，能否对一般侵权行为的规范目的作此解释？

[批注13]
如此提问有循环论证之嫌，因为客观不法性的判断以因果关系成立为前提，不宜以是否客观不法作为判断因果关系的理由。

---

① 参见陈聪富：《因果关系与损害赔偿》，北京大学出版社2006年版，第12页、第57页。
② 参见〔德〕埃尔温·多伊奇、〔德〕汉斯-于尔根·阿伦斯：《德国侵权法——侵权行为、损害赔偿及痛苦抚慰金（第5版）》，叶名怡、温大军译，中国人民大学出版社2016年版，第30页。
③ 实践中的做法总结可参见程啸：《受害人特殊体质与损害赔偿责任的减轻——最高人民法院第24号指导案例评析》，载《法学研究》2018年第1期。然而最高人民法院第24号指导案例却以受害人特殊体质对损害扩大的原因力是事实上因果关系，并非法律上因果关系为由，否定了这一做法。

用于责任范围因果关系,侵权人对因受害人特殊体质所造成的损害结果的扩大承担责任。① 也有学者将受害人特殊体质类推为其自身过错,类推适用过失相抵减轻责任,该说又有类推说与违反对自身防免义务说两种路径。② 另外,还存在通过参照适用不可抗力减轻加害人责任的观点。③

也有观点通过限缩特殊体质范围尽量缩减"蛋壳脑袋"规则的适用空间,依特殊体质的形成原因将其分为两类:第一类是先天性特殊体质,受害人易患或已经罹患某种疾病的特殊体质由遗传基因决定;第二类是后天因素导致的特殊体质。在受害人体质导致的损害难以预见的情形下,仅先天性的特殊体质不中断因果关系。理由在于,先天性的特殊体质对受害人而言实属不幸,对于此种特殊体质人的同情超过了对行为人的同情,而后天原因造成的特殊体质不在法规保护目的之范围内,因而中断因果关系。④ 本文认为,区分这两种情形意义有限,难谓后天因素造成的特殊体质就不值得法律同情和保护。关于人自然衰老过程中身体机能的退化以及所处的可识别的特殊状态(如女性妊娠期)可以放在"过错"要件中,通过提高相对方的注意标准进行考量。另外,精神、性格方面的因素不宜适用"蛋壳脑袋"规则。

[批注14]
上文涉及的责任减轻方案不止两种,这里只回应类推过失相抵与类推不可抗力两种观点,似乎有所遗漏。

在上述责任减轻的方案中[批注14],类推过失相抵规则,无论是将特殊体质视为受害人自身过错,还是认为受害人应当对权

---

① 参见苏航:《涉特殊体质侵权案件的因果关系认定与责任承担考量——电梯劝烟猝死案评述》,载《法律适用》2018年第6期;反对观点参见陈聪富:《因果关系与损害赔偿》,北京大学出版社2006年版,第87页。
② 认为应当类推适用过失相抵规则的观点,参见[日]吉村良一:《日本侵权行为法》,张挺译,中国人民大学出版社2013年版,第130页。认为特殊体质者存在对自身的防免义务者(如提醒他人注意自己身体状况),参见王泽鉴:《侵权行为》(第3版),北京大学出版社2016年版,第251页。
③ Cf. J. Pradel, La condition civile dumalade, LGDJ, 1963, No 121,转引自徐银波:《侵害特殊体质者的赔偿责任承担——从最高人民法院指导案例24号谈起》,载《法学》2017年第6期。
④ 参见李昊、张博文:《受害人特殊体质与公平责任——反思"劝烟案"中的因果关系》,载《法治现代化研究》2018年第6期。

益侵害的发生存在防免义务,都是对原本就遭遇不幸的被害人苛以对自己更高的注意义务,过分限制了其社会交往和行动自由。① 类推不可抗力规则在《民法典》第 180 条的规定,仅有"不承担民事责任"的法律效果,不具有灵活性,即使类推适用,所达到的效果也不尽如人意。[批注15]

〔批注 15〕
需要具体阐明,为何类推适用不可抗力规则的效果不尽如人意。

本文认为,通过因果关系判断减轻加害人责任或较为可行。具体到责任成立因果关系,若行为人之行为对一般人而言只会造成轻微伤害,而对特殊体质受害者而言则会造成重伤,属于法益侵害程度上的区别,为保护特殊体质者的行为自由,应当肯定因果关系。行为人可预见会发生损害即为已足,不要求其对损害的程度有预见性。但因行为人之行为自由为此受到限制,对于"蛋壳脑袋"规则的适用,应适度限缩。

其一,若行为人之行为创造的是法益所允许的风险,此时应当否定因果关系。② 举例而言,甲赠乙一个苹果,乙吃苹果时不慎噎死。赠送苹果通常不会被认为是一项增加了法益风险的行为,故因果关系之相当性不成立。

其二,行为人之行为与诱发特殊体质之危险之间需要有因果关系。侵权行为和被害人特殊体质共同造成被害人损害结果,可以简化表示为 A+B→C,A 与 B 之间必须存在关联性,即必须是行为人的 A 行为对于受害人之特殊体质 B 而言构成了通常情形之下的诱因。否则难谓存在因果关系。[批注16]

〔批注 16〕
1. 此段论述有些费解,最好能举例说明。2. "A+B→C"只能表明有 A 也有 B 才能产生 C,但无法表明 A 与 B 之间的关系。

其三,受害人通常所能预见的损害与特殊体质因素介入所导致的损害需要是同一类型。

---

① 参见程啸:《受害人特殊体质与损害赔偿责任的减轻——最高人民法院第 24 号指导案例评析》,载《法学研究》2018 年第 1 期。
② 有学者认为,由于行为不具有不法性,行为人无过错,不构成侵权,因此特殊体质者应自担风险,参见孙鹏:《"蛋壳脑袋"规则之反思与解构》,载《中国法学》2017 年第 1 期;或是主张行为人的损害完全是其特殊体质所致,参见程啸:《受害人特殊体质与损害赔偿责任的减轻——最高人民法院第 24 号指导案例评析》,载《法学研究》2018 年第 1 期。本文认为,从检视顺序来看,因果关系位于不法性和过错要件之前,因此,属于意外事件还是侵权行为需要在因果关系要件的判断中得出结论。

其四，法官可以弹性运用相当性因果关系来控制因果关系的成立与否。在受害人存在特殊体质的侵权案件当中，由于并非像刑法一样精细地区分此罪与彼罪的故意或过失，并且过错的程度不影响责任范围，故该类案件实际上可能导致同等过错程度的人因受害人的特殊体质承担了更重的责任。因此，在行为造成的一般法益侵害程度与实际损害结果严重不匹配时，法官可以运用自由裁量权否定因果关系。例如，甲不知乙患有血友病，轻微刮伤乙，乙因而死亡，甲无须对乙之死亡负责。

回归案情，本案死者甲患有心脏病，属于特殊体质受害人，本案中的因果关系"相当性"应拆解为两步分析[批注17]：第一，通常而言平和的劝解行为是否会使被劝者极度不快？于此讨论的是行为人之行为创造的是否为法益所允许的风险。第二，极度不快的心理是否会导致一般人的生命权、身体权、健康权受到损害？于此讨论的是行为人对损害类型是否具有可预见性（对损害程度不必具有可预见性）。就本案情形而言，甲面对乙文明温和的劝阻吸烟行为，当然可能感受到尴尬、愤怒等情绪，但从日常交往的经验来看，这种不快不至于增加法律所不允许的法益风险，通常不会达到侵害生命权、身体权和健康权的程度。因而，因果关系相当性不成立。

据此，本案中乙的劝阻吸烟行为与甲的死亡后果间不具备因果关系。

④ **不法性**[批注18]

责任成立因果关系不成立，本不必再检视其他适用条件，但出于检视的全面性，本文稍作探讨。不法性阶段应检视者实为不法性排除事由，包括正当防卫、紧急避险、受害人同意、行使权利、履行公权力行为等。

本案原案情的二审法院判决认为，"吸烟行为未超出必要

[批注17]
上文列举了四项"蛋壳脑袋"规则的限缩条件，需要说明为什么本案的因果关系相当性分析拆解为两步。

[批注18]
不法性检视实为检视作为抗辩的不法性阻却事由。

限度,属于正当劝阻行为"①,从正面肯定了乙的行为不具有不法性。再审监督裁定书进一步提及了乙的行为依据。② 根据《郑州市公共场所禁止吸烟条例》第 3 条第 1 句,市区的室内公共场所禁止吸烟,电梯间属于禁烟区。该条例第 10 条第 1 款同时规定:"公民有权制止在禁止吸烟的公共场所的吸烟者吸烟。"该条例规定可能构成劝阻吸烟行为的合法依据,从而阻却劝阻吸烟行为的不法性。

但需要说明的是,所谓"制止在禁止吸烟的公共场所的吸烟者吸烟"的"权利",与民法上的"权利"概念不同,所谓"有权制止"既未使公民获得私法上的利益归属,也未在公法上为公民创设权利。严格而言,该条例强调和重申的只是劝阻吸烟的自由,以规范形式明确了公民所享有的这种自由的存在。故乙制止甲吸烟的行为并非权利行使行为,但在法律所允许范围内的行为不具有不法性。

另外,在请求权基础的检视框架内,人的正常交往与行为不会进入不法性判断层面,而是通过否定因果关系而被排除。

综上所述,乙的劝阻吸烟行为不具有不法性。

⑤**责任能力**[批注19]

本案中,乙是成年人,案情未显示其行为能力受限,可认定其具有责任能力。

⑥过错

过错以责任能力为前提。关于过错认定,我国学理通说和司法实践中采客观过失标准③,可借鉴《德国民法典》第 276 条第 2 款的过失定义:"疏于尽交往上必要的注意的人,即系有过失的实施行为。"本案中,电梯内的监控摄像头未配备拾音器,

[批注19]
与其说责任能力是侵权请求权成立的要件,不如说欠缺责任能力系阻止侵权请求权发生的抗辩。举证分配层面,并非由受害人举证证明侵权人具有责任能力,而是在侵权人未能举证证明己方欠缺责任能力时,侵权请求权的成立不能因此被阻却。

---

① 河南省郑州市中级人民法院民事判决书(2017)豫 01 民终 14848 号。
② 参见河南省郑州市中级人民法院民事裁定书(2018)豫 01 民申 957 号。
③ 参见程啸:《侵权责任法》(第三版),法律出版社 2021 年版,第 305 页。

无法保存声音信息,但通过影像可以观察到,乙在劝甲熄灭香烟时,全程保持冷静,双方无肢体冲突,且双方在电梯内共处时间不超过三分钟。由此可推断,乙的行为属文明合理的劝诫行为,尽到了交往上必要的注意,并无过错。

据此,乙对死者甲的劝阻吸烟行为不构成侵权,甲之配偶丙对乙的侵权请求权不成立。

4. 责任不成立,不必再检视责任范围

(三)请求权不成立,不必检视请求权消灭抗辩

(四)请求权不成立,不必检视请求权行使抗辩权

(五)小结

由于乙的劝阻吸烟行为与甲的死亡后果之间不存在相当性因果关系,《民法典》第 1181 条第 1 款第 1 句的适用前提不满足,甲的配偶丙无权依此规范向乙主张损害赔偿请求权。

二、《民法典》第 1186 条的公平责任请求权

(一)《民法典》第 1186 条的规范属性

在过错侵权请求权不成立的前提下,丙仍可能主张继承自乙的公平责任请求权。根据《民法典》第 1186 条的规定,公平责任适用须"依照法律的规定"。因而,该条并非独立的请求权基础,适用模式为"第 1186 条+某具体规定"。[批注20]①

[批注20]
条文中"依照法律的规定"由双方分担损失的措辞,意味着《民法典》第 1186 条在规范属性上为指示参照性规范。

《民法典》体系内的公平责任具体规范有:其一,因自然原因引起的危险,紧急避险人对受害人的补偿责任(第 182 条第 2 款);其二,有财产的被监护人致人损害时对受害人的公平责任(第 1188 条第 2 款第 1 分句);其三,完全行为能力人对行为没有意识或失去控制造成他人损害且没有过错时,对受害人的补

---

① 参见张新宝:《侵权责任编:在承继中完善和创新》,载《中国法学》2020 年第 4 期;杨立新:《民法典对侵权损害赔偿责任规则的改进与适用方法》,载《法治研究》2020 年第 4 期。

偿责任(第1190条第1款第2分句)。①

据此,本案案情不满足上述适用情形,甲之公平责任请求权没有适用依据。

(二)本案争议焦点回顾

<u>本案原案情二审法院以乙的行为与甲的权益侵害结果不具有法律上因果关系为由,认为一审法院适用原《侵权责任法》(2009)第24条的公平责任错误</u>[批注21]②,从而引发了公平责任适用是否以具备法律上因果关系为前提的讨论。

[批注21]
能否适用公平责任,是电梯劝烟案的另一关键争议。

对此问题,学理上大致有三种观点。第一种观点认为,出于限制公平责任滥用的目的,应当将公平责任成立限制在具有相当性因果关系的前提之下。③ 第二种观点认为,由于相当性因果关系的判断常与过错的判断重合,而公平责任又要求双方没有过错,具备相当因果关系且双方均无过错这两项要件很难同时满足,因此适用公平责任以条件性因果关系为已足。④ 第三种观点认为,成立公平责任无须满足因果关系要件,也可在因果关系不明的情形中适用⑤,此时公平责任的适用能够缓和侵权责任要件僵化和完全赔偿原则的弊端⑥,这也是司法实践

---

① 参见尹志强:《〈民法典〉公平责任的理解与适用》,载《社会科学研究》2020年第5期。
② 参见河南省郑州市中级人民法院民事判决书(2017)豫01民终14848号。
③ 参见张家勇:《也论"电梯劝阻吸烟案"的法律适用》,载《法治研究》2018年第2期。
④ 参见李昊、张博文:《受害人特殊体质与公平责任——反思"劝烟案"中的因果关系》,载《法治现代化研究》2018年第6期;陈科:《公平责任一般条款的司法适用——以100份侵权案件判决书为分析样本》,载《法律适用》2015年第1期;曹险峰:《论公平责任的适用——以对〈侵权责任法〉第24条的解释论研读为中心》,载《法律科学(西北政法大学学报)》2012年第2期。也有学者认为,将公平责任的适用要件限于法律上因果关系论证并不坚实,在存在事实因果关系的前提下,就能够适用公平责任,参见王文胜:《〈侵权责任法〉中公平责任规则的构造、表达及其反思——从"郑州电梯劝烟案"说起》,载《法治现代化研究》2018年第5期。
⑤ 参见孙维飞:《电梯劝阻吸烟案的公平责任分析》,载《师大法学》2019年第2辑,但此文同样认为本案不适用公平责任,因为依规范目的公平责任不适用于"行为人没有过错且受害人没有为对方利益或双方共同利益而活动"的情形,本案即如此,故不应适用公平责任。
⑥ 参见冯德淦:《侵权责任构成要件弥合视角下的公平责任》,载《华侨大学学报(哲学社会科学版)》2019年第6期。

中常见的做法。①

公平责任中的因果关系要件之争，本质上是其适用范围之争。关于原《侵权责任法》(2009)第24条是否为请求权基础，此前学界有较大分歧。

反对者认为，第24条并非独立的请求权基础，不能作为一般条款适用，公平责任的适用应由法律明确规定。理由在于，如果将公平责任作为一般条款适用，将带来极大的不确定性与模糊性，法官自由裁量空间过大。② 此说之下，有学者认为公平责任仅适用于存在受益人之情形③或是仅适用于法律明确规定的具体情形④。另有学者在此基础上进一步地明确了"根据实际情况"的具体情形。⑤

肯定者则认为，第24条可以成为公平责任的一般条款，即可以作为独立的请求权基础。理由在于，公平责任可以补救过错责任和无过错责任严格适用所可能导致的不公平结果。⑥ 持此立场者也会通过文义解释或补充适用要件来限缩公平责任的适用。补充要件如，双方的经济状况、一方是否具有责任保险以及损害的严重程度等。⑦

但持宽泛式公平责任立场的学者即使在文义层面对公平责任进行限缩，也认为仅存在事实因果关系即为已足⑧，其通行理论基础是"扶贫济弱"的思想。⑨ 但每个人的财产都是法律保护的对象，并不因贫富程度而受到区别保护。若以财产状况作为分担损害的依据，则可能架空过错责任。这也正是公平责任的最大危险，即

---

① 对司法实践的总结可参见窦海阳：《侵权法中公平分担损失规则的司法适用》，载《法商研究》2016年第5期。
② 参见王利明：《论侵权法中一般条款和类型化的关系》，载《法学杂志》2009年第3期；米健：《关于"公平"归责原则的思考》，载《中外法学》1997年第1期。
③ 参见王卫国：《过错责任原则：第三次勃兴》，中国法制出版社2000年版，第300页。
④ 参见王竹：《侵权责任法疑难问题专题研究》（第2版），中国人民大学出版社2018年版，第320—362页。
⑤ 参见张金海：《公平责任考辨》，载《中外法学》2011年第4期。
⑥ 参见孔祥俊：《论侵权行为的归责原则》，载《中国法学》1992年第6期；徐爱国：《重新解释侵权行为法的公平责任原则》，载《政治与法律》2003年第6期。也有学者主张，虽然在立法论上该条为公平责任的一般条款，但是解释论上不宜将该条作为请求权基础直接适用，参见陈本寒：《公平责任归责原则的再探讨——兼评我国〈侵权责任法〉第24条的理解与适用》，载《法律评论》2012年第2期。
⑦ 参见曹险峰：《论公平责任的适用——以对〈侵权责任法〉第24条的解释论研读为中心》，载《法律科学（西北政法大学学报）》2012年第2期；胡伟强：《〈侵权责任法〉中公平责任的适用——一个法经济学的解释》，载《清华法学》2010年第5期。
⑧ 参见曹险峰：《论公平责任的适用——以对〈侵权责任法〉第24条的解释论研读为中心》，载《法律科学（西北政法大学学报）》2012年第2期。
⑨ 参见易军：《民法公平原则新诠》，载《法学家》2012年第4期。

对侵权法规则体系的完全破坏，对侵权法归责原则的巨大冲击。①

本文认为，有必要严格限缩公平责任，不应将其作为一般条款适用。公平责任之典型适用类型与牺牲补偿有所类似，**可将牺牲补偿作为公平责任的制度基础**〔批注22〕。牺牲补偿通过法益衡量实现，当法益发生冲突时，立法者选择牺牲价值较低的法益以保护高位阶法益，此时，由牺牲者完全承受损害不符合一般的公平观念，因而获益者嗣后应进行适当补偿以达到法益的适当平衡（原理类似征收补偿）。

以牺牲补偿为分配正义之具体伦理基础，公平责任即可得到严格限缩，以在侵权法归责制度的体系内适当弥补其僵硬性，不至于造成对侵权制度的整体冲击。进而，依牺牲补偿之理念，在《民法典》体系内，公平责任应限缩在被监护人公平责任（第1188条第2款第1分句）、失去意识行为人的补偿责任（第1190条第1款）和**自然原因下紧急避险人的补偿责任（第182条第2款）**〔批注23〕三种情形。

进而言之，在严格限缩公平责任适用的立场下，应同时以因果关系的相当性作为其适用前提，以避免公平责任的滥用。

（三）小结

《民法典》第1186条并非请求权基础，本案案情也不属于第1186条所应适用的案型，故甲对乙的公平责任请求权不成立，作为甲之继承人的丙也无法向乙主张公平责任请求权。

三、结论

甲的配偶丙对乙不享有任何请求权。

〔批注22〕
以牺牲补偿理念作为公平责任的正当性基础，也符合比较法上的考量（如《德国民法典》第829条）。

〔批注23〕
攻击性紧急避险的补偿义务确实属于牺牲补偿，但可否将其解释为公平责任，或仍可探讨。

公平责任适用的核心是"双方都没有过错"，攻击性紧急避险的核心则是"排除不法性"。

牺牲补偿可作为公平责任的制度基础，只意味着公平责任可归为牺牲补偿义务，但并不意味着，凡牺牲补偿均属于公平责任。

---

① 参见张家勇：《也论"电梯劝阻吸烟案"的法律适用》，载《法治研究》2018年第2期。

案例二：喂猴被伤案

◇ 案情介绍

2021年4月10日上午，原告甲（4岁）与其父母至被告上海市某动物园游玩。原告及其家人行至灵长类动物展区时，原告穿过笼舍外设置的防护栏，给猴子喂食，右手中指被猴子咬伤。事发时，动物园无工作人员在场。因情况紧急，原告父亲自行将原告送医并报警。

原告支出医疗费4058.09元（含住院期间伙食费32.50元），安装假肢花费2300元，并经假肢有限公司专家会诊，确认原告在18岁成年前须每两年更换一次假肢，成年以后每四年更换一次，每年的维修费为该假肢总额的5%，假肢的赔偿期限建议从第一次安装之日算至原告成年之后第二十年。

审理期间，法院对事发笼舍进行勘查：笼舍是铁制网状，在笼舍2米处悬挂"禁止跨越栏杆"等图文警示牌，距笼舍外1.50米处建有高1.12米的金属防护栏，金属防护栏栏杆间距15厘米左右。经现场试验，原告甲及10周岁以下（偏瘦小）的儿童可以通过栏杆间隙钻入。动物园在门口张贴了《上海市公园游园守则》，且在场馆设置了警示标志，动物园设置有巡逻制度，且当天工作人员照常值班巡逻。

经原告申请，法院委托司法鉴定科学技术研究所司法鉴定中心对原告的伤势进行了鉴定，花费鉴定费1930元。

原告要求被告赔偿医疗费4058.09元（含伙食费32.50元）、交通费408元、住院伙食补助费160元、伤残赔偿金63676元、护理费6600元、营养费1500元、假肢费2300元、18岁之前假肢费13800元、18岁之后20年假肢费11500元、假肢维修费3910元、司法鉴定费1930元、律师代理费8000元、精神损害抚慰金50000元。[①]

[①] 本案改编自谢叶阳诉上海动物园饲养动物致人损害纠纷案，该案载于《最高人民法院公报》2013年第8期（总第202期）。

问题：本案中原告甲的主张是否有相应的请求权基础？

◇ 解题大纲

一、请求权基础预选 ·· 025

二、甲得否依据《民法典》第 577 条后半句第 3 种情形请求动物园承担损害赔偿责任？ ·· 025

　（一）请求权成立要件 ·· 025
　　1. 损害赔偿责任成立要件 ·· 025
　　　（1）成立且有效的合同关系 ······································ 025
　　　（2）不履行合同义务或履行合同义务不符合约定 ·········· 026
　　　（3）债务人的有责性 ·· 026
　　　　①违约损害赔偿的归责原则：严格责任还是过错责任 ······ 026
　　　　　A. 违反保护义务的归责原则 ································ 026
　　　　　B. 违反保护义务的举证责任：过错还是过错推定 ········ 028
　　　　②债务人过错的认定 ·· 028
　　　　　A. 债务人自身的过错 ······································· 028
　　　　　B. 第三人的过错 ·· 029
　　　　③有责性抗辩：不可抗力或免责条款 ······················· 029
　　2. 损害赔偿的范围 ·· 029
　　　（1）损害 ··· 030
　　　　①财产损害 ·· 030
　　　　②精神损害 ·· 030
　　　（2）条件因果关系 ··· 031
　　　（3）相当性因果关系抗辩：可预见性原则 ··················· 031
　　　（4）与有过失抗辩 ··· 032
　　　　①共同引起损害 ··· 033
　　　　②不真正义务的违反 ··· 033
　　　　③过错 ··· 033

         A. 甲自身的过错 ··· 033
            a) 过错能力的必要性 ·· 033
            b) 中国法上的过错能力 ·· 035
            c) 抗辩：无过错能力 ··· 035
         B. 甲之法定代理人的过错 ·· 036
            a) 法律漏洞的存在 ··· 036
               aa) 不圆满性 ··· 037
               bb) 违反计划性 ··· 037
            b) 法律漏洞的填补 ··· 038
               aa) 填补方法：类推适用 ···································· 038
               bb) 构成要件类推还是法效果类推 ························· 038
            c) 法定代理人过错的存在 ······································ 039
         C. 与有过失的扣减范围 ··· 039
      (5) 减损义务违反抗辩 ·· 039
      (6) 第三人原因抗辩 ·· 040
      (7) 损益相抵抗辩 ··· 041
     3. 小结 ·· 041
   (二) 权利已消灭抗辩 ··· 041
   (三) 权利行使抗辩权 ··· 041
   (四) 中间结论 ··· 041
三、甲是否得依据《民法典》第1248条主文请求动物园承担损害赔偿责任？ ··· 041
   (一) 请求权已成立 ·· 041
     1. 侵权责任成立要件 ··· 041
      (1) 绝对权被侵害 ··· 041
      (2) 行为 ·· 042
      (3) 责任成立因果关系 ·· 042
      (4) 不法性抗辩 ·· 042

            (5) 无过错抗辩 ·· 042
                ①自身的过错 ··· 042
                ②工作人员的过错 ·· 042
            (6) 有责性抗辩:不可抗力 ·· 042
        2. 侵权损害赔偿的范围 ·· 042
            (1) 损害 ··· 042
            (2) 责任范围因果关系 ·· 043
            (3) 抗辩:与有过失 ·· 043
                ①受害人的过失 ·· 043
                ②代理人的过失 ·· 043
            (4) 抗辩:受害人故意 ·· 046
            (5) 抗辩:第三人原因 ·· 046
                ①第三人行为满足侵权责任的一般构成要件 ············ 046
                    A. 绝对权被侵 ··· 046
                    B. 行为 ·· 046
                    C. 责任成立的因果关系 ·································· 047
                    D. 不法性抗辩 ·· 047
                    E. 责任能力抗辩 ·· 047
                    F. 无过错抗辩 ·· 047
                ②同一损害 ·· 047
                ③第三人贡献了原因力 ······································ 047
                ④应予分担之数额 ·· 047
    (二) 权利已消灭抗辩 ·· 048
    (三) 权利行使抗辩权 ·· 048
    (四) 中间结论 ·· 048
四、请求权竞合与反思 ·· 048
五、结论 ·· 050

一、请求权基础预选

本案中甲与动物园之间可能存在合同,故甲可能依据《民法典》第 577 条后半句第 3 种情形请求动物园承担损害赔偿责任。甲的人身权被侵害,因而支出了费用,也可能存在侵权请求权。且由于造成损害的是动物园饲养的动物,属于特殊侵权行为,根据特别法优于一般法适用的原则,可能的请求权基础并不是第 1165 条第 1 款,而是第 1248 条主文。另外,可能成立的请求权基础还有第 1198 条第 1 款,只是动物园虽对游客有安全保障义务,但当涉及动物伤人时,应优先适用第 1248 条主文。〔批注1〕

二、甲得否依据《民法典》第 577 条后半句第 3 种情形请求动物园承担损害赔偿责任?

(一) 请求权成立要件

假设甲可以依据《民法典》第 577 条后半句第 3 种情形的规定,请求动物园承担损害赔偿责任。由于涉及损害赔偿,须分别检视损害赔偿责任成立与损害赔偿责任范围。

1. 损害赔偿责任成立要件

若甲可以依据《民法典》第 577 条后半句第 3 种情形请求动物园进行损害赔偿,需要满足的构成要件为:其一,成立且有效的合同关系;其二,当事人一方不履行合同义务或者履行合同义务不符合约定;其三,债务人的有责性。

(1) 成立且有效的合同关系

本案中,甲与动物园之间是否存在合同,尚有疑问。若无合同,则只能借助其父母与动物园之间的附保护第三人效力的合同〔批注2〕来对甲进行保护。据本文所查上海动物园票务信息,6 周岁以下儿童免票(须有成人陪护)。由此可以认为,动物园

[批注1]
更细致的请求权基础识别可以继续分析:第 1248 条的动物园"管理职责"是否属于第 1198 条的"安全保障义务",以及第 1248 条能否被解释为第 1198 条第 1 款的具体化规范?

与此相关的是,下文讨论第三人原因抗辩时所引用的《旅游案件规定》(2020) 第 7 条第 2 款与《民法典》第 1198 条第 2 款在规则上有高度一致性。

[批注2]
简要作注说明此概念更好。

有向 6 周岁以下儿童发出要约的意思,其内容为:"6 周岁以下儿童在父母陪同下入园时,可以缔结旅游合同"。甲在其父母陪同下进入动物园,在一般理性人看来,其父母作为法定代理人对于该要约进行了默示的承诺。且该合同不属于禁止代理的范围,对甲生效。综上,合同成立且生效。

（2）**不履行合同义务或履行合同义务不符合约定**[批注3]

本案中,动物园负有防止动物伤人、保证游客安全的义务,规范依据是《旅游法》(2018)第 50 条第 1 款①,性质上属于附随义务。**本案中,园方没有防止动物伤害甲**[批注4],违反了该义务。

（3）债务人的有责性

①违约损害赔偿的归责原则:严格责任还是过错责任

《民法典》第 577 条违约责任的归责原则,学界通说为严格责任。② 但近年来许多学者指出,以无过错作为违约责任的归责方式,仅在以给付结果作为合同内容时具有合理性;而当合同义务表现为行为义务或者附随义务时,无过错责任就显得过于严格。③ 因此,违反方式性义务者,应承担过错责任;违反结果性义务者,应承担严格责任。

A. 违反保护义务的归责原则

本文认为,采取过错责任的观点至少在保护义务上具有合理性。

首先,保护义务是手段债务而非结果债务,当事人只有尽一定手段保护相对人的义务。在保护义务上若采取严格责任,

[批注3]
这一步检视的是就"结果"而言,是否存在客观上的给付障碍,因此,存在甲受损这一客观结果本身即满足该要件。

[批注4]
这里只有结论,需要具体说明理由。

---

① 动物园属于《旅游法》(2018)第 111 条第 1 项"旅游经营者"中的"景区",故可适用该法。
② 参见黄薇主编:《中华人民共和国民法典合同编释义》,法律出版社 2020 年版,第 291—292 页;也有认为我国通说是"严格责任为主,过错责任为辅"的二元归责体系的观点,参见杨代雄主编:《袖珍民法典评注》,中国民主法制出版社 2022 年版,第 528 页。其实二者只是表述上的不同,核心观点都是严格责任为原则、过错责任为例外。
③ 参见朱广新:《违约责任的归责原则探究》,载《政法论坛》2008 年第 4 期;陈自强:《民法典草案违约归责原则评析》,载《环球法律评论》2019 年第 1 期。

意味着一旦出现客观的债权人受损害情况,无论原因,只要没有免责事由,就产生损害赔偿义务①,这就倒逼义务人不仅要消极地勿害他人,更是要求其进行无限制的损害防免。而通说认为,即使是在合同中,若要将保护义务从"不伤害他人"向"提供保护"转变,也有待于借助诚实信用原则进一步具体化。②若仅以结果发生作为违反保护义务的损害赔偿之前提,《民法典》又没有提供足够完备的免责事由③,则恐有偏爱债权人之嫌。

其次,我国从《公约》中继受严格责任④,而《公约》是规范货物买卖的合同法,买卖合同主给付义务是典型的结果义务,根据《公约》第3条第2款,其并不适用于供应货物一方的绝大部分义务是供应劳力或其他服务的合同,因此它并不考虑手段债务的问题。而且,根据《公约》第5条,其并不调整因货物带来的当事人人身损害的问题,因此它也不考虑保护义务的归责原则。⑤

再次,《民法典》第1248条的动物园动物侵权,本身应是把存在合同的情况纳入在内,否则该条文几乎无适用的可能性。[批注5]

最后,从经济分析的角度看来,在保护义务上,以结果发生作为归责原则的保护模式,其成本未免过于高昂,不利于社会经济发展。[批注6]

在《民法典》第577条的解释论上,"不符合约定"指向了合同自身,而通过合同的解释可以对当事人的风险进行合理分配,其约定应被解释为"债务人须尽必要注意履行保护义

[批注5]
此项理由非常关键,但是此处的论证较为淡薄。就体系解释的角度而言,违反保护义务的违约几乎总是与侵权竞合,如果违反保护义务采无过错归责,将可能导致架空侵权过错归责。

[批注6]
此理由与第一点理由有所重叠。

---

① 参见黄薇主编:《中华人民共和国民法典合同编释义》,法律出版社2020年版,第265—266页。
② 参见王泽鉴:《债法原理》(第二版),北京大学出版社2013年版,第33页。
③ 参见韩世远:《中国合同法与CISG》,载《暨南大学学报(哲学社会科学版)》2011年第2期。
④ 参见黄薇主编:《中华人民共和国民法典合同编释义》,法律出版社2020年版,第265—266页。
⑤ See Joseph Lookofsky, Understanding the CISG, Wolters Kluwer, 2017, pp. 21-25.

务"[批注7]。综上,在违反保护义务时,需要考量加害人的有责性。因此,动物园只须善尽交易上必要的注意义务,保护参观者不受损害即可。

B. 违反保护义务的举证责任:过错还是过错推定

对于保护义务采取过错归责的理由,已如上述,但学界仍然在是否采取举证责任倒置上存在争议。① 在本案中,本文认为,应当求诸合同约定本身,从当事人明示或默示的约定中探求双方对于违约风险的分配②;而在对当事人约定的解释中③,**根据请求权基础竞合理论**[批注8],在无责任缓和的特别约定时,可以参照《民法典》第 1248 条第 2 分句的责任分配;且该条本身也囊括了存在合同的情况。综上所述,采取过错推定的举证责任分配,应为允当。

②债务人过错的认定

在过错推定的归责原则下,应当检视动物园一方是否能证明其无过错。在本案中,动物园提出的对自身无过错的证明有:其一,其尽到了告知提醒义务;其二,其工作人员在巡视方面尽到了职责;其三,动物园灵长馆设施、设备无安全问题。其中第一、第三点,应当属于动物园自身负责的范畴;**而第二点,由于依赖管理人员的巡视,因此需要检视动物园是否需要为履行辅助人的过失负责**[批注9],兹分为以下两部分。

A. 债务人自身的过错

对于第一点抗辩,由于动物园在门口张贴了《上海市公园游园守则》,且在场馆设置了警示标志,可以让一般人注意到应

[批注7]
严格而言,双方均无过错才可称之为"风险",风险分配与过错归责并非一回事。

[批注8]
需要说明根据请求权竞合理论的何种具体论点可以得此论断,并显示文献来源。

[批注9]
可能的疑问是:基于本文所采的请求权基础竞合理论,这部分是否需要检视为雇员负责的侵权规则(第 1191 条)?

---

① 对于采取举证责任倒置的观点,参见迟颖:《我国合同法上附随义务之正本清源——以德国法上的保护义务为参照》,载《政治与法律》2011 年第 7 期;对于采取一般过错责任的观点,参见孙维飞:《〈合同法〉第 42 条(缔约过失责任)评注》,载《法学家》2018 年第 1 期。
② 参见陈自强:《民法典草案违约归责原则评析》,载《环球法律评论》2019 年第 1 期。
③ 对于该归责方式,参见张家勇:《论违反合同保护义务的归责标准》,载《西南民族大学学报(人文社会科学版)》2013 年第 2 期。

当防免的危险,故可以认为其无过错。

对于第三点,虽然馆舍有栏杆进行防护,但经现场试验,原告甲及10周岁以下儿童确实可以通过栏杆间隙钻入。动物园作为公共场所,每年要接待成千上万的学龄前儿童,根据其专业能力应能预见此危险发生的可能性,而其并未采取必要的预防措施。因此动物园在该点上无法证明自身没有过错,其无过错抗辩不成立。

B. 第三人的过错

对于第二点抗辩,根据《民法典》第593条第1句,债务人须对所有的第三人原因负责[批注10]。由于动物园自身营业资源有限,不应苛责动物园对于每个场馆都常设工作人员进行看护,只须善尽巡逻义务即可;但事故发生后,并无工作人员及时到场救助,而是由甲之监护人将其送医,故工作人员存在过错,该过错归属于动物园,其抗辩不成立。

③有责性抗辩:不可抗力或免责条款

本案中,明显不存在不可抗力,但有疑问的是,动物园门口张贴的《上海市公园游园守则》、灵长馆笼舍处悬挂的警示牌,是否构成免责条款。本文认为,该行为不构成免责条款。原因在于:一方面,该告示应当视为对于游客的警告,即动物园对于自身安全保障义务的履行,而该义务之前提为免责条款不存在;另一方面,依据《民法典》第506条第1项,造成对方人身损害的免责条款无效。故针对人身损害也不可能存在免责条款。综上,并不存在权利未发生的抗辩。

2. 损害赔偿的范围

根据《民法典》第584条的规定,对于违约损害赔偿范围,应当检视:其一,损害的存在;其二,损害与违约行为间的条件因果关系;其三,相当性因果关系的可预见性抗辩;其四,与有过失的抗辩;其五,减损义务违反的抗辩。

[批注10]

1. 第593条第1句的"依法"二字如何解释?是否表示该规范为指示参照性规范?如果是的话,就意味着,债务人并非对"所有的"第三人原因均负责。

2. 动物园的员工(履行辅助人)是否属于该规范所规定的"第三人"?与其他第三人是否应区别对待?

（1）损害

①财产损害

按照差额说，财产损害的额度为不存在权利侵害时的财产状况与现存财产状况的差额。在此需要指出两点，其一，由于不存在权利侵害时也会支出伙食费，而住院伙食补助费即被视为存在权利侵害时的伙食费支出差额。因此，伙食费不属于损害赔偿的范畴。其二，损害的计算，应当以最后事实审言辞辩论终结时的财产差额为计算的依据①，因此，18 岁之前剩余假肢费、18 岁之后 20 年假肢费与假肢维修费由于在一审法庭辩论终结前尚未支出，故不属于损害的范畴。[批注11] 综上，医疗费（不含伙食费）、交通费、住院伙食补助费、伤残赔偿金、护理费、营养费、假肢费、司法鉴定费以及律师代理费属于损害的范畴。

②精神损害

尽管过去的裁判观点通常认为违约损害赔偿不包括精神损害赔偿，但近年来，学说上基本对此问题持肯定的观点。②《民法典》出台后，亦有文章通过对《民法典》第 996 条的解释，将精神损害赔偿纳入违约责任的框架内。③ 本文认为，若将保护义务纳入契约义务范畴，就应承认违约造成的精神损害赔偿。在解释论层面，不宜认为精神损害赔偿须当事人另行提起侵权之诉，而应从节省诉累、考虑合同当事人间密切关系的角度出发，认可在单一的违约责任框架下对精神损害予以赔偿的可能性，但同时应考虑到精神损害的严重性要求。④ 因此，第 996 条应作为第 186 条的特别法优先适用，在存在精神损害赔偿时，不适用择一竞合。⑤

[批注11]
1. 需要检索我国法院的司法实务如何处理。
2. 假肢费与假肢维修费属于人身伤害导致的财产损害，与单纯的财产损害并不相同。因而只要有人身伤害，即可认为此类财产损害存在，如果不赔偿这些费用，则人身伤害无法填补。
3. 另可参考《人身损害赔偿解释》（2022）第 13 条关于残疾辅助器具费的规定。

---

① 参见王泽鉴：《损害赔偿》，北京大学出版社 2017 年版，第 65 页。
② 参见姚明斌：《〈合同法〉第 113 条第 1 款（违约损害的赔偿范围）评注》，载《法学家》2020 年第 3 期。
③ 参见薛军：《〈民法典〉对精神损害赔偿制度的发展》，载《厦门大学学报（哲学社会科学版）》2021 年第 3 期。
④ 参见薛军：《〈民法典〉对精神损害赔偿制度的发展》，载《厦门大学学报（哲学社会科学版）》2021 年第 3 期。
⑤ 参见刘小璇：《论违约精神损害赔偿》，载《法学杂志》2021 年第 6 期。

在本案中，动物园的义务违反导致甲的右手受损，从而引发了精神损害；并且右手中指的缺失可能造成日后生活的不便，因此该精神损害满足严重性要求，从而可以认为发生了严重的精神损害。

(2) 条件因果关系

在条件因果关系上，采取"若无则不"的法则。本案中，若不存在义务违反，甲的右手中指就不会遭受侵害，财产损害与精神损害就不会发生。因此，上述的财产损害和精神损害与义务违反之间存在条件因果关系。

(3) 相当性因果关系抗辩：可预见性原则[批注12]

《民法典》第584条但书将违约责任范围限制在违约方于缔约时可预见的范围内。然而，违反保护义务的损害赔偿是否仍适用可预见性原则存在争议。有学者主张，由于违反保护义务涉及固有利益的损害，考虑到其与侵权的亲缘关系，应当排除可预见性原则的适用，而以实际损失为准。①

本文倾向于支持可预见性原则对违反保护义务的适用。首先，既然第584条但书的文义中的"损失"指的就是主文的损失，则应尊重法律条文文义，认为固有利益也应当受可预见性原则的限制。其次，固有利益的损失并不完全排斥责任限制，在侵权法中亦存在相当性因果关系对过于遥远的损害进行限制，防止当事人自陷禁区。② 再次，不能对侵权和合同中的损害赔偿限制规则作相同解释，而应考虑当事人间特别约定的优先性，尤其是当事人间约定的风险分配；在无特别约定时，应通过解释达到与侵权法体系上的协调，防止法律

[批注12]
　　如果能先论证因果关系的"相当性"与"可预见性原则"的关系，论理更有力。

---

① 参见郗伟明：《论合同保护义务的应然范围》，载《清华法学》2015年第6期。
② 参见叶金强：《可预见性之判断标准的具体化——〈合同法〉第113条第1款但书之解释路径》，载《法律科学（西北政法大学学报）》2013年第3期。

体系的部分冲突。①

本案中,动物园饲养的动物伤人的可能性,对于园方而言,应当属于可预见的范围。盖此风险对动物园而言属于常见的行业风险,即使未成年游客违反管理规定受到人身损害与精神损害的可预见性,也被上述风险所涵盖。因此,对于上述的财产损害与精神损害,存在相当因果关系。

对于甲请求的律师费、司法鉴定费,究竟属于一般人的生活风险,抑或园方可预见的范围的问题,本文认为,诉讼风险对于动物园而言,亦属于其所应承担的范围。在当事人的律师费较为合理的情况下,不宜将律师费归为一般生活风险进而绝对地排除违约方的赔偿责任,而应当参考当事人之间的合同复杂程度进行判断,程度愈复杂,可预见性原则的限制越小。② 本案中,虽然与动物园订立的旅游合同架构较为简单,但甲支出的律师费、司法鉴定费并不高昂,应属动物园所能预见,故不能被排除。

(4)与有过失抗辩

[批注13] 可能的疑问是:与有过失与过错行为的结构对称性,大多指与过错侵权的对比,文中此处探讨的是违约损害赔偿中的与有过失,是否存在同样的结构对称性?

根据平等对待的原则,不仅加害人为自身的加害行为负责,受害人也需要照管好自身领域的风险,为自身的过错负责。③ **因此,在与有过错的结构上,具有与过错行为结构的对称性的特征;尽管此二者"过错"之含义并不相同,因而这种类似性并不完全,但仍可作为镜鉴。**④[批注13] 根据《民法典》第 592 条第 2 款以及学说,与有过失抗辩的成立要件应为:其一,共同引

---

① 参见张家勇:《合同保护义务的体系定位》,载《环球法律评论》2012 年第 6 期。
② 参见姚明斌:《〈合同法〉第 113 条第 1 款(违约损害的赔偿范围)评注》,载《法学家》2020 年第 3 期。
③ 参见〔德〕迪尔克·罗歇尔德斯:《德国债法总论(第 7 版)》,沈小军、张金海译,中国人民大学出版社 2014 年版,第 363—364 页。
④ 参见张谷:《作为自己责任的与有过失——从结构对称性角度所作的评论》,载王洪亮、张双根、田士永主编:《中德私法研究》(第 4 卷),北京大学出版社 2008 年版,第 36—37 页。

起损害;其二,不真正义务的违反①;其三,过错②。

①共同引起损害

"共同引起损害"要求受害人存在某种作为或不作为,且该作为或不作为与违约方的违约行为结合在一起,共同引起了损害的发生。本案中,甲穿过笼舍外设置的防护栏,给猴子喂食的行为,与动物园笼子护栏过宽的过错行为一起,引起了损害的发生,该要件被满足。

②不真正义务的违反

根据《旅游法》(2018)第15条,旅游者应当遵守景区的安全警示规定,违反安全警示规定的,应依法承担相应责任。其中的"相应责任"在违反景区安全规定这一情况下,存在可解释为不真正义务的可能性。盖个人因违反安全警示规定受损害,与他人的损害无关,故不引起他人的损害赔偿请求权,因此并非真正义务。本案中,甲违反安全警示的规定,喂食猴子,应当认为存在不真正义务的违反,该要件被满足。

③过错

A. 甲自身的过错

若要成立与有过失,受害人须存在过错。但此时甲系四岁的未成年人,因此存在疑问:其一,与有过失的成立,是否以过错能力为必要?其二,若必要,如何解释中国法上的过错能力?

a)过错能力的必要性

比较法的通说认为,过错能力在与有过失的认定上是必要的。[批注14]反对的意见认为,从法益所有人自担损害之原则出

[批注14] 需要显示文献来源。

---

① 通说认为,构成与有过失者,应违反对己义务(或称不真正义务),参见张谷:《作为自己责任的与有过失——从结构对称性角度所作的评论》,载王洪亮、张双根、田士永主编:《中德私法研究》(第4卷),北京大学出版社2008年版,第42—49页。其他观点认为,不仅不真正义务违反可以满足与有过失的要件,真正义务违反亦可,参见陈聪富:《侵权行为法原理》,元照出版有限公司2017年版,第498—499页。
② 反对意见认为"与有过失"应当在"因果关系份额"的意义上理解,参见尹志强:《论与有过失的属性及适用范围》,载《政法论坛》2015年第5期。

发，在被害人对损害具有原因力时，加害人的违法性或客观上的可非难程度因此降低。此违法性之降低，不因识别能力的不同而不同。① 或者认为，与有过失系针对因果关系的抗辩，因此并不需要考虑受害人的主观因素。②

本文认为，两种反对意见皆有难圆之处，在与有过失的认定上，仍应以平等对待原则作为出发点，以法益所有人自担损害作为衡量的标准，同时注意到未成年人保护的特殊价值判断。

其一，与有过失与过错行为对称的结构，说明其并非针对某一个特定要件的抗辩。与全有全无原则相对的比例分担原则，决定了其不是对责任成立要件的抗辩。上文中被害人于损害具有原因力时，加害人违法性降低的观点，将与有过失的抗辩化约为违法性抗辩，存在不合理之处。③ 盖与有过失在检视上，并非放在加害人的违法性抗辩中，而是在损害赔偿的范围中予以考察，这就决定其不是针对某一要件的抗辩，而是对于损害的分配，是一种综合考量。④ 将与有过失认定为针对因果关系抗辩的观点，同样也并未察觉与有过失与损害行为二者结构上的对称性。与有过失不可缺少因果关系，但其未必仅包含因果关系。[批注15]

〔批注 15〕
　　这部分从与有过失与过错行为的对称结构出发，证成过错能力的必要性，论证很精彩。

其二，就受害人负责区域的角度而言，损害大概有三种来源：受害人负责的区域、加害人负责的区域以及双方都无法负责的区域。双方都无法负责的区域，如不可抗力，能够成为加害人的免责事由。这说明，加害人只对其自身控制区域的风险

---

① 参见陈聪富：《侵权行为法原理》，元照出版有限公司 2017 年版，第 510—512 页。
② 参见尹志强：《论与有过失的属性及适用范围》，载《政法论坛》2015 年第 5 期。
③ 参见张谷：《作为自己责任的与有过失——从结构对称性角度所作的评论》，载王洪亮、张双根、田士永主编：《中德私法研究》（第 4 卷），北京大学出版社 2008 年版，第 36 页。
④ 参见葛云松：《过失相抵以及减轻侵权损害赔偿的其他事由》，载王洪亮、张双根、田士永主编：《中德私法研究》（第 4 卷），北京大学出版社 2008 年版，第 65—66 页。

负责,而受害人其实须对其自身负责领域以及双方都不负责领域的风险自担损害。这体现了"若无特别理由,应让损害停留于原地"的法理。那么,为何无过错能力者,不需为其领域内的风险负责?原因或许在于,法律秩序对于弱势的交往参加者提供了特殊保护,体现为广义的民事行为能力,这一点被认为是马克思·韦伯"价值理性"之体现;另外,从举重以明轻的角度,无过错能力者造成他人损害无须赔偿,故其亦不需要对自身之损害负责。①

综上所述,过错能力为与有过失所需检视的要件。

b) 中国法上的过错能力

如上文所述,要求过错能力体现了对于弱势群体之保护,那么《民法典》是否承认了该价值取向?

按照通说观点,依据《民法典》第 1188 条,只要被监护人有财产,就要承担责任,因此,《民法典》否定了过错能力。② 本文认为,以财产能力替代责任能力,与自我责任的原则毫无关系,而以完全随机的财产有无决定责任有无,对于有财产的被监护人不公。因为有财产而承担责任,恰似怀璧其罪,上述通说与侵权法的精神相去甚远,价值上难以自圆其说。并且,正如部分学者指出,通说观点也不利于无财产的被监护人保护。③ 另外,与加害人的过错判断不同的是,在受害人与有过失的处理上,法律却考虑当事人的识别能力。《铁路运输人身损害赔偿解释》(2021)第 7 条之规定体现了,在无民事行为能力人遭受铁路损害时,不能因无民事行为能力人自身有过错而减轻损害赔偿。④ 因此,有学者提出,应当对《民法典》第 1188 条进行合理解释,肯认被监护人之过错能力。⑤ 该解释在尊重外部体系之前提下,在内部体系上能够对被监护人之积极行为与消极行为作相同评价,值得赞同。

c) 抗辩:无过错能力

本案中,因甲为 4 岁的无民事行为能力人,故其难以认识到警示标志之含义,从

---

① 参见朱庆育:《互殴、责任能力和与有过失判断》,载王洪亮、张双根、田士永主编:《中德私法研究》(第 4 卷),北京大学出版社 2008 年版,第 63 页。
② 参见程啸:《侵权责任法》(第三版),法律出版社 2021 年版,第 319—322 页。
③ 参见吴香香:《请求权基础:方法、体系与实例》,北京大学出版社 2021 年版,第 268—271 页。
④ 参见程啸:《侵权责任法》(第三版),法律出版社 2021 年版,第 321 页。
⑤ 参见吴香香:《请求权基础:方法、体系与实例》,北京大学出版社 2021 年版,第 271—276 页。

而欠缺对于过错而言必备的过错能力,不能认为甲与有过失。

B. 甲之法定代理人的过错

在当事人并非完全民事行为能力人时,与有过失的检视是仅仅应考察当事人的过失,还是也应当将监护人的过失纳入考虑范围?

a) 法律漏洞的存在

《民法典》第592条第2款将与有过失的考察对象确定为"**当事人**"[批注16],因此文义上应当考虑的是被监护人自身,而非其监护人,此立法模式与比较法上的立法有异。从比较法的立法模式上看,在与有过失把第三人的过错纳入时,多通过引用性法条,如《德国民法典》第254条第2款第2句(德国的一致意见认为,该句应被视为独立的第3款)①,或者我国台湾地区"民法"第217条第3项。

[批注16]
准确地说,是"对方"。可以考虑的是,第592条第2款使用的"当事人一方""对方"是否仅限合同主体本人?可否解释为也包括其履行辅助人或法定代理人?毕竟履行辅助人或法定代理人与合同外的其他第三人不可同日而语?

也无法借由《民法典》第593条第1句的第三人原因违约,将法定代理人过错纳入考量。因为该条文要求因第三人的原因"造成违约",而与有过失仅是违约责任的减轻事由;当与有过失存在时,也难谓"向对方承担违约责任"。在与第593条第1句的比较上,例如《德国民法典》第278条,要求债之关系的存在,由此可以实现在与有过失时的镜像构造。

因此,在与有过失的认定上,存在双重阻力,一为欠缺引用性法条,从而无法引用;二为第593条第1句的文义导致在构成要件引用时,难以将与有过失纳入进来。

作为对策,若我国民法解释上要将与有过失的考察范围扩大到当事人以外的范畴,或也应当借助于额外的引用性法条。并且,在第593条第1句的解释上也应当斟酌,其究竟属于构成要件的准用,抑或法律效果的准用。另外,还应当考虑如何

---

① 参见〔德〕海因·克茨:《德国合同法(第2版)》,叶玮昱、张焕然译,中国人民大学出版社2022年版,第334页。

处理第 593 条第 1 句的文义问题,以与第 592 条第 2 款适配。本文拟首先考察第 592 条第 2 款欠缺引用性法条的问题,再确定应当通过类推进行法律续造后,再对准用的类型与第 593 条第 1 句的解释或续造进行处理。

《民法典》第 592 条第 2 款欠缺引用性法条,其究竟属于法律漏洞,还是立法者有意的沉默?若法律漏洞存在,那么需要满足:(1)不圆满性;(2)该不圆满是违反计划的。①

aa)不圆满性

法律在可能的文义范畴内,若无对某一生活类型的答案,则法律具有不圆满性。首先,第 592 条第 2 款之"当事人一方"系一个相对确定的法律概念,根据《民法典》第 465 条第 2 款主文,其应指的是合同关系的当事人。[批注17] 故此时不存在一个需要评价地加以补充的法律概念,"第三人之过错"这一情况在与有过失的规范中被搁置。其次,如前所述,这里也不像德国法,存在一个引用规范。最后,在体系违反的角度上,基于对债权人和债务人平等对待的要求,在债务人为所有第三人负责时,债权人却只需要为自身过错负责。那么难免存在疑问,法律为何偏爱债权人?此处难以给出一个可信服的理由,因此存在一个类推适用式的价值判断矛盾。在与有过失涉及使用人、代理人等第三人的情况时,欠缺一个可资适用的规范。因此存在不圆满性。

bb)违反计划性

法律在文义范围内对应规范对象未规范,并不一定构成漏洞,盖该事实可能并不应由法律调整,或者立法者透过沉默表明了其意思。

与有过失是否应将第三人过错纳入之命题,显然并不属于

[批注17]
　　第 465 条第 2 款主文处理的是合同的相对性问题,合同效力不及于第三人。但合同主体是否需要为他人的行为负责,是另一个问题,如合同主体为其履行辅助人的行为负责,并不意味着履行辅助人受合同约束。

---

① 参见黄茂荣:《法学方法与现代民法》(第 7 版),2020 年自版,第 687—688 页。

非人际关系或人际关系中不应属于法律管辖的部分，故其不属于法外空间。

若对第 592 条第 2 款作反面解释，则该条已经将与有过失所应当考察的范围穷举，即仅限于合同当事人。反面解释要求，立法者明示，或者依其立法意旨，只对其在法律规定中提到的构成要件赋予法律效果，并且对类推适用予以禁止。① 但是，根据上文所述的平等原则的要求，不应对于类推适用予以禁止。从比较法上看来，禁止该类推也不是大势所趋。从而，该规范亦不可作反面解释。

综上，《民法典》第 592 条第 2 款存在法律漏洞，须予以填补。

b) 法律漏洞的填补

aa) 填补方法：类推适用[批注18]

由于"第三人"超出了"当事人"的文义范围，因此需要法律续造填补法律漏洞。此时，比较法上的类推适用值得借鉴。在《民法典》第 592 条第 2 款的解释论上，应当将《民法典》第 593 条第 1 句透过平等原则，类推适用到该款上。

bb) 构成要件类推还是法效果类推

若通过类推，认为《民法典》第 593 条第 1 句应准用于第 592 条第 2 款，那么这种模式在法律比较上就更具有类似性，比较法上对类推适用的争议也就成为可资参考的资料。比较法上的争议在于，该准用属于构成要件之准用，抑或法律效果之准用。② 盖在前者，仍需受债之关系要件的限制，而法效果准用时，则可扩大适用于事先无债之关系的情况。需要注意的是，《民法典》第 593 条第 1 句之文义与比较法不同，若采取构成要

[批注 18]

法学方法方面的适用努力值得鼓励。但第 593 条第 1 句能否作为类推基础可再考虑。因为第 593 条第 1 句的规定是"当事人一方因第三人的原因造成违约的，应当依法向对方承担违约责任"，其中"依法"二字表明了其规范属性是指示参照性法条。换言之，为第三人负责，需要其他规范条文的明示。一项指示参照性规范，通常并不适宜作为类推基础。此外，还需要注意的是第 593 条第 1 句的立法变迁，《民法典》之前学界对原《合同法》(1999) 第 121 条第 1 句的争议焦点何在，《民法典》立法中为何增加了"依法"二字。

---

① 参见黄茂荣：《法学方法与现代民法》（第 7 版），2020 年自版，第 743—745 页。
② 参见〔德〕迪尔克·罗歇尔德斯：《德国债法总论（第 7 版）》，沈小军、张金海译，中国人民大学出版社 2014 年版，第 369—370 页；王泽鉴：《损害赔偿》，北京大学出版社 2017 年版，第 324 页。

件准用,则须满足"造成违约"这一要件;而若采取法律效果准用,则只须满足:其一,合同关系;其二,一方违约造成对方损失;其三,另一方之代理人或使用人有过错。然而,此时第593条第1句的法效果也需要做相应的改造,将"依法向对方承担违约责任"目的性限缩为"依与有过失之规定承担请求权减损的不利"。

就此看来,对第592条第2款准用第593条第1句的法律效果,更接近比较法的要件准用。原因在于,德国采取债编的立法模式,并且《德国民法典》第254条第1款采取了"被害人"的表述。因此,解释上,可以扩展至预先不存在债之关系的侵权行为,这也是导致上述争议的原因。而在要求债之关系预先存在的《德国民法典》第254条第2款第1句中则并不存在争议。①

综上,应当将《民法典》第593条第1句之法律效果,类推适用于第592条第2款上,被害人应当对其代理人的过失负责。根据比较法上的通说观点,债之相对性,不仅适用于给付义务,也适用于保护义务等,故当合同相对人违反保护义务时,被害人也需要对其代理人以及使用人的过失承担责任。②

c)法定代理人过错的存在

根据《民法典》第34条第1款,监护人应当保护被监护人的人身权利。本案中,甲的监护人疏于监护,导致了甲的损害,因此监护人存在过错。并且甲应当对监护人的过错负责。

C.与有过失的扣减范围

由于甲应当对其监护人的过错负责,因此与有过失的抗辩成立。动物园的损害赔偿份额,应当予以扣减,本案原案情的审理法院确定的比例为甲负责60%,动物园负责40%,本文从之。

(5)减损义务违反抗辩

对于第591条第1款,也应作与第592条第2款相同的类推适用,盖二者法理基础一致,只是适用的时间不同。③ 比较法上,这种已经存在债之关系的情况在类

---

① 参见张谷:《作为自己责任的与有过失——从结构对称性角度所作的评论》,载王洪亮、张双根、田士永主编:《中德私法研究》(第4卷),北京大学出版社2008年版,第54—55页。
② 参见[德]海因·克茨:《德国合同法(第2版)》,叶玮昱、张焕然译,中国人民大学出版社2022年版,第334页。本文对此持保留意见,在本文第四部分详论之。
③ 参见黄薇主编:《中华人民共和国民法典合同编释义》,法律出版社2020年版,第305页。

推适用上更无争议。本案中,甲在受到损害后被其监护人紧急送医,故可以认为其对于防止损害的扩大采取了适当的措施,不存在减损义务的违反,该抗辩不成立。

(6)第三人原因抗辩

根据《旅游案件规定》(2020)第7条第2款,因第三人的行为造成旅游者人身损害、财产损失,由第三人承担责任;旅游经营者、旅游辅助服务者未尽安全保障义务,旅游者请求其承担相应补充责任的,人民法院应予支持。[批注19]

首先,监护人应当属于第三人。其次,监护人违反照顾被监护人义务的行为,与动物园的不作为结合,造成了被监护人的损害。因此,该抗辩被满足。此时,甲之监护人作为第三人应当承担责任,而动物园之责任被减轻。

然而,根据该规定所得出的法律效果存在两个问题:其一,对于责任份额的扣减,究竟是基于与有过失,抑或是基于第三人原因?其二,动物园应当承担补充责任还是直接承担全部责任?

对于第一个问题,虽然二者在扣减的结果上无差异,但在论证进路上,基于与有过失的扣减意味着被监护人承担监护人之过失;而基于第三人原因的扣减中,第三人则为独立的责任主体。此问题显现了违反合同保护义务在侵权与合同二进路下的规范竞合,本文先肯定该扣减的处理结果,至于规范竞合,留待第四部分的请求权基础竞合与反思进行处理。

对于第二个问题,应当将《旅游案件规定》(2020)第7条第2款后半段理解为,请求补充责任是受害人的自由,而非其义务。第三人过错侵权,当损害落入安保义务人相应安保义务保护范围内的,安保义务人应承担自己责任,其责任承担应依据义务保护范围确定;其余情形则可能适用因果关系要件更为缓

[批注19]
1. 需要留意该项规范与《民法典》第1198条第2款的对比。
2. 此处所谓"第三人原因抗辩"(《民法典》第1198条第2款亦然),依文义更值得探讨的是,动物园能否主张应先由第三人承担责任,再由己方承担补充责任。换言之,补充责任是否构成一种"责任顺位抗辩"?

如果是,这种抗辩的效果就既不是阻却请求权的产生,也不是导致请求权的消灭,而只是阻止请求权的行使,从而为权利行使抗辩权,应置于"请求权可行使"部分检视。

而如果认为补充责任并非"责任顺位抗辩权",则需要论证否定的理由是什么。

和的补充责任。①[批注20] 因此，在旅游经营者未尽安全保障义务时，当事人可以视证明难度而选择安全保障义务人直接承担全部责任还是承担补充责任。因此，甲可请求动物园直接承担全部责任。

(7) 损益相抵抗辩[批注21]

本案中，甲并无收益可言，故无损益相抵的适用余地。

3. 小结

甲对动物园的请求权已经成立，损害赔偿金额为上述财产损害与精神损害的 40%。

(二) 权利已消灭抗辩

本案中，不存在债的消灭事由，请求权未消灭。

(三) 权利行使抗辩权

本案中，不存在履行抗辩或时效抗辩，故请求权可行使。

(四) 中间结论

甲可以依据《民法典》第 577 条后半句第 3 种情形要求动物园赔偿其医疗费（不包含伙食费）、交通费、住院伙食补助费、伤残赔偿金、护理费、营养费、假肢费、司法鉴定费、律师代理费以及精神损害赔偿金的 40%。

三、甲是否得依据《民法典》第 1248 条主文请求动物园承担损害赔偿责任？

(一) 请求权已成立

1. 侵权责任成立要件[批注22]

(1) 绝对权被侵害

本案中，甲的身体遭受了侵害，因此导致了身体健康与精

[批注20]
第三人原因导致损害，且损害同时落入安保义务人义务范围的情形，实质是因果关系聚合型数人侵权（《民法典》第 1172 条），是第三人的作为与安保义务人的不作为相结合造成同一损害。如果没有《旅游案件规定》（2020）第 7 条第 2 款、《民法典》第 1198 条第 2 款，原本可适用的是《民法典》第 1172 条，受害人仅得请求安保义务人承担按份责任。文中认为受害人可直接请求安保义务人承担全部责任的论断或可商榷。

[批注21]
"损益相抵"是请求权未产生的抗辩，还是权利已消灭（或部分消灭）的抗辩？

[批注22]
这部分采用的是过错侵权的通常检视结构，但第 1248 条实为过错推定侵权，过错推定是否有其不同于过错侵权的特殊检视结构？

---

① 参见洪国盛：《论第三人行为与违反安全保障义务的责任承担》，载《法学》2020 年第 9 期。

神健康的侵害。因此,存在绝对权受侵害的事实,该要件被满足。

(2)行为

根据《民法典》第1248条主文,动物园对于游客负有防止其受动物侵害的义务,由于甲在喂食动物时受到了损害,因此动物园违反了该义务,该要件被满足。

(3)责任成立因果关系

按照"若无则不"的条件因果关系①,若动物园将栅栏缝隙缩小,则甲的损害不会发生,故动物园之行为和权利侵害有因果关系,该要件被满足。

(4)不法性抗辩

本案中,明显不存在违法性的阻却事由。

(5)无过错抗辩

①自身的过错

根据《民法典》第1248条的规定,动物侵权属于过错推定的侵权责任,动物园须举证其无过错。根据上文在合同请求权部分的分析,其场馆的防护设施不能起到对未成年人的保护作用,故其抗辩不成立。

②工作人员的过错

根据《民法典》第1191条第1款第1句,雇主应当为工作人员的过错负责。本案中,事故发生时,工作人员已善尽巡逻义务,故该抗辩成立;但事故发生后,并无工作人员及时到场救助,故其工作人员存在过错。

(6)有责性抗辩:不可抗力

本案中不存在不可抗力,故该抗辩不成立。

2. 侵权损害赔偿的范围

(1)损害

甲的右手中指遭受了侵害,导致了财产上和精神上的损害。

---

① 参见〔德〕埃尔温·多伊奇、〔德〕汉斯-于尔根·阿伦斯:《德国侵权法——侵权行为、损害赔偿与痛苦抚慰金(第5版)》,叶名怡、温大军译,中国人民大学出版社2016年版,第25页;反对的观点主张在责任成立的因果关系中也采取相当因果关系,参见王泽鉴:《侵权行为》(第三版),北京大学出版社2016年版,第248页。

<u>财产损害的范围,已如合同部分所述。</u>[批注23] 同时,《民法典》第 1183 条第 1 款也将精神损害赔偿纳入了损害的范围。① 因此,上述的财产损害与精神损害属于损害的范畴。

(2) 责任范围因果关系

对于损害的遥远性问题,要求剔除出人意料的因果进程,只留下常人可以预计出现的损害,即相当因果关系②。本案中,动物园对于游客受伤的风险应当可以预见,因此不存在出乎意料的因果进程。

(3) 抗辩:与有过失

① 受害人的过失

如上所述,与有过失要求过错能力。甲由于欠缺过错能力,无与有过失适用的余地。

② <u>代理人的过失</u>[批注24]

《民法典》第 1173 条也将与有过失的考察范围限制在"被侵权人"的范畴,排斥其为第三人的过错承担责任。该做法是否允当?或可从比较法上所揭示的当事人利益状态观察之。

该争议仍然在《德国民法典》第 254 条第 2 款第 2 句的准用类型上。德国法上,多数的观点认为,合同领域外对第三人行为的责任规定在《德国民法典》第 831 条中,而第 831 条属于对自己过错的责任,故不应当允许将法定代理人的过错扩大至合同之外的范畴。而在侵权领域,单方面将《德国民法典》第 254 条的受害人一方扩张至其法定代理人,并不符合与有过失的对称结构。③ 因此,欠缺合同或类合同关系时,不可准用《德

[批注23]
关于假肢的相关费用,请注意《民法典》第 1179 条。

[批注24]
侵权领域与合同领域不同,法定代理人过失不能纳入受害人与有过失的考量范畴,这部分论证严谨扎实。

---

① 认为该条文属于独立的请求权基础的观点,参见吴香香编:《民法典请求权基础检索手册》,中国法制出版社 2021 年版,第 176 页。本文认为在已经存在绝对权被侵害的事实,且当事人一并请求时,直接在损害赔偿范围的检视时将精神损害纳入即可,盖该请求权在责任成立上,与一般的过错或无过错请求权并无区别。
② 参见[德]埃尔温·多伊奇、[德]汉斯-于尔根·阿伦斯:《德国侵权法——侵权行为、损害赔偿与痛苦抚慰金(第 5 版)》,叶名怡、温大军译,中国人民大学出版社 2016 年版,第 25 页。
③ 参见[德]迪尔克·罗歇尔德斯:《德国债法总论(第 7 版)》,沈小军、张金海译,中国人民大学出版社 2014 年版,第 369—370 页。

国民法典》第 278 条的规定。①

而在我国台湾地区,实务观点认为,法定代理人之过失可归属于被代理人。② 而学界观点则可分为肯定说与否定说,持肯定说者谓,法定代理人与被代理人利害共同,如不需过失相抵则其不公平较诸准许过失相抵时为甚。③ 持否定说者的理由在于,使被代理人不为法定代理人的过错负责,待完全赔偿后加害人向被代理人追偿相应部分,可以督促代理人保护被代理人的权益,且该结论为比较法上的发展趋势④;从求偿不能的风险负担的角度出发,由加害人负担比由受害人负担更为合理。⑤ 也有论者主张分别对待"受害人可能加害外部人"的关系与"受害人不能加害外部人"的关系。对前者,第三人过错可以归属于受害人,以防止联合加害外部人;对后者,因其无加害外部人的可能性,第三人过错不可以归属于受害人。未成年人与其法定代理人的关系,就属于后一种关系。⑥ 其本质,也是偿付不能风险的分配。

比较法上的争议给我们的启示是:其一,与有过失的对称结构须与其所倒映的请求权类型对应;其二,未成年人保护的价值,体现于偿付不能风险的分配。

从第一个启示来看,若未成年人在侵权时不必为其法定代理人的过错负责,则在与有过失上,也不需要为其负责。考察《民法典》的相关规定,当被监护人无责任能力或无过错,且监护人未尽监护职责时,应当适用的是《民法典》第 1188 条第 1 款,监护人承担责任。⑦ 因此,存在未成年人不为其法定代理人负责的第一个理由。

从第二个启示来看,首先需要考察我国的因果关系立法。原因在于,在比较法上出现争议的原因是,基于《德国民法典》第 830 条第 1 款第 1 句,共同加害人对共同侵权承担连带责任,受害人可以向多数侵权人中的一个请求所有的份额。这样

---

① 参见[德]海因·克茨:《德国合同法(第 2 版)》,叶玮昱、张焕然译,中国人民大学出版社 2022 年版,第 334 页。
② 参见王泽鉴:《损害赔偿》,北京大学出版社 2017 年版,第 324—326 页。
③ 参见曾世雄、詹森林:《损害赔偿法原理》(第三版),新学林 2016 年版,第 318—319 页。
④ 参见王泽鉴:《损害赔偿》,北京大学出版社 2017 年版,第 326—327 页。
⑤ 参见陈聪富:《过失相抵之法理基础及其适用范围》,载王洪亮、张双根、田士永主编:《中德私法研究》(第 4 卷),北京大学出版社 2008 年版,第 28—29 页。
⑥ 参见张谷:《作为自己责任的与有过失——从结构对称性角度所作的评论》,载王洪亮、张双根、田士永主编:《中德私法研究》(第 4 卷),北京大学出版社 2008 年版,第 57—59 页。
⑦ 参见吴香香:《请求权基础:方法、体系与实例》,北京大学出版社 2021 年版,第 276 页。

的立法固然可以扩充被害人可求偿的责任财产范围,但在过失存在于第三人时,会出现受害人先向外部人求偿,从而可能将向内部人偿付不能的风险转嫁给外部加害人。只有通过与有过失将责任份额予以扣减,才能防止这种转嫁。与有过失因此成了损害分配的唯一控制器。

而我国立法则区分了<u>竞合的因果关系与聚合的因果关系</u>[批注25],在聚合的因果关系上,并未采取连带责任的立法模式,因此,外部加害人可以承担与其过错相适应的责任,不产生偿付不能风险转嫁的问题。而在竞合的因果关系上,若每一个人的侵权行为都足以造成全部损害,那么亦不生偿付不能风险转嫁的问题,每个人对全部的损害负责都是应当的,受害人可以自由选择。职是之故,未成年人不为法定代理人负责的第二个理由不存在。

偿付不能风险转嫁的可能性不存在,固然支持将损害赔偿金额予以扣减,然而本文认为,此扣减与基于与有过失的扣减法理基础不同。比较法上,基于偿付不能风险转嫁而否定被监护人为监护人承担责任,旨在避免因果关系立法带来的不利。在《民法典》的因果关系立法下,因果关系也可以作为责任减轻的事由,而不需要把责任减轻的功能全部放进与有过失这一事由里。

根据《铁路运输人身损害赔偿解释》(2021)第7条的规定,未成年人监护人的过失似乎应纳入考虑。但本文认为,该条并非一定是与有过失考察范围的规定,亦可以在《民法典》第1172条因果关系聚合的规定下,作为第三人原因来理解。盖存在第三人的过错行为时,若构成聚合的因果关系,则加害人责任亦可以减轻。我国的判例多认为监护人之过错可由被监护人承担。① 本文赞同其责任扣减之结果,但不赞同其理由。法

[批注25]
竞合的因果关系,《民法典》第1171条;聚合的因果关系,《民法典》第1172条。

---

① 参见吉林省长春市朝阳区人民法院民事判决书(2020)吉0104民初166号;河南省平顶山市中级人民法院民事判决书(2016)豫04民终字156号;辽宁省本溪市平山区人民法院民事判决书(2015)平民初字第00020号。

律概念是价值概念,错误地使用概念往往导致其背后价值判断的剥离①,若长期将法定代理人过错归于未成年人,则不利于未成年人保护的法律价值的形成,故正本清源,有其必要。

综上,本文认为,考虑到无民事行为能力人保护的价值取向,被监护人不宜因为其监护人之过错而减损其所受到的赔偿额度,否则其地位甚至劣于完全民事行为能力人;而且,被监护人自己不可能决定何人为其监护人,更无控制监护人行为之可能,将监护人之过错归属于被监护人,显有不公。② 因此,与有过错考察的对象应当限定于被侵权人,不应扩展到对监护人的过错考察上。至于被监护人过失造成监护人损害,应在因果关系的范畴下予以考虑。

(4)抗辩:受害人故意

本案中,明显不存在被害人的故意。

(5)抗辩:第三人原因

<u>根据《民法典》第 1172 条,当加害人与第三人分别实施侵权行为造成同一损害时,加害人与第三人应当各自承担相应的责任。</u>[批注26]准此以言,第三人原因可作为加害人责任减轻之事由。该抗辩的构成要件为:①第三人行为满足侵权行为的一般成立要件;②同一损害;③第三人贡献了原因力。

①第三人行为满足侵权责任的一般构成要件

A. 绝对权被侵

本案中,甲之身体权与健康权受到侵害,故存在绝对权被侵。

B. 行为

<u>根据《民法典》第 34 条第 1 款,监护人应保护被监护人的人身权利,因此甲之监护人存在作为义务。其未保护甲之人身</u>

[批注26]
　　如上文批注 20,此处同样需要考量《民法典》第 1172 条与第 1198 条第 2 款、以及《旅游案件规定》(2020)第 7 条第 2 款的适用关系。

---

① 参见黄茂荣:《法学方法与现代民法》(第 7 版),2020 年自版,第 185—187 页。
② 参见程啸:《过失相抵与无过错责任》,载《法律科学(西北政法大学学报)》2014 年第 1 期。

安全，违反了该作为义务。[批注27]

C. 责任成立的因果关系

按照"若无则不"的条件关系，若甲之监护人尽到监护职责，则甲不会喂食猴子，就不会被咬伤。因此，存在责任成立的因果关系。

D. 不法性抗辩

本案中不存在不法性抗辩。

E. 责任能力抗辩

甲之监护人系成年人，且无精神错乱，故过错能力抗辩不成立。

F. 无过错抗辩

本案中，甲之监护人按照一般善良管理人的要求，应当在动物园督促自己的孩子遵守旅游安全管理的规定，而甲之监护人并未尽到该注意义务，故无过错抗辩不成立。

②同一损害

本案中，由于甲之监护人未尽监护职责，造成的之后一系列损害与前述的动物园造成的损害为同一损害。

③第三人贡献了原因力

若无甲之监护人的疏忽，则不会有损害之发生，因此甲之监护人为损害贡献了原因力。

④应予分担之数额

第三人应分担之数额，依照《民法典》第1172条前段，能够确定责任大小的，各自承担相应的责任。然而，"责任大小"系一个不确定的法律概念，学说上认为，应当类推适用关于与有过失之规定，结合二侵权行为之过错程度与所贡献的原因力来综合确定。① 本案法院确定为60%，本文从之。

[批注27]
不作为侵权是否有其不同于过错侵权的特殊检视结构？

---

① 参见王泽鉴：《损害赔偿》，北京大学出版社2017年版，第452页。

(二) 权利已消灭抗辩

本案中,不存在债的消灭事由,请求权未消灭。

(三) 权利行使抗辩权

本案中,不存在时效抗辩权。

(四) 中间结论

甲可以依据《民法典》第1248条主文要求动物园赔偿其医疗费(不包含伙食费)、交通费、住院伙食补助费、伤残赔偿金、护理费、营养费、假肢费、司法鉴定费、律师代理费以及精神损害赔偿金,但是由于存在甲监护人对其侵权的第三人原因,故对于动物园只能请求上述金额的40%。

四、请求权竞合与反思[批注28]

本案中,存在着**请求权基础竞合**[批注29]的现象,按照《民法典》第186条,当事人仅可选择一种请求权基础行使。依照请求权相互影响说,为顾及法律对契约责任所设的特别规定,侵权责任的规则会被当事人约定或债法规则改变;具言之,则大多是时效与存在特别结合关系时的责任缓和的情况。①

《民法典》对于时效制度采取了相对一致的立法,故在时效上往往不生问题。但本案中,于合同责任中存在着责任缓和——与有过失。在合同责任中,与有过失的考察范围大于不存在特别关系的侵权行为,原因是当事人之间的特别结合关系。**但是,在债权人法定代理人违反合同保护义务的情况下,我们发现,此时存在两种不同立场的债务人责任减轻——或基于债权人方与有过失,或基于第三人原因违约。或许可以怀疑,依据特别结合关系使被监护人的负责范围扩大,该教义如**

[批注28]
有意识地分析竞合问题,是本文的亮点。

[批注29]
需要辨析的是,"请求权竞合"与"请求权基础竞合"是否为同一概念?

---

① 参见叶名怡:《〈合同法〉第122条(责任竞合)评注》,载《法学家》2019年第2期。

此正确吗?[批注30]

不妨先假设通说的正确性,即在存在合同关系时,与有过失应当考察法定代理人的过失。那么根据平等原则的要求,若与有过失考察法定代理人的过失,那么在当事人违约的过失上,也应当考虑法定代理人的过失。这在法定代理人代理被代理人为法律行为时,自然没有问题。但是,若法定代理人违反了合同保护义务,导致了相对人的损害,那么此时,若谓存在合同保护义务的违反,将法定代理人过错归于被代理人就可能不公。相比只为自己负责的成年人,未成年人因自己的无能力而受不利,这与法律倡导的价值观相去甚远。在该价值下,更能被接受的,是受害人按照侵权直接对该法定代理人提起诉讼,而无须由未成年人承担责任。

或者,再看更相近的案型,未成年人违反合同保护义务,且其法定代理人未尽到监护义务时,若按照《民法典》第593条第1句,使未成年人先承担违约责任,再向法定代理人追偿,则存在求偿不能的风险分配问题。由合同相对人负担该风险,比未成年人负担该风险更为合理。而相对人直接请求监护人,也就是将其作为第三人的原因来处理。类比无特别结合关系时,此种侵权案件的请求权基础为第1188条第1款,其请求权的对象是法定代理人,也更能说明,此种情况下,应当由监护人直接负责。

从《民法典》第1188条第1款到第593条第1句,为何"特别结合关系"可以让未成年人为自己的监护人负责?难道当事人间存在合同时,可以比不存在合同时更能期待被监护人要求其监护人尽到监护义务吗?如果能肯定该理由,那么在合同关系中,未成年人的地位要劣于无合同的情况,然而其居然不能决定是否进入一段合同关系,这样的论述是无法令人信服的。

通过上面的归谬可以看出,通说的"特别结合关系"教义未

[批注30]
好问题!法定代理人违反保护义务侵害固有利益与违反合同主、次给付义务不同,常与侵权竞合,应更多地考虑侵权规则的影响。未成年人为其法定代理人的侵权行为负责欠缺正当性。

必站得住脚。

破除了"特别结合关系"的教义后,再结合上文对于侵权行为上与有过失考察范围的论述,可以认为,在法定代理人并非代理被监护人从事法律行为时,对于未成年人而言,并无任何承担其过错的理由。此时法定代理人的地位,与路人甲并无区别。其行为应当作为第三人的行为成为债务人责任减轻的事由,从而实现与侵权的相对一致。现行观点在与有过失上将其纳入考虑,尽管并不影响结果,但偏离了未成年人保护的价值,有纠偏的必要。

那么,自解释论上,本文主张《民法典》第593条第1句应当进行目的性限缩,在违反保护义务的情况下,将监护人的过失排除出未成年人与相对人过失的考察范围,使其在第三人原因上作为独立的责任减轻事由;在第592条第2款将法定代理人的过错通过第593条第1句进行法律效果准用时,也应当将这种情况排除出去。当然,这种解释只作为一种可能的思路予以参考。本案中,合同路径上的责任扣减可以直接基于《旅游案件规定》(2020)第7条第2款展开。〔批注31〕

五、结论

甲可以依据《民法典》第577条后半句第3种情况或《民法典》第1248条主文要求动物园赔偿其医疗费(不包括伙食费)、交通费、住院伙食补助费、伤残赔偿金、护理费、营养费、假肢费〔批注32〕、司法鉴定费、律师代理费以及精神损害赔偿金等总额的40%。

〔批注31〕
《旅游案件规定》(2020)第7条第2款能否适用于侵权?

〔批注32〕
同上注23,注意《民法典》第1179条。

案例三：合同失败返还案

◇ **案情介绍**

2021年1月24日，出卖人甲与买受人乙签订一份《汽车起重机份额转让协议》，约定由甲将一台折旧汽车起重机51%的份额转让给乙，其中约定该汽车起重机价格总额为300万元（该价格远低于进口新车的销售价），乙需要支付153万元。甲保证对该车拥有财产权，因甲的原因导致无法过户的，甲需向乙承担违约赔偿责任。在交易过程中，双方当事人的合同中并未填写涉案车辆的牌照等关键信息，甲也并未出示相关的有效证件。

合同订立后，乙向甲支付了153万元，甲办理了虚假的机动车行驶证等相关文件并交付给乙，双方完成了起重机的交付，此后汽车起重机一直由乙使用。甲向乙交付车辆后，双方一直未办理车辆过户手续。2021年3月，乙在车辆管理所查询信息时发现该车辆的所有权人并非甲，但其一直不清楚该车为套牌车的事实。

2021年10月7日，乙与甲续订了另一份《转让协议》，约定甲将汽车起重机剩余的49%份额转让给买受人乙，出让价格为147万元。乙支付全部价款，并获得了汽车起重机所有权的全部份额。2022年6月28日，经广州市公安局查明，该涉案汽车起重机存在"使用伪造、变造的机动车行驶证""不具备合法手续"等违法事由，广州市公安局依法对该车辆采取扣留的行政强制措施。在车辆被扣留之后，甲乙双方均未采取任何行动，该车辆随后被公安机关依法销毁。[①]

问题：乙对甲可主张何种权利以获得救济？

[①] 案例改编自广东省广州市中级人民法院民事判决书(2021)粤01民再73号。原案件内容较为复杂，本文将其简化处理。

◇ 案情提要

2021年1月24日	甲乙订立第一份汽车起重机份额买卖合同
此后	完成交付,甲伪造机动车行驶证等相关虚假文件
2021年3月	乙知道汽车起重机的所有权人并非甲
2021年10月7日	甲乙订立第二份汽车起重机份额买卖合同,并支付价款
2022年6月28日	汽车起重机被公安机关扣留,随后被销毁

◇ 解题大纲

一、合同被撤销情形·· 056
　（一）结合《民法典》第148条、第157条和《九民纪要》（2019）
　　　第33条所享有的基于合同被撤销的折价补偿请求权？·········· 056
　　1.《民法典》第157条是否为独立的请求权基础？····················· 056
　　　（1）《民法典》第157条具有独立的规范目的和规范构造········· 057
　　　（2）将《民法典》第235条适用于合同无效情形忽视了当事人的
　　　　　意思·· 057
　　　（3）《民法典》第157条系第985条的特别规范······················· 059
　　2.请求权是否已产生？·· 060
　　　（1）存在双务合同·· 060
　　　（2）该双务合同无效或者被撤销·· 061
　　　　①该双务合同因违反法律强制性规定而无效？····················· 061
　　　　②该双务合同因乙行使撤销权而无效？······························· 061
　　　　　A.撤销权是否已产生？··· 061
　　　　　　a) 甲存在欺诈行为 ··· 061
　　　　　　b) 撤销权人因为受欺诈而陷于错误 ····································· 062
　　　　　　c) 乙基于错误而做出意思表示 ··· 063
　　　　　　d) 甲具有故意 ··· 063
　　　　　　e) 小结 ··· 063

           B. 撤销权未消灭·· 064
           C. 小结·· 065
       (3) 相对方因请求权人的给付而取得财产······················· 065
       (4) 给付的标的物无法返还或没有必要返还······················· 065
       (5) 权利未发生的抗辩··· 066
       (6) 中间结论·· 066
    3. 请求权是否未消灭？·· 066
    4. 请求权是否可实现？·· 066
       (1) 合同无效的当事人是否可以主张类推适用同时履行
           抗辩权？·· 066
       (2) 甲的同时履行抗辩权（权利行使抗辩权）是否存在？··········· 067
           ①甲对乙的折价补偿请求权是否成立且未消灭？··············· 068
             A. 乙可否主张自己对合同无效是善意的而免除返还
                义务（权利行使抗辩权的反抗辩）？···················· 068
             B. 乙可否主张甲的行为属于明知债务不存在的非债清偿
                从而免除自身的返还义务（权利行使抗辩权的反
                抗辩）？·· 069
             C. 乙可否主张标的物毁损灭失系可归责于甲而免除返还
                义务（权利行使抗辩权的反抗辩）？···················· 070
           ②小结·· 072
    5. 小结 ·· 072
  (二) 结合《民法典》第148条、第157条所享有的基于合同被撤销的
      用益返还请求权？·· 072
    1. 双务合同无效时,返还前受领人是否有权使用标的物？············· 072
    2. 请求权是否已产生？·· 073
    3. 请求权是否未消灭？·· 073
       (1) 甲的用益返还请求权是否成立？··························· 073

（2）甲能否主张两项用益返还请求权完全折抵（权利已消灭的抗辩）？ ………………………………………………………… 074
　　（3）中间结论 ……………………………………………………… 075
　4. 请求权是否可实现？ ………………………………………………… 076
　5. 小结 …………………………………………………………………… 076
（三）依据《民法典》第 500 条第 2 项（缔约过失规则）所享有的信赖利益损害赔偿请求权？ ……………………………………………… 076
　1. 请求权基础的选择 …………………………………………………… 076
　2. 请求权是否已成立、未消灭、可实现？ …………………………… 077

二、合同未被撤销情形 ……………………………………………………… 078
（一）结合《民法典》第 563 条第 1 款第 4 项和第 566 条所享有的基于合同解除而产生的金钱补偿请求权？ ………………………………… 078
　1. 请求权基础的选择 …………………………………………………… 078
　2. 请求权是否已成立？ ………………………………………………… 079
　　（1）存在有效的双务合同 ………………………………………… 079
　　（2）该双务合同依法解除 ………………………………………… 079
　　　①合同解除权是否已产生？ …………………………………… 079
　　　　A. 相对方存在违约行为 ……………………………………… 079
　　　　B. 权利人的合同目的不能实现 ……………………………… 080
　　　　C. 违约行为与权利人"合同目的不能实现"具有因果关系 …………………………………………………………… 080
　　　　D. 小结 ………………………………………………………… 080
　　　②合同解除权是否未消灭？ …………………………………… 081
　　　③小结 …………………………………………………………… 081
　　（3）相对方因请求权人的给付而取得财产 ……………………… 081
　　（4）给付的标的物无法返还或没有必要返还 …………………… 081
　　（5）权利未发生的抗辩 …………………………………………… 081
　3. 请求权是否未消灭？ ………………………………………………… 081

    4. 请求权是否可实现？ ……………………………………… 081
        （1）甲对乙享有一项成立且未消灭的债权？ ………………… 081
            ①乙可否主张自己对合同解除无过错而免除返还义务
                （权利行使抗辩权的反抗辩）？ ……………………… 082
            ②乙可否主张标的物毁损灭失系可归责于甲而免除
                返还义务（权利行使抗辩权的反抗辩）？ ………… 082
            ③小结 ……………………………………………………… 083
        （2）中间结论 ……………………………………………………… 083
    5. 小结 ………………………………………………………………… 083
（二）结合《民法典》第 563 条第 1 款第 4 项和第 566 条所享有的基于合同
    解除而产生的用益返还请求权？ ……………………………… 083
（三）依据《民法典》第 577 条所享有的违约损害赔偿请求权？ ……… 084
    1. 请求权是否已成立？ ……………………………………………… 084
        （1）存在有效合同 ………………………………………………… 084
        （2）相对方存在违约行为 ……………………………………… 084
        （3）请求权人受有损失 ………………………………………… 084
        （4）相对人的违约行为与损失之间有因果关系 ……………… 085
        （5）相对人无免责事由 ………………………………………… 085
        （6）权利未发生的抗辩 ………………………………………… 085
    2. 请求权是否未消灭？ ……………………………………………… 085
    3. 请求权是否可实现？ ……………………………………………… 085
    4. 小结 ………………………………………………………………… 086
        （1）若买受人未解除合同 ……………………………………… 086
        （2）若买受人解除合同 ………………………………………… 086
三、结论 …………………………………………………………………… 087

一、合同被撤销情形[批注1]

（一）结合《民法典》第 148 条、第 157 条和《九民纪要》（2019）第 33 条所享有的基于合同被撤销的折价补偿请求权①?

1.《民法典》第 157 条是否为独立的请求权基础?

本条规定是否能构成独立的请求权基础,学说上素有争议。主流观点认为法律行为无效时,给付所依据的基础法律关系自始无效,买受人取得标的物的所有权将欠缺法律上的原因,这符合不当得利请求权的要件;又由于我国仅承认了物权行为的分离原则,在物权行为和债权行为的关系上仍然采取的是物权变动有因规则,[批注2]因此在法律行为无效时物权归属不会发生变动,标的物的所有权回复到出卖人手中,出卖人可以向买受人主张物权返还请求权。不当得利返还请求权属于辅助性的债法请求权,本身并不会与其他请求权相抵触,故当事人既可以主张不当得利返还请求权,也可主张物权返还请求权。②《民法典》第 157 条也并未设置特别的法律效果,而第 985 条以下的不当得利请求权规则和第 459 条以下的"所有人—占有人返还规则"规定都更为细致,承认第 157 条为独立的请求权基础并无太大必要。

但是,更有力的观点认为本条并非参引条款,而是当事人可以援引的独立的财产返还请求权基础,原因如下:

[批注1] 文前简单交代分析思路,以及区分合同被撤销与未被撤销两种情形的考虑,论证脉络的显示度更高。

[批注2] 关于物权变动原则,这只是其中一种主张。

---

① 由于我国《民法典》第 179 条将"恢复原状"定义为民事责任的承担方式,但第 157 条请求权更强调的是将双方回复至法律行为成立之前的状态,与第 179 条的损害赔偿不同,归责原则也存在差异,故本文将此请求权称为"回复原状请求权"。学说上也有观点认为《民法典》第 179 条的恢复原状请求权属于物权保护领域的物权请求权,参见崔建远:《恢复原状请求权辨》,载《甘肃政法大学学报》2020 年第 5 期。
② 参见陈甦主编:《民法总则评注(下册)》,法律出版社 2017 年版,第 1106 页。

(1)《民法典》第157条具有独立的规范目的和规范构造

其一,从规范目的上来看,合同无效的财产返还是为了使合同双方当事人的法律状况均回复到法律行为实施前的状态。这一独立的规范目的在一定程度上使得财产返还规则与合同的无效原因相分离,当事人对合同无效的可归责性一般并不会影响双方在返还义务上的平等承担。从这点来看,第157条规范与物权返还请求权、不当得利请求权就有所不同,因为物权返还请求权一般仅侧重于维护物权人的利益,在第235条的请求权基础能否行使的问题上,基本不会涉及同时履行抗辩权等维护相对人利益的权利行使抗辩权(除非如《民法典》第317条的特殊规定);而不当得利请求权则注重纠正因特定事由导致的个别具体利益失衡①,在处理因同一事由产生的两个相对的不当得利请求权时,若承认这两个请求权彼此联系影响,一定程度上会破坏不当得利需根据特定给付行为来判断得利与否的原则。

其二,若以第235条或第985条作为被转引的规范,我们会发现所适用的请求权基础规范在要件上反而会比第157条更为简略,并且表述都极为抽象。这是因为立法者在最初设计第235条和第985条时,是想通过较为抽象的要件原则性地解决众多无权占有和利益的移转失衡问题,但对不同的具体情形并未进行细化区分。而第157条规范紧跟于法律行为无效的效力条款之后,显然系为解决法律行为无效的财产返还这一具体类型而设,将第157条视为第235条或第985条的**特别法**[批注3]会更加符合法典的体例。

[批注3] 需要辨析特别法与具体化的区别。

(2)将《民法典》第235条适用于合同无效情形忽视了当事人的意思

其一,若双务合同中一方给付的财产是劳务、信息等无形

---

① 参见王泽鉴:《不当得利》,北京大学出版社2009年版,第33页。

财产,则该方当事人无法享有物权返还请求权,只得主张不当得利请求权。一方当事人仅仅因为给付客体不同就可能陷于更不利的地位(例如对方破产时无法取回)①,这不符合当事人在交易时所设想的双方在债权实现上拥有平等地位的预期。

其二,虽然通说不承认《民法典》对合同无效的情形已经规定了特殊规则,但一些学说已经认识到无权占有情形本身存在进一步进行类型化的空间,而其中所有权人和占有人之间是否曾有交易接触及交付合意,都会对返还规则产生重大影响。②

在法律行为无效或者终止后,法律行为所约定的内容虽不会被法律所认可,但是当事人实施的行为和相应的法律关系仍是基于法律行为而产生的。③ 与所有权人非基于自身意愿而丧失标的物占有的情形不同,在基于无效合同而导致的所有权与占有相分离的情形中,由于双方当事人之间存在因交易行为而产生的信赖关系及履行期待,即使有关合同权利义务的安排仍然不具有法律约束力,但当事人的部分意思仍然有可能保留效力。

由于当事人是基于履行合同的意思和期待才自愿将标的物给付他人,从维护契约法秩序的基础来看,在返还标的物时也需要考虑当事人在交易时的意思,此时应当认为第 157 条属于第 458 条规定中的"有关法律规定"而优先于第 235 条适用。④

其三,**德国民法之所以认为"所有权人——占有人返还关系"是无权占有人返还义务的特别规定,主要的原因是德国民法并未在法律行为无效部分单独规定法律效果。**⑤[批注4]而我国《民法典》第 157 条明文规定双方当事人均有标的物的返还义

[批注4]
1. 脚注中的文献似乎无法为此论断提供支撑。
2. "所有权人与无权占有人"关系也并非以合同无效后的返还为典型适用情形。

---

① 参见滕佳一:《合同无效时返还规则的适用》,载《法学家》2020 年第 6 期。
② 参见朱晶晶:《民法中返还制度的体系性研究》,法律出版社 2022 年版,第 127 页。
③ 参见〔德〕维尔纳·弗卢梅:《法律行为论》,迟颖译,法律出版社 2013 年版,第 118 页。
④ 参见陈自强:《不当得利法体系之再构成——围绕〈民法典〉展开》,载《北方法学》2020 年第 5 期。
⑤ 参见〔德〕鲍尔、〔德〕施蒂尔纳:《德国物权法》(上册),张双根译,法律出版社 2004 年版,第 203 页。

务,可见立法者有意将法律行为无效的财产返还与一般的物权返还相区分。在此理解下,令《民法典》第235条的物权返还请求权仅处理所有权人非基于自身意愿而丧失占有的情形,不仅更契合当事人的意思,也与以是否基于给付而得利作为不当得利类型化标准的非统一说有内在一致性。

(3)《民法典》第157条系第985条的特别规范

其一,不当得利请求权是以给付方对受领方所为的是单方给付而设想之规定,相应规则未必适合于法律行为无效或被撤销(特别是有偿契约)之回复原状情形。① 即使在双务合同无效时仍然以《民法典》第985条作为请求权基础,在法律适用过程中也必须考虑双务合同的特殊性而对第985条的法律后果进行调整。在合同无效的占有人能否主张善意得利丧失抗辩、返还义务的牵连性等问题上,德国学者以信赖理念和财产决定学说为依据②,最终采取的方案偏离了不当得利请求权的基本规则,向合同解除的清算规则靠拢,这与承认第157条为特别规定的做法殊途同归。**但德国之所以采用在不当得利法内部进行规则续造的手法,其中一个重要原因是《德国民法典》并未对法律行为无效的后果予以单独规定。**[批注5]但我国《民法典》既然设置了第157条,一定程度上就为双务合同无效的返还规则奠定了实证法基础,此时在我国仍采德国法的方案未必合适。

其二,当法律规范的表述具有高度的抽象性时,**类型化的做法能够有效地防止法官对裁判权的滥用,进而提高法律适用的准确性。**④[批注6]以此种态度来看待《民法典》第157条和第

[批注5]
如果可通过不当得利法的内部续造解决问题,单独规定的必要性即可质疑。

[批注6]
以类型化立论,论证有力。

---

① 参见陈自强:《法律行为无效之回复原状——日本民法修正之启发》,载《月旦法学杂志》2021年第314期。
② 参见[德]汉斯·约瑟夫·威灵:《德国不当得利法(第4版)》,薛启明译,中国法制出版社2021年版,第82页。
③ 参见叶名怡:《折价补偿与不当得利》,载《清华法学》2022年第3期。
④ 参见[德]迪特尔·梅迪库斯:《德国债法分论》,杜景林、卢谌译,法律出版社2007年版,第521页。

985条的关系,可以发现合同无效导致的利益移转虽然在给付型不当得利的范畴之内,但相比给付型不当得利这一概念,合同无效是一个更加具体的情形。由于合同无效的返还规则与一般的不当得利返还在具体规则安排上存在诸多不同,因此在给付型不当得利概念下继续类型化的做法不仅具有可行性,更具有必要性。

其三,《九民纪要》(2019)第32—34条原本就是用来填补原《合同法》(1999)第58条的规则缺漏。而《民法典》第157条的内容主要源于原《合同法》(1999)第58条,这也表示将第157条作为独立的请求权基础更符合司法实践的走向。若坚持认为合同无效时的返还应适用《民法典》第985条,同时又否认第985条与第157条的联系,那就意味着《九民纪要》(2019)第32—34条在民法典时代无法适用。在这种解释路径下,只要立法及司法解释未对《民法典》第985条进行细致规定,法院在审理合同无效的返还案件时又会面临法律依据匮乏的问题。

基于上述理由,本文认为《民法典》第157条可以作为独立的请求权基础,由于该项请求权只是一项债权,在性质定位上可认为属于不当得利请求权的**特别规范**[批注7]。

[批注7]
如果以给付不当得利的类型化解释合同无效的返还请求权,那么该请求权是不当得利请求权的特别规范还是具体化规范?

2. 请求权是否已产生?

乙若想主张双务合同无效或被撤销后基于回复原状规则产生的折价补偿请求权,需满足以下要件:(1)存在双务合同;(2)该双务合同无效或者被撤销;(3)相对方因请求权人的给付而取得财产;(4)给付的标的物无法返还或没有必要返还。

(1)存在双务合同

本案中,甲与乙共签订了两份转让协议,第一项要件满足。

（2）该双务合同无效或者被撤销

①**该双务合同因违反法律强制性规定而无效？**[批注8]

本案中买卖合同的标的物为汽车起重机的100%份额，实际上与汽车起重机所有权的买卖无异。①《道路交通安全法》（2021）第96条明确规定使用虚假机动车号码、行驶证之人会被处以罚款、拘留等行政措施，这一规定属于强制性规定。但汽车起重机买卖合同并不会因违反《道路交通安全法》（2021）而无效，因为《道路交通安全法》（2021）规制的是机动车未登记的行为，只要机动车的权利人及时依法申请登记，即可消除相应的不利影响，没有必要仅因标的物违法而认定合同无效。②并且套牌车的存在已属事实，套牌车随双方买卖而移转占有并不会提高公共安全的风险，此时否定买卖合同除了有利于故意违法的出卖人，并无太大意义。标的物违法的事实不能破坏善意买受人对合同有效的合理期待，该合同并未违反法律的强制性规定，不属于《民法典》第153条第1款第1句的无效情形。

[批注8]
本案是正常的二手起重机买卖合同，而非合意买卖"套牌起重机"，买受人期待受领的是正常的起重机，出卖人给付套牌车构成瑕疵给付，并不影响买卖合同的效力。

②该双务合同因乙行使撤销权而无效？

A. 撤销权是否已产生？

乙有可能依据《民法典》第148条主张受欺诈的撤销权，该撤销权的成立需要满足以下要件：a）甲存在欺诈行为；b）乙因为受欺诈而陷于错误；c）乙基于错误而做出意思表示；d）甲具有故意。

a）甲存在欺诈行为

依据《总则编解释》（2022）第21条规定，欺诈行为是指一方当事人在缔结法律行为时，告知对方虚假情况或是隐瞒对交

---

① 本案买卖合同的内容实为一项正常的二手起重机买卖，而非合意买卖套牌起重机，买受人期待受领的是正常的起重机，出卖人给付套牌车构成瑕疵给付，并不影响买卖合同的效力。
② 相同观点，参见常鹏翱：《违法建筑的公法管制与私法因应》，载《法学评论》2020年第4期。

易具有重要意义的事实,以获取不正当利益的行为。① **本案买卖标的物系一辆已折旧的汽车起重机,需要交付的标的物为特定物。由于合同中并未表明乙愿意接受一辆套牌车,甲也能够认识到乙想买的是一辆正常品质的汽车起重机,因此依据意思表示的规范解释,合同中约定的需要交付的汽车起重机应当无质量瑕疵。**[批注9]但系争标的物实际上是一辆不具有合法行驶证、未进行过汽车登记的套牌车,不具有交易客体通常所具有的品质。乙若购买此种车辆,会随时面临被公安机关收缴、扣留的风险。作为一般理性人,甲可以认识到"标的物系套牌车"这一信息对于买受人乙的购买决策具有重要意义,依据诚实信用原则其应当告知乙这些信息,因此甲具有告知义务。

在本案中,甲并未将套牌车的事实告知乙,违反了基于诚实信用原则产生的告知义务,该不作为属于欺诈行为,该要件满足。

b)撤销权人因为受欺诈而陷于错误

若相对方的欺诈并未导致撤销权人对事实产生认识错误,撤销权人也就没有陷入意思不自由的境地,撤销权也就无从产生。在交易缔结过程中,行为人在做出购买某一物品的意思表示时,其意思表示中也会表达出他对标的物有关性质的想法或需求②,但在意思表示并未考虑到的部分,则由法律的任意性规定予以补充。本案中,乙所购买的系一辆折旧的汽车起重机,能够预见到汽车在使用性能、外表方面可能具有瑕疵,但是汽车系套牌车这一事实与折旧无关,已经超出乙可预见的范围。

本案中乙在车辆管理所查询时已经发现车辆登记的所有权人并非甲,且系争汽车起重机的销售价格也远远低于一般进口新车的销售价,若乙尽到相应的注意义务,应当能够知道系

[批注9]
可能的质疑有二:
1. 甲乙间是两份份额买卖合同,而非起重机买卖合同。
2. 在第二份合同签订之前,买受人乙已得知甲并非所有权人,对欺诈的认定是否有影响?

---

① 参见杨代雄:《法律行为论》,北京大学出版社2021年版,第315页。
② 参见〔德〕卡尔·拉伦茨:《德国民法通论(下册)》,王晓晔等译,法律出版社2013年版,第518页。

争汽车起重机在性质上属于套牌车。乙在发现系争汽车起重机权属与出卖方不符时并未进一步询问反而与甲继续签订第二份汽车起重机份额转让协议,违背了交易上通常的注意义务,乙的过失也对其作出的购买系争车辆决定产生了一定影响,与相对方的欺诈形成聚合的因果关系。但即使乙在误信相对方这一点上存在过失,这并不必然会影响法律行为是基于欺诈而实施的认定,也并不一定会使其丧失基于受欺诈的撤销权。因为欺诈制度的重心在于规范相对方欺骗他人的故意行为,而对受欺诈方的意思状态则抱有一种宽容的态度,即行为人的欺诈可以将相对人的重大过失予以正当化。①

因此本案中,虽然乙对于合同的订立具有过失,但该过失不在欺诈认定的考虑范围内,甲的不作为与乙的认识错误之间具有因果关系,该要件满足。

c) 乙基于错误而做出意思表示

这一因果关系的判断核心在于,若受欺诈人无该错误,其根本不会做出意思表示或不会做出这一内容的意思表示。② 本案中,乙以超低的价格购买汽车起重机,固然具有一定的投机心理,但这并不代表其具有购买欠缺合法手续的标的物之意思。乙在订立合同时想购买的仍然是一辆合法的二手汽车起重机,可见其做出购买的意思表示是基于对系争汽车起重机性质的错误认识,该要件满足。

d) 甲具有故意

欺诈的故意既包括通过欺骗使他人陷入错误的故意,也包括使他人因错误而做出意思表示的故意。③ 本案中,甲可以预见到乙认为系争车辆已经办理完所有的合法手续,并且也预见到乙是基于此种预期才会愿意购买系争汽车起重机。但甲并未纠正乙的错误认识,反而持一种放任的态度,既具有通过不作为的欺诈使乙陷入错误的故意,也有使乙因错误而做出意思表示的故意,该要件满足。

e) 小结

由于撤销权的要件均已满足,乙对甲所享有的依据《民法典》第 148 条并结合《总则编解释》(2022)第 21 条的受欺诈撤销权已产生。

---

① 参见许德风:《欺诈的民法规制》,载《政法论坛》2020 年第 2 期。
② 参见朱庆育:《民法总论》(第 2 版),北京大学出版社 2016 年版,第 281 页。
③ 参见李宇:《民法总则要义:规范释论与判解集注》,法律出版社 2017 年版,第 582 页。

B. 撤销权未消灭[批注10]

本案中买卖合同于 2021 年 1 月订立,至 2022 年 7 月系争汽车起重机被公安机关收缴之前,乙均不知该汽车起重机为套牌车,其行为不符合《民法典》第 152 条第 1 款第 1 项或第 2 款规定的除斥期间规定,其撤销权不会因为除斥期间届满而消灭。

不过与一般的案件不同,乙在 2021 年 3 月发现了系争车辆的所有权并未登记在甲的名下后,并未向甲主张相应的撤销权,反而与甲在 2021 年 10 月再次签订了以系争车辆为标的物的买卖合同。疑问在于,第二个买卖合同的订立行为能否认定为乙以自己的行为表明放弃撤销权?

本文认为,乙订立第二个买卖合同的行为并不具有放弃撤销权的意思,原因在于:

依据《民法典》第 152 条的规定,撤销权人需要自知道撤销事由后表示放弃撤销权的,撤销权才会消灭。本案中,甲不仅谎称自己为标的物的所有权人,并且在标的物的性质瑕疵上欺骗了乙,这两个欺诈行为中的任何一个均可以单独引发乙的撤销权,说明这两个欺诈行为是不同的撤销事由。依据《民法典》第 152 条第 1 款,即使是针对同一个法律行为的撤销权,若基于不同撤销事由而产生,相应的主观除斥期间起算点也不同。这种根据具体撤销事由来判断撤销权是否消灭的做法,自然也应适用于放弃撤销权的判断上:撤销权人必须明确知道具体的撤销事由后仍然接受合同约束的,才能认定为放弃了撤销权。① 换言之,即使乙知悉甲出卖的是他人之物后仍然订立第二份合同,其对标的物性质的认识错误也仍未得到纠正,该认识错误依然是因为甲的欺诈行为而产生,故乙订立第二份合同的行为

[批注 10]
　　形成权的检视同样遵循"权利已产生、未消灭、可行使"的检视步骤。

---

① 参见陈甦主编:《民法总则评注(下册)》,法律出版社 2017 年版,第 1090 页。

不能被解释为放弃撤销权。

因此,乙享有的就标的物性质被欺诈而产生的撤销权不具备消灭事由,该撤销权未消灭。

C. 小结

乙的撤销权已成立、未消灭,若其行使撤销权,该双务合同可以溯及既往地失去效力。由于该双务合同可因乙的撤销权而无效,基于法律行为被撤销产生的折价补偿请求权的第二项要件满足。

(3)相对方因请求权人的给付而取得财产

此处的给付应当采取不当得利法中"给付"的理解[批注11],即有意识且有目的地增加他人的整体财产①,具体指出于清偿债务之目的而将财产给予他人。本案中,乙基于履行债务的意思,自愿将货币交付给甲,甲以债权人的身份受领货币。乙的损失和甲的得利均源于乙给付货币的行为,两者具有直接因果关系,可认定相对方系因请求权人的给付而取得财产,基于法律行为被撤销产生的折价补偿请求权的第三项要件满足。

[批注11]
给付不当得利的"给付"不同于作为债之客体的"给付"。

(4)给付的标的物无法返还或没有必要返还

本案中,乙给付的是商品交易中作为一般等价物的货币。货币作为国家发行的一般等价物,系国家以自身信用担保持币人能够以现金换取商品或服务,出于维护社会秩序的稳定和商业交易的方便,货币的持有者即为货币价值的权利人。② 由于货币具有高度流通性和可替代性,乙将 300 万元的货币给付甲之后,该部分货币立即与出卖人拥有的货币混同,无法原物返还,只能以同等数额的货币补偿,因此符合"给付的标的物无法返还"这一要求,基于法律行为被撤销产生的折价补偿请求权的第四项要件满足。

---

① 参见王泽鉴:《不当得利》,北京大学出版社 2009 年版,第 30—31 页。
② 参见孙鹏:《金钱"占有即所有"原理批判及权利流转规则之重塑》,载《法学研究》2019 年第 5 期。

(5)权利未发生的抗辩

本案中,乙对甲依据《民法典》第157条所享有的基于法律行为无效或被撤销而产生的折价补偿请求权不存在权利未发生的抗辩。

(6)中间结论

由于请求权成立的积极构成要件已全部满足,且不存在权利未发生的抗辩,乙对甲依据《民法典》第157条所享有的折价补偿请求权已成立。

3.请求权是否未消灭?

本案中不存在折价补偿请求权的消灭事由,甲不享有权利已消灭的抗辩,故300万元的折价补偿请求权未消灭。

4.请求权是否可实现?

在请求权是否可实现的问题上,若甲拥有权利行使抗辩权,则乙的折价补偿请求权仍然无法实现。**本案中,甲有可能对乙享有价值相当于汽车起重机的折价补偿请求权,从而主张类推适用同时履行抗辩权这一权利进行抗辩。**〔批注12〕

〔批注12〕
请求权行使的抗辩权检视,是请求权基础检视中经常容易被遗漏的步骤。

(1)合同无效的当事人是否可以主张类推适用同时履行抗辩权?

《民法典》第525条的同时履行抗辩权原则上仅适用于有效的双务合同,在合同无效的情形下能否适用尚有争议。有学者主张合同无效属于自始无效,当事人之间也难谓存在合同关系,同时履行抗辩权也就不存在适用的基础。① 相反的观点认为,双务合同中在订立时所体现的当事人意思的牵连性,应延续到回复原状的关系中,当事人因合同无效产生的返还义务属于对待给付关系,可类推适用同时履行抗辩权。②

---

① 参见王洪亮:《〈合同法〉第66条(同时履行抗辩权)评注》,载《法学家》2017年第2期。
② 参见付一耀:《论合同无效或被撤销后的拒绝返还抗辩权——基于〈民法典〉第157条与第525条的解释论》,载《社会科学研究》2021年第2期。

本文认为,在双务合同无效的财产返还阶段,应当允许同时履行抗辩权的类推适用。从请求权基础本身的特点来看,《民法典》第157条系一般不当得利请求权的特别法,有着自身独立的特殊清算规则。返还清算时的特殊性即体现在双务法律行为无效并不等于法律行为自始不存在,不得忽视相对方的法律地位而直接支持单方的返还请求。从意思自治的理念出发,当事人之所以约定合同履行具有牵连关系,在于实现交换目的,一方能够终局获得对待给付系以自己履行给付为代价。① 若合同无效,一方当事人在请求对方返还财产时,必然也能够认识到该返还请求是以放弃自己所受领的财产为代价。因此,当事人基于自由意志做出的对待给付安排在财产返还阶段仍然应当予以肯定。除此之外,否定合同无效情形下的同时履行抗辩权也有违公平原则,盖相对方系通过保留所受领的给付以担保自己要求请求权人返还相应财产的对立请求权,相对方的此项利益也值得法律保护。② 若相对方无法主张同时履行抗辩,在请求权人陷入支付不能时,相对方将无法通过一手交钱一手交货的原则保护自己免于遭受损失。[批注13]

[批注13]
对合同无效返还类推同时履行抗辩的正当性论证非常有力。

因此,《九民纪要》(2019)第34条有关"双务合同不成立、无效或者被撤销时,标的物返还与价款返还互为对待给付"的规定应予支持,甲有可能行使同时履行抗辩权。

(2)甲的同时履行抗辩权(权利行使抗辩权)是否存在?

甲若想主张适用同时履行抗辩权,需满足以下要件:①甲对乙享有一项成立且未消灭的债权;②双方债权系基于同一双务合同而产生;③双方债权均已届至履行期;④乙对甲的债务未履行或未提供履行。

---

① 参见陈自强:《契约法讲义III:契约违反与履行请求》,元照出版有限公司2015年版,第263—264页。
② 参见〔德〕汉斯·约瑟夫·威灵:《德国不当得利法(第4版)》,薛启明译,中国法制出版社2021年版,第105页。

①甲对乙的折价补偿请求权是否成立且未消灭？

依据《民法典》第157条，若法律行为被撤销，双方当事人均负有义务使对方回复到如同法律行为未发生时的状态，甲对乙的折价补偿请求权已满足了所有的积极成立要件。但是，乙有可能提出请求权未发生的抗辩，从而使自己免除折价补偿义务。

A. 乙可否主张自己对合同无效是善意的而免除返还义务（权利行使抗辩权的反抗辩[批注14]）？

买卖合同无效，标的物在善意的买受人处减损灭失，若依据《民法典》第986条的字面表述，善意的买受人可主张仅就现存利益负有返还义务，此时其可向出卖人请求返还全部价金并且令出卖人承担标的物毁损的不利后果。① 但这一结果甚不公平，更为合理的观点认为双务合同中受领人的善意与否，不仅取决于受领人是否真的相信合同有效，更重要的是得利人能够终局保有给付的合理信赖必须以自身做出对待给付为基础。② 换言之，双务合同中的善意是信赖财产交换顺利进行，本身就蕴含着对价理念。得利不存在的抗辩主要是为单方给付产生的不当得利而设，双务合同即使无效，基于交付移转中标的物的风险与利益相一致的原则，也应使善意买受人承担毁损灭失的风险[批注15]。③ 据此，返还前标的物意外灭失，由于标的物的占有已经移转，原则上应当由买受人承担风险。

风险承担在《民法典》第157条的表现是买受人在自己不能返还原物时予以折价补偿，这说明买受人对出卖人的返还请求权并不会在此时消灭。这种方案既能获得较为衡平的结果，

[批注14]
完整的诉讼攻防并不止步于"请求—抗辩"，而是"请求—抗辩—反抗辩—再抗辩……"的链条，这是请求权基础分析的特点所在，也是本文的亮点之一。

针对权利行使抗辩权的"反抗辩"，仍可能存在抗辩，即"再抗辩"。在此框架内，将下文"C. 乙可否主张标的物毁灭失系可归责于甲而免除返还义务"，作为此处A部分的再抗辩，可能是更合理的检视逻辑。

因为A部分所涉是"交付移转风险"规则在无效情形下的延伸，C部分所涉是"风险跳回"规则的类推，而"风险跳回"规则是"交付移转风险"规则的例外。

[批注15]
这也是将《民法典》第157条解释为独立请求权基础的关键理由之一。

---

① 参见陈自强：《法律行为无效之回复原状——日本民法修正之启发》，载《月旦法学杂志》2021年第314期。
② 参见赵文杰：《论不当得利与法定解除中的价值偿还——以〈合同法〉第58条和第97条后段为中心》，载《中外法学》2015年第5期。
③ 参见吴香香：《〈合同法〉第142条（交付移转风险）评注》，载《法学家》2019年第3期。

又使得回复原状目的得以实现。

因此,在双务合同被撤销的情形下,若买受人受领的标的物毁损灭失,其即使对合同被撤销的原因是善意的,仍然对出卖人负有折价补偿义务。本案中,乙不能以自己对合同被撤销的原因不知情为由主张免除返还义务。

B. 乙可否主张甲的行为属于明知债务不存在的非债清偿从而免除自身的返还义务(权利行使抗辩权的反抗辩)?

由于《民法典》第 157 条系第 985 条的特殊规定,并且也在给付型不当得利的范畴之内,因此必然会面临的一个问题是:若当事人明知合同无效的事由后仍然向对方给付[批注16],该行为是否属于《民法典》第 985 条第 3 项所规定的明知无给付义务而进行的债务清偿,此时相对方能否依据《民法典》第 985 条第 3 项规定的权利未发生的抗辩,主张《民法典》第 157 条的折价补偿请求权不成立?

明知无债务而给付的财产之所以不得请求返还,是因为这违反了诚实信用原则,属于矛盾行为。① 从形式上看,甲通过欺骗的手段诱使乙订立汽车起重机的买卖合同,其一开始就知道合同具有被撤销的事由,若单纯考虑撤销具有溯及既往的效力,则甲的确有可能满足明知无债务而给付的条件。但是撤销的溯及既往效力只是法律的一种拟制手段,在甲给付汽车起重机之时合同尚未被撤销,此时客观上确实存在与给付相对应的有效但可撤销的债权。甲虽然明知撤销的可能性,但给付时仍然属于针对现存有效债权给付,其无法预料到合同必然会被撤销,此时不能认为甲具有即使合同最终被撤销却仍然意欲给付的意思。②

因此,甲在知道合同可撤销的情形下给付是基于其对双务

[批注16]
　　本案所涉是可撤销事由而非无效事由。

---

① 参见黄茂荣:《债法通则之四:无因管理与不当得利》,厦门大学出版社 2014 年版,第 237 页。
② 参见[德]汉斯·约瑟夫·威灵:《德国不当得利法(第 4 版)》,薛启明译,中国法制出版社 2021 年版,第 29 页。

合同能够顺利履行的预期,合同被撤销之后甲请求返还是因为其合同预期落空,甲的前后行为并未违反诚实信用原则。① 故本案中,乙作为给付的受领人,不能主张《民法典》第985条第3项的抗辩而免除自身的返还义务。

C.乙可否主张标的物毁损灭失系可归责于甲而免除返还义务[批注17](权利行使抗辩权的反抗辩)?

> [批注17]
> 此处的C部分作为上文A部分之"反抗辩"的"再抗辩"更合理。

合同无效时,买受人承担标的物毁损灭失的风险系一项原则,该原则以双方当事人对标的物的毁损灭失均无可归责性为前提。但本案中甲在交付前并未按照法律规定为系争标的物办理合法手续,系争汽车起重机在交付前即具有性质上的瑕疵。甲对于标的物的毁损灭失具有可归责性。此时,需要探讨的是,汽车起重机毁损灭失的风险是否会因为出卖人具有可归责性而发生移转?

有学说认为,原物返还不能时的价额补偿请求权并不以双方的善意或恶意以及是否存在可归责性为要件,只不过在出卖人对毁损灭失有过错时,法律会赋予无过错方一项保护消极利益的损害赔偿请求权。② 这种观点在我国的实证法基础即《民法典》第611条,即在对待性给付中,瑕疵给付并不会影响风险承担,占有人必须承受物的损失并且认识到这属于自己的损失。③ 如上文所述,无效合同的风险分配规则与有效合同的风险分配规则并无不同,故一种观点认为,此时甲可以主张类推适用《民法典》第611条的规则,主张汽车起重机的性质瑕疵不会影响标的物的风险分担,因此甲的折价补偿请求权不会因为其在汽车起重机性质上所实施的欺诈行为而有所不同。

---

① 参见叶名怡:《折价补偿与不当得利》,载《清华法学》2022年第3期。
② 参见〔德〕索尼娅·梅耶:《失败合同的返还清算:欧洲的新发展》,冯德淦译,载解亘主编:《南京大学法律评论》(2019年秋季卷),南京大学出版社2020年版,第129页。
③ 参见陆青:《〈民法典〉与司法解释的体系整合——以买卖合同为例的思考》,载《法治研究》2020年第5期。

但更为有力的学说主张,《民法典》第 611 条不能适用于因欺诈被撤销的情形,当出卖人对所交付的动产的毁损灭失具有可归责性时,买受人不仅无须承担折价补偿责任,还可以径行主张价金返还请求权。① 在出卖人故意欺骗买受人,使买受人基于错误认识而受领给付时,撤销之后的相互返还将不再是中性的,而是由欺诈人承受履行的损耗乃至贬值和灭失的风险。② 这种观点在论证的方法论上与前一种观点相同,都以无效双务合同与有效双务合同的风险分配规则相似作为基础,从而使无效合同的当事人能够类推适用《民法典》买卖合同章的规则。只不过,这种观点主张当甲存在欺诈、胁迫等影响乙自由意志的行为时,由于甲的行为根本性地违反了缔约中的义务,基于法律规定的内在统一,应当允许乙主张类推适用《民法典》第 610 条,使风险回跳给违反缔约义务的甲[批注18]。③

[批注18]
　　风险负担规则的体系化适用很精妙。但可能的质疑是,标的物灭失可归责于甲,则此处所生并非风险问题,乙不必进行价值补偿的原因就不在于风险回跳,而在于乙对甲的补偿义务与甲对乙的赔偿义务相抵销。

　　本文大致上采取第二种观点,在买卖合同中,标的物灭失的风险之所以会随着交付而移转,是因为受领人此时是以接受买卖合同履行义务的意思而受领④,这种意思中必然有着对标的物品质的认可。由于受领人承认标的物的品质符合合同要求,这一承认往往也意味着其愿意接受标的物毁损灭失的风险,除非双方有特别约定。可见,风险的移转必然以受领给付者的自愿承担为前提。乙在不知道标的物性质的情形下,无法预见到标的物可能被公安机关收缴,甲的欺诈虽然没有增大标的物灭失的风险,但却超出了乙所可预见的风险范围。由于乙不具有承担此风险的意思,对于汽车起重机的灭失也无过错,其无须承担返还义务或补偿责任,可以类推适用《民法典》第

---

① 参见〔日〕加藤雅信:《財産法の体系と不当利得法の構造》,有斐阁 1986 年版,第 450—452 页。
② 参见许德风:《欺诈的民法规制》,载《政法论坛》2020 年第 2 期。
③ 参见冯德淦:《效力瑕疵合同的返还清算问题》,载《法学》2022 年第 2 期。
④ 参见吴香香:《〈合同法〉第 142 条(交付移转风险)评注》,载《法学家》2019 年第 3 期。

610 条向甲主张风险回转，进而提出得利丧失抗辩。

②小结

由于汽车起重机的毁损灭失是因可归责于甲的事由导致的，甲无权就与汽车起重机相对应的价值主张折价补偿，故甲对乙所享有的折价补偿请求权未成立。

甲不享有与乙的折价补偿请求权互为对待给付的请求权，故甲的同时履行抗辩权要件不满足，甲无法对乙主张类推适用同时履行抗辩权。

5. 小结

若乙依据《民法典》第 148 条行使撤销权，其可以依据《民法典》第 157 条、《九民纪要》(2019) 第 33 条规定的折价补偿请求权请求甲返还 300 万元的货币，且该请求权未消灭、可实现。甲无法主张类推适用同时履行抗辩权，也无其他的权利行使抗辩权。

(二) 结合《民法典》第 148 条、第 157 条所享有的基于合同被撤销的用益返还请求权[批注19]？

[批注 19]
所涉实为乙的利息请求权，可以在问题的一开始即明确指出。

1. 双务合同无效时，返还前受领人是否有权使用标的物？

买卖合同无效时，在物权行为有因性立场下，标的物的所有权溯及既往地回归给原权利人，相应地，财产应当返还。由于占有人对于占有的财产不再具有本权，其无权收取相应的孳息及收益，法定孳息也应当归原权利人所有。① 这意味着返还原物义务人虽然有可能借助拒绝同时履行抗辩权以维护对标的物的占有，但其对标的物缺乏具有使用、收益、处分权能的权利基础。②

因此，双务合同无效或被撤销的，返还前受领人无权使用标的物。

---

① 参见浙江省湖州市中级人民法院民事判决书 (2020) 浙 05 民终 532 号。
② 参见付一耀：《论合同无效或被撤销后的拒绝返还抗辩权——基于〈民法典〉第 157 条与第 525 条的解释论》，载《社会科学研究》2021 年第 2 期。

2. 请求权是否已产生？

若乙行使撤销权，双务合同溯及既往地无效，甲虽然取得了对货币的占有，但不具有从货币中取得使用收益的权利，其取得的货币收益无法律上原因，又不存在权利未发生的抗辩，基于法律行为被撤销而产生的用益返还请求权已成立。

3. 请求权是否未消灭？

本案中，甲可能依据《民法典》第 157 条结合《九民纪要》(2019) 第 34 条第 2 句的规定，主张其有权要求乙返还在使用汽车起重机期间取得的收益，因此两项对立的用益返还请求权折抵，乙的用益返还请求权已消灭。

(1) 甲的用益返还请求权是否成立？

由于双务合同存在且被乙撤销，而甲早已履行了汽车起重机的交付义务，故甲对乙的用益返还请求权前三项要件均已满足。但用益返还请求权作为特殊的不当得利请求权，其目的仍然在于去除得利人所获得的无法律原因的利益，而非赔偿受损人的损失。① 因此与货币的使用收益计算不同，依据《九民纪要》(2019) 第 34 条第 2 句，只有在能够证明乙实际使用过[批注20]汽车起重机的情形下，甲的用益返还请求权才成立。

[批注20] 需要实际使用过还是可得使用即可？

本案中，乙自受领汽车起重机之后便一直在使用该标的物，在占有期间乙无须从市场上租赁同种类标的物，减少了乙的租金支出，可见乙从标的物的使用中取得了利益。而该汽车起重机的使用权依照法秩序应归属于出卖人，买受人的得利系以出卖人的牺牲为代价，其应当向出卖人支付在其占有汽车起重机期间的使用费用。②

因此，甲对乙的用益返还请求权的成立要件已全部满足，

---

① 参见王泽鉴：《不当得利》，北京大学出版社 2009 年版，第 3 页。
② 参见 [德] 汉斯·约瑟夫·威灵：《德国不当得利法（第 4 版）》，薛启明译，中国法制出版社 2021 年版，第 51 页。

该请求权成立。

(2)甲能否主张两项用益返还请求权完全折抵(权利已消灭的抗辩)?

在使用收益的返还问题上,最高人民法院采取了一种较为激进的见解,认为既然双务合同无效的情形属于特殊法,使用收益的返还也应考虑双方当事人在合同中的对价关系,而不能直接适用《民法典》有关不当得利的规则。因此《九民纪要》(2019)第34条第2句规定:"只要一方对标的物有使用情形的,一般应当支付使用费,该费用可与占有价款一方应当支付的资金占用费相互抵销,故在一方返还原物前,另一方仅须支付本金,而无须支付利息。"该具有司法解释性质的文件已明确了在双务合同无效的情形中,无论是出卖人还是买受人,都负有返还使用收益的义务,且这种返还收益的请求权基础也是《民法典》第157条。**但该条中"相互抵销"的具体含义仍有待探究,究竟是指在双方返还前,两个用益偿还请求权相互抵销?抑或指两个用益偿还请求权在相同的给付数额内抵销?**[批注21]

[批注21]
请求权基础案例分析看似是"解答"问题的方法,但问题的"解答"需要借助层层设问而展开,在此意义上,"提问"的能力可能更具有根本性。

第一种文意解释在司法实践中处于通说地位,法院大都认为在使用收益的相互返还情形下,标的物使用费与资金占用费之间完全符合法定抵销的条件,一经抵销,各自的债务均归于消灭而不论其具体数额。① 这一见解无法直接从《民法典》中找到依据,因为客观上资金的利率与标的物使用费的计算方式不同,两项用益返还请求权的客观金额也不同,完全抵销似乎并不合理。但结合《九民纪要》(2019)第33条的规定,可以发现法定抵销的根本原因是最高人民法院在处理合同无效的价额计算问题时采取了主观标准。

---

① 参见河南省三门峡市中级人民法院民事判决书(2021)豫12民终273号。

最高人民法院采取主观标准的理由不外乎以下两点：其一，价额偿还不得与受领人原本预期的受有利益相差太远，即使在合同无效的返还清算中，当事人也要坚守有关价额的约定，在买受人无法返还原物时，原则上其承担的折价补偿数额就是其支付的价款数额。① 这种以当事人约定的价款为基础来计算数额的方式也延续到了使用收益的计算上，并成为两项用益返还请求权可以法定抵销的原因：既然两项财产的主观价值相同，在相同时间内的使用收益也不应因标的物的存在形式不同而有所区别。其二，主观标准在计算补偿数额上更为方便迅速：将资金使用费与标的物占有使用费直接折抵后，当事人之间用益返还的数额将从始至终确定不变，无须再根据市场因素对标的物的使用费进行评估。

本文认为，既然《九民纪要》(2019)第33条已经明确在合同无效的情形下采取了价额计算的主观标准，出于对司法性文件的尊重，原则上应使两项使用收益相互折抵。然而，主观标准并非在任何案件中都可适用。因为价额的计算采取主观标准必须以当事人的意思决定无瑕疵为前提，只有无效或可撤销原因并不会影响对待给付的约定时，主观标准才具有正当性。如果可撤销的原因实际上会对当事人约定的具体价款数额产生影响，此时即不得适用主观标准，否则可能违反"无效规范"的保护目的。②

本案中，乙在签订买卖合同时，处于被欺诈且对系争汽车起重机的性质产生了错误认识的状态，由于乙对汽车起重机的价值存在评估错误，此时合同约定的价款并不能约束乙。因此，此时财产本身的价值及其使用收益必须依照交易市场的通常价值计算，使用标的物者，依市场价计算租金；使用金钱者，按照同期银行贷款利率计算利息。③ 货币的用益返还请求权与系争汽车起重机的用益返还请求权的数额应当分别计算，二者不会因法定抵销而全部消灭。

(3) 中间结论

由于乙对甲所享有的返还300万元货币对应利息的用益偿还请求权不受甲的用益返还请求权的影响，因此该用益返还请求权未消灭。

---

① 参见汤文平：《法律行为解消清算规则之体系整合》，载《中国法学》2016年第5期。
② 参见汤文平：《法律行为解消清算规则之体系整合》，载《中国法学》2016年第5期。
③ 参见陈自强：《契约无效与解除返还效果之比较》，载《月旦法学杂志》2020年第307期。

4. 请求权是否可实现？

本案中不存在用益返还请求权的权利行使抗辩权，故乙依据《民法典》第 157 条对甲主张的基于 300 万元货币收益所产生的用益返还请求权可以实现。

5. 小结

乙可以依据《民法典》第 157 条对甲主张基于货币收益产生的用益返还请求权，且该请求权已产生、未消灭、可实现。

（三）依据《民法典》第 500 条第 2 项（缔约过失规则）所享有的信赖利益损害赔偿请求权？

1. 请求权基础的选择

<u>在法律行为无效时，《民法典》第 157 条第 2 句与第 500 条都规定权利人可以向有过错的对方当事人主张损害赔偿。但二者应当作为请求权基础竞合适用，还是作为特殊法与一般法予以处理，仍有待探究。</u>[批注22]

[批注 22]
请求权基础的识别是论证展开的前提，背后要求的是体系性的规范解释能力。

本文认为，乙的缔约过失请求权的规范基础应当是《民法典》第 500 条第 2 项，而非第 157 条第 2 句。《民法典》第 157 条第 2 句的规定系转介条款，并非独立的请求权基础，原因在于：

首先，《民法典》第 157 条第 2 句所规范的是过错方的缔约过失责任。这意味着《民法典》中有关的缔约过失规则也可能在合同无效的情形下予以适用。不过与《民法典》第 157 条第 1 句不同的是，第 500 条的缔约过失规则适用于合同无效情形并没有任何障碍。缔约过失规则的要件及法律效果不会因为合同是否成立、有效而受到影响，相反，当事人的先合同行为是否违反了诚实信用原则才是影响缔约过失规则成立的关键。《民法典》第 500 条认识到了将先合同义务违反行为类型化的重要性，通过列举恶意磋商、故意隐瞒真实信息等违反信息义务的具体类型,进而使缔约过失责任的认定具有准确性。① 由于缔约过失责任判断的关键不在于合同本身的有效与否,这就导致在合同无效的信赖损害赔偿请求权成立问题上,法律适用者仍然需要参考第 500 条的有关规定。既然《民法典》第 157 条第 2 句无法为适用损害赔偿规则提供准确指引,将第 157 条第 2 句认定为独立请求权基础并无太大意义。②

其次,《德国民法典》第 122 条之所以将法律行为被撤销后的信赖利益损害赔偿作为独立的请求权,是因为在德国法上该损害赔偿与一般的缔约过失责任不同,并不要求赔偿义务人具有过错。但我国《民法典》第 157 条第 2 句与此不同,义务人只有在有过错时才会承担赔偿责任,这与第 500 条项下的过错归责并无不同,将第 157 条第 2 句作为独立的请求权基础没有必要。

最后,虽然《民法典》第 157 条第 2 句规定了"各方都有过错的,应当各自承担相应的责任",但并不能因此就认定第 157 条为《民法典》第 500 条的特别法。因为在适用《民法典》第 500 条时,也可以通过类推适用《民法典》第 592 条第 2 款的与有过失规则达到相同效果。此外,《民法典》第 500 条第 2 项所规定的类型,结果往往对应的是可撤销合同,说明第 2 项已包含了合同被撤销的情形。③

2. 请求权是否已成立、未消灭、可实现?

甲明知标的物具有性质瑕疵而不告知乙相关信息,违反了基于诚实信用原则产生的先合同义务,并导致乙的合同目的因此未能实现。乙因为甲的行为遭受了损失,而甲违背诚实信用原则本身即意味着甲是可归责的[4],基于缔约过失的损害赔偿请求权已成立。

值得注意的是,乙在发现系争汽车起重机权属与甲的陈述不符时并未进一步询问,并且对于汽车起重机过低的价格未产生任何怀疑,其行为违背了交易上通常的注意义务,具有过失。但相比甲的欺诈行为,乙的过失并不是损失的主要原因,信赖利益损害赔偿请求权也不要求乙在缔约过程中毫无过错,因此乙的信赖利益

---

① 参见尚连杰:《缔约过失与欺诈的关系再造——以错误理论的功能介入为辅线》,载《法学家》2017 年第 4 期。
② 参见席志国:《〈民法总则〉中法律行为规范体系评析》,载《浙江工商大学学报》2017 年第 3 期。
③ 参见王洪亮:《债法总论》,北京大学出版社 2016 年版,第 76 页。
④ 相同观点,参见常鹏翱:《违法建筑的公法管制与私法因应》,载《法学评论》2020 年第 4 期。

损害赔偿请求权不会完全消灭。但甲可主张类推适用《民法典》第592条第2款的与有过失抗辩，主张减少损害赔偿的数额。

本案中不存在权利行使抗辩权，该信赖利益损害赔偿请求权可实现。

二、合同未被撤销情形

（一）结合《民法典》第563条第1款第4项和第566条所享有的基于合同解除而产生的金钱补偿请求权？

1. 请求权基础的选择

虽然学界对于解除的法律后果仍有直接效果说和清算返还说的争议[①]，但由于《民法典》第566条已经明确规定合同解除不影响违约责任的认定，应当认为返还清算说更符合《民法典》的体系。目前不少学者认为合同解除的效果并非合同溯及既往地无效，而是使双方当事人都承担一项将受领的财产予以返还的清算义务，合同的解除并不代表合同自始不具有效力。

在清算返还说的理论下，双方的返还义务受当事人的合意所限制，具有牵连性，因此《民法典》第566条的回复原状请求权系一项独立的请求权基础。[②] 在合同解除后，对待给付之间的牵连性能够延续至返还关系，其理论依据是当事人在合同中的财产决定意思以及对合同的正当信赖，不会因为合同无效或合同解除而变化。依据一般理性人的观点，一旦合同的交换目的无法实现，无论合同失败的理由是什么，双方都会想使自己的状况回复到合同缔结之前，正是这种合意产生了财产返还关系。[③] 由于合同解除的财产返还规则与合同无效的财产返还规则中均承认对待给付之间具有牵连性，因此在处理财产返还之前的风险承担、同时履行抗辩权、善意受领人不得主张得利抗辩等涉及牵连关系的问题上，通说选择的处理方式与合同无效的财产返还大致相同。[④]

---

① 支持直接效果说的，参见崔建远：《不当得利规则的细化及其解释》，载《现代法学》2020年第3期；支持返还清算说，参见陆青：《合同解除效果与违约责任——以请求权基础为视角之检讨》，载《北方法学》2012年第6期。
② 参见王洪亮：《债法总论》，北京大学出版社2016年版，第362页。
③ 参见陈自强：《统一的契约给付返还关系》，载《月旦民商法杂志》2020年第70期。
④ 参见王洪亮：《〈民法典〉中得利返还请求权基础的体系与适用》，载《法学家》2021年第3期。

不过合同解除与合同无效终究是两个不同的合同失败原因,在法律效果上必然会存在区别。因此,**本文在处理《民法典》第 566 条的回复原状请求权时,对有关对待给付牵连性的问题原则上采取与《民法典》第 157 条相同的见解,若存在需要考虑合同解除的特别之处,本文会着重进行分析**[批注23]。

[批注23]
注意详略得当,避免重复论证。

2. 请求权是否已成立?

乙若想主张合同解除后的金钱补偿请求权需满足以下要件:(1)存在有效的双务合同;(2)该双务合同依法解除;(3)相对方因请求权人的给付而取得财产;(4)给付的标的物无法返还或没有必要返还。

(1)存在有效的双务合同

如前文所述,如果乙没有行使撤销权,那么该双务合同将一直保持有效的状态,基于合同解除所产生的金钱补偿请求权的第一项要件满足。

(2)该双务合同依法解除

若乙享有合同解除权,其可以行使解除权而使双方当事人从给付义务中解脱出来。

①合同解除权是否已产生?

乙有可能依据《民法典》第 563 条第 1 款第 4 项后段主张合同解除权,该解除权的成立需要满足以下要件:A. 相对方存在违约行为;B. 权利人的合同目的无法实现;C. 相对方的违约行为与权利人无法实现合同目的之间具有因果关系。

A. 相对方存在违约行为

违约行为系指相对方不履行合同义务或者不完全履行合同义务的行为。本案中甲所交付的汽车起重机未办理合法手续,不符合买卖合同所要求的品质。因此,甲未完全按照合同约定履行义务,存在违约行为,合同解除权的第一项要件满足。

B. 权利人的合同目的不能实现

出于对当事人意思自治的维护,契约必须严守,除非有特别的正当性理由可限制合同的约束力。① 对此,《民法典》第 563 条第 1 款第 4 项后段作为兜底条款,明确了守约方只有在违约行为导致其合同目的无法实现时,才可以解除合同。

"合同目的不能实现"这一概念较为抽象,难以直接作为判断解除权是否产生的标准。故学界通说采取进一步细化解释的方法,认为"合同目的不能实现"的大致含义为"严重影响守约方订立合同所期望的利益",而"合同目的"则是"守约方的给付利益"。② 因此,判断合同目的是否实现的关键,并非在于权利人能否通过使用所受领的给付以达到经济上的目的,而是在于权利人能否按照预期获得对方当事人的给付。此处所预期取得的给付,原则上是指主给付义务的内容,但若是违反了从给付义务或是不完全给付导致权利人会遭受严重损害,受领主给付也不再具有意义,也可能符合"合同目的不能实现"的要求。③

本案中,乙所预期取得的是一辆无权利、品质有瑕疵的汽车起重机。但是甲违反瑕疵担保义务而交付了一辆法律禁止使用的汽车起重机,使得乙无法得到其所预期获得的标的物,也无法拥有此项标的物的所有权,其作为守约方所期待获得的给付利益无法实现。由于甲的不完全给付行为,乙无法获得一辆合同约定的能够正常使用的汽车起重机,其合同目的不能实现,合同解除权的第二项要件满足。

C. 违约行为与权利人"合同目的不能实现"具有因果关系

若甲按照合同约定的内容交付无瑕疵的标的物,则乙的合同目的通常能够实现。因此相对方的违约行为与权利人"合同目的不能实现"之间具有相当因果关系,合同解除权的第三项要件满足。

D. 小结

乙享有依据《民法典》第 563 条第 1 款第 4 项后段产生的合同解除权。

---

① 参见武腾:《民法典实施背景下合同僵局的化解》,载《法学》2021 年第 3 期。
② 参见赵文杰:《论法定解除权的内外体系——以〈民法典〉第 563 条第 1 款中"合同目的不能实现"为切入点》,载《华东政法大学学报》2020 年第 3 期。
③ 参见刘凯湘:《民法典合同解除制度评析与完善建议》,载《清华法学》2020 年第 3 期。

②合同解除权是否未消灭？

本案中不存在合同解除权的消灭事由，解除权未消灭。

③小结

乙的合同解除权已成立、未消灭，若其行使合同解除权，该双务合同的给付义务消灭，产生回复原状的法定清算关系，基于合同解除所产生的金钱补偿请求权的第二项要件满足。

(3) 相对方因请求权人的给付而取得财产

如前文所述，甲以债权人的身份从乙处受领货币，请求权人的损失和相对人的得利均源于请求权人给付货币的行为，基于合同解除所产生的金钱补偿请求权的第三项要件满足。

(4) 给付的标的物无法返还或没有必要返还

如前文所述，乙给付的货币已经与甲拥有的货币混同，无法原物返还，只能以同等数额的货币补偿，因此合同解除所产生的金钱补偿请求权的第四项要件满足。

(5) 权利未发生的抗辩

本案中，乙对甲享有的依据《民法典》第566条的合同解除所产生的金钱补偿请求权不存在权利未发生的抗辩。

3. 请求权是否未消灭？

本案中不存在金钱补偿请求权的权利已消灭抗辩，因此300万元的金钱补偿请求权未消灭。

4. 请求权是否可实现？

本案中，若乙解除合同，甲有可能对乙享有价值相当于汽车起重机的折价补偿请求权。如前文所述，双务合同中双务给付的牵连性可延伸至回复原状关系中，因此甲有可能主张适用《民法典》第525条的同时履行抗辩权予以抗辩。

甲若想主张《民法典》第525条的同时履行抗辩权（权利行使抗辩权），需要满足以下条件：(1) 甲对乙享有一项成立且未消灭的债权；(2) 双方债权系基于同一双务合同而产生；(3) 双方的债权均已届至履行期；(4) 乙对甲的债务未履行或未提供履行。

(1) 甲对乙享有一项成立且未消灭的债权？

依据《民法典》第566条，若乙选择解除合同，则合同原本约定的给付义务将转化为返还清算义务,又由于该汽车起重机已经毁损灭失不能返还,甲对乙的金钱补偿请求权已满足了所有的积极成立要件。但是,乙有可能提出请求权未发生的抗辩,从而使甲的金钱补偿请求权不能成立。

[批注24]
攻防结构的拆分很精细。

①乙可否主张自己对合同解除无过错而免除返还义务(**权利行使抗辩权的反抗辩**[批注24])？

由于合同解除的作用在于使双方当事人尽早从已经无法实现目的的合同义务中解脱出来,避免不必要的经济损失,因此合同解除权本身未必需要违约方具有可归责性,只须解除权人的合同目的无法实现即可。① 由此可知,合同解除的效果只是负责使双方当事人恢复到缔约前的状态,不具有履行利益的损害赔偿功能,更不具有惩罚性,只要当事人受领过他人的给付,就应当返还。② 故学界通说认为,合同当事人所享有的回复原状请求权并不以相对方具有过错或可归责性为前提,只要合同解除,双方当事人应当相互返还。③

因此,乙不能主张自己对合同解除无过错而免除返还义务。

②乙可否主张标的物毁损灭失系可归责于甲而免除返还义务(权利行使抗辩权的反抗辩)？

从当事人有意识地接触开始,他们之间的关系便逐渐从全然陌生转变为密切的信赖关系,并且这种信赖关系可以约束到合同解除之后。④ 而受信赖关系影响的风险分担原则在合同解除后也仍有适用的余地。《民法典》第 604 条采取了以"使用与收益相一致"原则为理论基础的交付主义,这意味着在标的物

---

① 参见赵文杰:《〈合同法〉第 94 条(法定解除)评注》,载《法学家》2019 年第 4 期。
② 参见朱广新:《合同法总则研究(下册)》,中国人民大学出版社 2018 年版,第 637 页。
③ 参见韩世远:《合同法总论》(第四版),法律出版社 2018 年版,第 684 页。
④ 参见朱晶晶:《民法中返还制度的体系性研究》,法律出版社 2022 年版,第 128 页。

交付后、返还前,其毁损灭失的风险原则上由返还义务人承担,不论返还义务人对合同的解除原因是否知情。

如前文所述,风险的移转必然以受领人的自愿接受为前提,若受领人无法预见到系争标的物有超过一般物品的毁损灭失风险,难谓受领人具有愿意承担标的物风险的意思。在买受人不知道标的物存在重大瑕疵的情形下,因瑕疵导致的毁损灭失风险实质上是由出卖人的违约行为而引发,不应该使无辜的买受人承担责任。① 《民法典》第610条规定当标的物存在重大瑕疵构成根本违约时,买受人有权拒绝受领标的物或者解除合同,并且标的物的风险仍由出卖人承担。

本案中,由于甲给付的汽车起重机欠缺一般汽车所应当具有的品质,具有重大瑕疵,而乙对标的物的瑕疵并不知情,且其行使了合同解除权,故风险回转规则可以适用。因此,乙可以依据《民法典》第610条主张其不承担对甲的金钱补偿义务。

③小结

由于乙可以主张标的物毁损灭失系可归责于甲而免除返还义务,因此甲对乙的金钱补偿请求权的第一项要件不满足,甲对乙的金钱补偿请求权也无法成立。

(2)中间结论

由于甲对乙的金钱补偿请求权不成立,因此甲对乙的同时履行抗辩权要件不满足。甲对乙无任何权利行使权辩权,乙就其给付的300万元价款所对应的金钱补偿请求权可以实现。

5. 小结

若乙依据《民法典》第563条第1款第4项后段行使合同解除权,则其可以依据《民法典》第566条第1款规定的回复原状请求权请求甲返还300万元的金钱货币,该金钱补偿请求权已成立、未消灭、可实现。

(二)结合《民法典》第563条第1款第4项和第566条所享有的基于合同解除而产生的用益返还请求权?

为了防止合同解除后一方当事人借拖延返还而从标的物的使用中谋利,学说认

---

① 参见刘洋:《根本违约对风险负担的影响——以〈合同法〉第148条的解释论为中心》,载《华东政法大学学报》2016年第6期。

为,解除后当事人应当返还相应的使用收益。① 若乙行使合同解除权,则甲无权继续保留其在货币上所取得的使用收益,又由于双务合同的牵连性只涉及对待给付义务而不涉及使用收益,故甲不能主张用益返还相互抵销。因此,乙对甲所享有的基于合同解除而产生的用益返还请求权已产生、未消灭、可实现。

(三)依据《民法典》第 577 条所享有的违约损害赔偿请求权?[批注25]

[批注25] 请求权基础分析的一般框架中,违约损害赔偿的检视通常先于合同解除的检视。但本案涉及撤销与解除的效果对比,将解除置于违约损害之前检视也有其合理性。

1. 请求权是否已成立?

乙主张的违约损害赔偿请求权需满足以下要件:(1)存在有效合同;(2)相对方存在违约行为;(3)请求权人受有损失;(4)相对人的违约行为与损失之间有因果关系;(5)相对人无免责事由。

(1)存在有效合同

如前文所述,双方当事人的意思表示一致,若乙未行使撤销权,双方当事人之间存在的双务合同有效,违约损害赔偿请求权的第一项要件满足。

(2)相对方存在违约行为

如前文所述,本案中甲未完全按照合同约定履行义务,存在不完全给付的违约行为,违约损害赔偿请求权的第二项要件满足。

(3)请求权人受有损失

本案中,由于汽车起重机未合法办理登记,被公安机关依法予以收缴、销毁,使得乙的合同目的无法实现,其订立合同的预期利益完全被剥夺。② 乙原本可以通过合同的履行而终局地

---

① 参见韩世远:《合同法总论》(第四版),法律出版社 2018 年版,第 684 页。
② 参见赵文杰:《〈合同法〉第 94 条(法定解除)评注》,载《法学家》2019 年第 4 期。

取得一辆折旧汽车起重机的所有权,但该期待利益并未实现,该财产利益的减少属于其遭受的损失。因此,请求权人乙受有财产损失,违约损害赔偿请求权的第三项要件满足。

(4)相对人的违约行为与损失之间有因果关系

守约方的权益侵害或损害,之所以可让相对人负责,在于相对人的违约行为与权益侵害或损害之间具有因果关系。① **在请求权成立阶段,违约损害赔偿只须考虑责任成立因果关系**[批注26],至于限制赔偿责任范围的任务则由可预见性规则承担。在违约责任成立中的因果关系,主要采取的是事实因果关系理论,即"如果没有违反义务,损害就不会发生,那么义务违反就是损害的发生原因"②。

[批注26]
违约行为与损害之间的因果关系,解决的是损害赔偿的范围问题,实质是责任范围因果关系。

在本案中,若甲按照合同约定交付的是一辆无性质瑕疵的汽车起重机,那么公安机关就不会也无权扣留、销毁系争标的物,买受人也不会遭受损失。可见出卖人的违约行为与买受人的损失是"无彼即无此"的关系,具有因果关系,违约损害赔偿请求权的第四项要件满足。

(5)相对人无免责事由

本案中,出卖人并无任何免责事由,违约损害赔偿请求权的第五项要件满足。

(6)权利未发生的抗辩

本案中,乙对甲所主张的以《民法典》第577条为基础的违约损害赔偿请求权不存在权利未发生的抗辩。

2. 请求权是否未消灭?

本案中不存在权利已消灭的抗辩,该请求权未消灭。

3. 请求权是否可实现?

本案中不存在可拒绝给付的权利行使抗辩权,因此请求权

---

① 参见王泽鉴:《损害赔偿》,北京大学出版社2017年版,第84页。
② 韩世远:《合同法总论》(第四版),法律出版社2018年版,第791页。

可实现。

4. 小结

乙可以依据《民法典》第 577 条的规定向甲主张违约损害赔偿请求权,该请求权已成立、可实现。**不过损害赔偿的具体数额应当区分是否解除合同而分别计算**[批注27]:

(1) 若买受人未解除合同

若买受人未解除合同,其所享有的违约损害赔偿请求权的范围包括买受人的所失利益和所受损失,既包含与合同所约定的折旧程度相同但无瑕疵的汽车起重机之客观价值,也包括汽车起重机被销毁后不能使用、买受人与他人订立的合同无法履行等损失。

损害赔偿的范围限于权利人所遭受的损失,在乙占有标的物期间,其通过使用标的物也取得了相应的利益,该利益体现为乙无须支付汽车起重机占有期间的同等标的物之市场使用费。基于损益相抵原则,占有标的物期间所取得的用益与此期间可得利益减少的部分在内容、金额上完全相同,可互相抵销。① 因此,乙不得主张标的物毁损之前的租赁其他车辆以代替使用的租赁费用。

综上,乙可请求损害赔偿的范围为无瑕疵的折旧汽车起重机的客观价值、汽车起重机被销毁后租赁其他车辆以代替使用的租赁费用及其他履行利益损失。

(2) 若买受人解除合同

《民法典》第 566 条第 2 款规定:"合同因违约解除的,解除权人可以请求违约方承担违约责任,但是当事人另有约定的除外。"因此,即使买受人主张解除合同,也并不妨碍其享有的违约损害赔偿请求权。

[批注 27]
更常见的检视思路是将违约损害赔偿请求权与解除后的损害赔偿请求权作为两项不同的请求权分开检视,因为二者的请求权基础不同。

---

① 参见北京市第二中级人民法院民事判决书(2019)京 02 民终 12815 号。

在合同解除的情形下，一方面乙可依据回复原状请求权请求返还300万元的货币及货币占有期间的使用收益。另一方面，乙在占有标的物期间从汽车起重机上所获得的使用收益也应当返还给甲。不过若甲不存在违约行为，则乙在占有汽车起重机期间也无须为使用该标的物再支付任何金钱，此笔使用收益也属于乙的履行利益。因此，乙依据回复原状规则应当将汽车起重机的使用收益返还给甲，但乙也可依据《民法典》第577条的违约损害赔偿请求权向甲主张该部分利益。

损害赔偿请求权以填补损害为原则，守约方不能从中受益。此时违约损害赔偿请求权的范围应当是"买受人未解除合同时，其所享有的违约损害赔偿请求权的数额"与"回复原状请求权所请求返还的数额"之间的差额，再加上乙在占有标的物期间所获得的使用收益。

三、结论

第一，乙可依据《民法典》第148条行使撤销权，并依据《民法典》第157条、《九民纪要》(2019)第33条规定的回复原状规则请求甲返还300万元的货币以及相应的使用收益

乙也可以依据《民法典》第500条第2项主张缔约过失损害赔偿请求权。不过对乙的这项请求，甲可主张类推适用《民法典》第592条第2款进行抗辩，以减少信赖利益损害赔偿的数额。

上述折价补偿请求权、用益返还请求权和缔约过失损害赔偿请求权为聚合关系，乙可以同时主张，也可以择一行使。

第二，若乙既不愿意撤销合同也不愿意解除合同，其可以依据《民法典》第577条主张违约损害赔偿请求权，可请求损害赔偿的范围为无瑕疵的折旧汽车起重机的客观价值、汽车起重机被销毁后因租赁其他车辆以代替使用的租赁费用及其他履行利益损失

基于缔约过失的损害赔偿请求权与合同有效抑或解除并无关联，因此乙在合同有效时仍然可以依据《民法典》第500条第2项主张缔约过失损害赔偿请求权，但甲可主张类推适用与有过失规则予以抗辩。

此时乙的违约损害赔偿请求权与缔约过失损害赔偿请求权属于请求权竞合，

两项请求权在行使时会受到损害填补原则的约束,乙所能获得的赔偿金以自身遭受的损失为限。

第三,若乙依据《民法典》第563条解除合同,其可以依据《民法典》第566条请求甲返还300万元的货币以及相应的使用收益。

同时,其也可以依据《民法典》第577条主张违约损害赔偿请求权,但违约损害赔偿请求权的范围是乙在占有标的物期间所获得的使用收益,再加上"买受人未解除合同时,其所享有的违约损害赔偿请求权的数额"与"回复原状请求权的返还数额"之间的差额。

此时乙的金钱补偿请求权、用益返还请求权及违约损害赔偿请求权为聚合关系,乙可以同时主张,也可以择一行使。

案例四：违约方解除案

◇ **案情介绍**

甲公司拥有一商场,该商场为地下 1 层、地上 6 层,总面积 6 万余平方米。甲公司将地上部分改造为购物中心,租赁给丙公司经营,并将地下 1 层约 6 千平方米的部分区域,分割成商铺对外销售给 150 余家业主。地下商铺区域依托地上的购物中心获得客源。

2021 年 1 月 2 日,甲公司与乙签订了一份商铺买卖合同,约定:甲公司向乙出售该商场地下 1 层编号为 2B050 的商铺,建筑面积为 20 平方米,总价款为 40 万元,甲公司应在 2021 年 3 月 1 日前将商铺交付于乙,交付后 3 个月内双方共同办理商铺权属过户手续。合同签订后第 2 天,乙依约支付了全部价款。2021 年 1 月 15 日,甲公司将 2B050 号商铺交付给乙使用,但一直未办理产权过户手续。

2021 年 5 月,丙公司经营不善令甲公司自有的购物中心停业两次,也使得购买商铺的业主无法在该商场内继续正常经营。甲公司为使得该商场能够重新开业,拟对该商场的全部经营面积进行调整,重新规划布局,并因此与大部分商铺业主解除了商铺买卖合同,开始在商场内施工。

2021 年 6 月 1 日,甲公司致函乙,通知其解除双方签订的商铺买卖合同。6 月 15 日,甲公司拆除了乙所购商铺内的玻璃幕墙及部分管线设施。2022 年 2 月 20 日,甲公司再次向乙致函,乙向甲公司表示不同意解除合同。由于乙坚持不退商铺,甲公司不能继续施工,使得 6 万平方米的建筑被闲置,同时乙也不能在其所购的 20 平方米的商铺内经营。

2022 年 6 月 20 日,甲公司向法院起诉,请求法院判决解除商铺买卖合同,令乙返还所购商铺。[①]

问题：甲公司的诉讼请求应否得到支持？

◇ 案情提要

2021年1月2日	甲公司与乙签订商铺买卖合同
2021年1月3日	乙向甲公司支付全部价款
2021年1月15日	甲公司向乙交付商铺
2021年5月	丙公司经营失败导致购物中心两次停业
2021年6月1日	甲公司致函乙，通知解除商铺买卖合同
2021年6月15日	甲公司拆除了乙自购的玻璃幕墙及部分管线设施
2022年2月20日	甲公司再次向乙致函通知其解除合同，乙拒绝
2022年6月20日	甲公司向法院起诉

◇ 解题大纲

一、甲公司能否依据《民法典》第566条第1款第2分句向乙请求返还商铺 ⋯ 092
 （一）请求权是否成立 ⋯⋯⋯⋯⋯⋯⋯⋯⋯⋯⋯⋯⋯⋯⋯⋯⋯⋯⋯⋯ 092
  1. 是否存在有效的合同 ⋯⋯⋯⋯⋯⋯⋯⋯⋯⋯⋯⋯⋯⋯⋯⋯⋯ 093
  2. 债务人是否已履行债务 ⋯⋯⋯⋯⋯⋯⋯⋯⋯⋯⋯⋯⋯⋯⋯⋯ 093
  3. 合同是否被解除 ⋯⋯⋯⋯⋯⋯⋯⋯⋯⋯⋯⋯⋯⋯⋯⋯⋯⋯⋯ 093
   （1）甲公司能否通过行使法定解除权的方式解除合同 ⋯⋯⋯⋯ 098
    ①甲公司是否享有法定解除权 ⋯⋯⋯⋯⋯⋯⋯⋯⋯⋯⋯⋯ 098
     A. 解除权是否产生 ⋯⋯⋯⋯⋯⋯⋯⋯⋯⋯⋯⋯⋯⋯⋯ 098
      a）甲公司可否基于《民法典》第563条
       第1款第1项享有解除权 ⋯⋯⋯⋯⋯⋯⋯⋯⋯⋯⋯ 098
      b）甲公司可否基于《民法典》第563条
       第1款第4项享有解除权 ⋯⋯⋯⋯⋯⋯⋯⋯⋯⋯⋯ 099

[①] 该案情根据新宇公司诉冯玉梅商铺买卖合同纠纷案进行适当改编，参见新宇公司诉冯玉梅商铺买卖合同纠纷案，载《最高人民法院公报》2006年第6期。

    aa）乙是否存在违约行为 ·················· 099
    bb）违约行为是否导致合同目的不能实现 ········· 100
   B. 解除权是否消灭 ···················· 100
   C. 解除权可否行使 ···················· 100
  ②甲公司是否行使了解除权 ················· 100
 （2）甲公司能否依据《民法典》第 580 条第 2 款向法院申请解除
  合同 ····························· 100
  ①是否存在有效的非金钱债务 ··············· 101
  ②该债务是否无法继续履行 ················ 101
   A. 是否存在不可抗力导致合同在事实上或法律上不能
    履行 ························· 101
   B. 是否存在履行费用过高 ················ 102
  ③不能履行该债务是否会导致合同目的不能实现 ······· 105
  ④当事人是否向法定机关提出了申请 ············ 106
 （3）甲公司能否依据《民法典》第 533 条第 1 款向法院申请
  解除合同 ·························· 107
（二）请求权是否消灭 ······················ 109
（三）请求权可否行使 ······················ 109
（四）小结 ··························· 109

二、甲公司能否依据《民法典》第 985 条主文向乙请求返还商铺占有 ··· 109
（一）请求权是否成立 ······················ 110
 1. 乙是否基于给付而受利益 ·················· 111
 2. 当事人之间是否存在给付关系 ················ 111
 3. 是否欠缺给付目的 ····················· 111
（二）请求权是否消灭 ······················ 113
（三）请求权可否行使 ······················ 113
（四）小结 ··························· 113

三、结论 ······························ 113

一、甲公司能否依据《民法典》第 566 条第 1 款第 2 分句向乙请求返还商铺[批注1]

[批注 1]
在进入请求权基础检视之前，用一小段话交代全文思路会更好。

(一) 请求权是否成立

根据《民法典》第 566 条第 1 款第 2 分句的规定，已经履行的合同被解除后，当事人可以请求恢复原状。但在适用该条之前必须首先明确合同解除的效力是什么，因为这影响到恢复原状请求权的性质及构成要件的认定。

关于合同解除的效力，目前存在四种学说，分别为直接效果说、间接效果说、清算关系说和折中说。直接效果说认为，解除会使合同溯及既往地消灭。① 在此说下，若承认物权行为的独立性与无因性，那么已履行部分的恢复原状请求权的性质就是不当得利请求权。但依据《民法典》第 566 条第 2、3 款与第 567 条的规定，合同解除后，当事人依旧可以主张违约损害赔偿、担保责任，合同中的清算条款也不会失效，也即合同并未溯及既往地消灭，所以《民法典》并未采纳此种模式。间接效果说认为，解除不会使合同自始消灭，而是只发生阻却合同效力的功能，对于已履行的债务产生新的返还关系，而对未履行的债务仅产生拒绝履行的抗辩权。② 但该说对未履行债务的处理有悖于《民法典》的规定，《民法典》第 566 条第 1 款明确规定尚未履行的债务终止履行，而非仅产生履行抗辩权③，是故也不能全部采纳该说之观点。清算关系说认为，解除不会使合同自始消灭，但会使原债之关系转化为返还债之关系④，未履行的部分作为原给付关系而消灭，已履行部分则需根据转化而来的返还关

---

① 参见崔建远主编：《合同法》（第 6 版），法律出版社 2016 年版，第 203 页。
② 参见王洪亮：《债法总论》，北京大学出版社 2016 年版，第 358 页。
③ 参见韩世远：《合同法总论》（第 4 版），法律出版社 2018 年版，第 670—671 页。
④ 参见申海恩：《论解除权效力之法理构成》，载《政法论丛》2010 年第 2 期。

系恢复原状。而目前部分学者所主张的折中说，其实已与清算关系说无异，都认为未履行的债务自始消灭，已履行的债务转换为返还关系。① 基于更好显现学说内容的考量，本文以清算关系说称之。又因清算关系说对解除效力的处理最符合《民法典》的规定，所以本文采纳该说。在清算关系说下，恢复原状请求权是转换而来的清算关系的产物，故构成要件为：存在有效的合同、债务人已履行债务、合同被解除。

1. 是否存在有效的合同

私法自治的理念令法律行为奉行"有效推定"原则，即已成立的法律行为推定有效。② 所以若质疑法律行为的合法性，则需要相对方举证证明其存在效力瑕疵。依据此思路，判断合同效力的顺序应为：其一，检视合同是否成立；其二，检视是否存在合同效力未发生的抗辩；其三，检视是否存在合同效力已消灭的抗辩。③ 在本案中，乙与甲公司之间的商铺买卖合同系双方通过有效的意思表示缔结而成，且无效力未发生与已消灭的抗辩存在，因此双方的合同有效存在，也即乙对甲公司的履行请求权成立。

2. 债务人是否已履行债务

甲公司此时部分履行了自己的债务，即向乙交付了商铺。

3. 合同是否被解除

我国《民法典》中明确规定了合同法定解除权与情势变更情形的申请司法解除。稍有争议的是《民法典》第 580 条第 2 款的法律效力。根据此规定，在不能继续履行非金钱债务致使不能实现合同目的的情况下，法院或仲裁机构可以根据当事人的请求，终止合同权利义务关系。有学者认为，在制定该款时，立法者有意舍弃"解除"而使用"终止"，区分狭义解除与仅向未来发生效力的狭义的终止，故若依据本规定之文义，其法律效果应为终止合同关系而非解除合同，并且该款的适用范围也会因此而基本局限于继续性合同。④ 但本文认为，此处"终止"一词的使用，并

---

① 参见朱广新、谢鸿飞主编：《民法典评注·合同编·通则》（第 2 册），中国法制出版社 2020 年版，第 206 页。
② 参见朱庆育：《民法总论》（第 2 版），北京大学出版社 2016 年版，第 121 页。
③ 参见吴香香：《请求权基础：方法、体系与实例》，北京大学出版社 2021 年版，第 236 页。
④ 参见武腾：《民法典实施背景下合同僵局的化解》，载《法学》2021 年第 3 期。

非是立法者的有意之举,而只是立法者对概念混用之延续。[批注2]在原《合同法》(1999)中,立法者即以"合同权利义务终止"为章名,其中涵括了债的消灭事由与合同解除的内容,此时立法者既在混用债与合同的概念,又在混用合同权利义务终止与合同解除的概念。但至《民法典》制定时,立法者已经注意到了概念混用的问题。虽然未改"合同的权利义务终止"的章名,但是却在《民法典》第557条明确区分了债与合同。该条第1款规定了债权债务终止的6种情形,此处的终止即传统民法上所指的债的消灭。而立法者在本条第2款明确将合同解除从债权债务终止之中区分出去,规定合同解除的效力是该合同的权利义务关系终止,也即立法者依旧混用合同解除与合同终止的概念。然而,由于立法者对债与合同进行了区分,也使得终止在《民法典》中的指向更为明确,即法律效力若是特称合同权利义务终止的,则其指代的是狭义的解除。换言之,在我国《民法典》之中,终止一词是在广义上被使用的,具体指向何种概念需要结合具体情形而定。《民法典》第580条第2款明文规定的法律效果为"终止合同权利义务关系",基于历史解释与体系解释可知,此处立法者意图确定的法律效果应当为解除合同,而非狭义终止合同。因此,尚需审查本案当事人是否可以通过《民法典》第580条第2款规定的方式解除该合同。

另外需要在此说明的是审查三种解除合同方式的顺序问题。[批注3]当事人行使法定解除权的方式是最为简便、有效,也是当事人意思自治的体现,置于首位予以审查应无异议。但有疑问的是《民法典》第580条(不能履行非金钱债务情况下的当事人申请司法解除)与第533条第1款(情势变更情况下当事人申请司法解除)的审查顺序。情势变更规则属于补充性规则,仅在约定或法定的风险分配规则不合理的情况下,方得诉诸情

[批注2]
此论断主观色彩略重,历史解释需要扎实的资料佐证,请补充查证全国人民代表大会常务委员会法制工作委员会的释义书等与立法相关的资料。

[批注3]
在几乎所有的问题上都注重检视顺序的安排,是请求权基础方法的重要特性。

势变更。① 因此，情势变更规则一般要放置于最后进行审查。但是若依通说观点，《民法典》第 580 条第 2 款之规定针对的是合同僵局的情形，立法者制定该规范也是为了破解合同僵局。② 而所谓合同僵局，大致可分为两种情形：一种是指合同虽依然有效，但当事人彼此并不存在利益冲突，且均认为合同已丧失实质拘束力，也被称为形式僵局；另一种是指当事人一方认为其已丧失了取得对待给付的利益，不愿继续履行合同，但他方因从对待给付中可获得履行利益，强烈坚持履行合同，又谓实质僵局。③ 但不论何种情形，合同僵局都是因双方当事人没有其他制度来脱离合同的约束而导致的。换言之，若认为本规定针对的情形是合同僵局，那么该规则也具有补充性，似应与情势变更规则在补充性的层面上进行衡量以确定审查顺序。然而，此种将《民法典》第 580 条第 2 款定位于击破合同僵局的观点实际上是从立法变迁的角度进行理解的。因为原《合同法》（1999）存在立法漏洞，无法处理此类情形，会产生合同僵局，基于此点考虑，立法者增加《民法典》第 580 条第 2 款，所以该规则会被认为是针对合同僵局。但是基于后文的分析将会得知，甲公司可以向乙主张不当得利请求权，请求其返还商铺的占有，即甲公司与乙之间其实并不存在无法被击破的合同僵局。《民法典》制定施行之前我国的民法体系实际上是可以解决此种案件的，其中蕴含的真正的法律漏洞并不是所谓的合同僵局，〔批注4〕另外，即便是承认之前存在合同僵局的法律漏洞，但在《民法典》已经填补了法律漏洞的情况下，我国在同种情形下已无法律漏洞，也即不存在合同僵局，继续沿用合同僵局

〔批注4〕
　　这里应简明扼要地交代核心理由，以与后文呼应，论理更完整，也便于读者理解。

---

① 参见卡斯滕·海尔斯特尔、许德风：《情事变更原则研究》，载《中外法学》2004 年第 4 期。
② 参见最高人民法院民法典贯彻实施工作领导小组主编：《中华人民共和国民法典合同编理解与适用》（第 2 册），人民法院出版社 2020 年版，第 740 页。
③ 参见谢鸿飞：《〈民法典〉法定解除权的配置机理与统一基础》，载《浙江工商大学学报》2020 年第 6 期。

的概念已无意义。除此之外,虽然该规定在引入之初是为了解决合同僵局的问题,但在立法过程中经过数次修改,已非原样。① 尤其从《民法典》删除了二审稿中对于"显失公平"要件的规定中可以看出,目前的规定已不再专注于解决合同僵局带来的公平问题。所以说,即便是从立法过程的角度来观察该规则,也不应以破除合同僵局作为该规则唯一的制度功能。因此,本文将跳出合同僵局的概念,重新观察此规则的立法目的与适用范围。

从比较法上来看,德法两国不存在合同僵局的原因,在于两国处理给付与对待给付关系的特别设计。依据《德国民法典》第326条第1款第1句前段与第4款的规定,债务人给付义务消灭的,对待给付义务也同时消灭,此时已履行债务的债务人得依据合同解除的规定向债权人请求返还所给付的标的。② 而法国法上也有类似规定,依《法国民法典》第1218条第2款第2句的规定,如果履行障碍是永久性的,则合同自动解除。③ 两国均是基于双务合同牵连性的特点进行立法,不存在所谓合同僵局问题。**在双务合同的牵连性方面,我国虽然未采取对待给付义务的法定消灭模式**[批注5],但这不意味着目前我国法律不

[批注5]

可能的疑问是,如何解释《民法典》第604条主文前半句。该条款规定"标的物毁损、灭失的风险,在标的物交付之前由出卖人承担",这意味着,在此情形下,出卖人给付不能,买受人也不必支付价款,价款义务作为对待给付义务不必经解除即消灭。

---

① 《民法典各分编(草案)》(第二次审议稿)第563条,即《合同法》第94条增加第2款:"合同不能履行致使不能实现合同目的,解除权人不解除合同对对方明显不公平的,对方可以向人民法院或仲裁机构请求解除合同,但不影响其承担违约责任。"后因有专家学者提出,该规定出发点在于解决合同僵局,但是与严守合同的要求不符,建议删去;对于个别合同僵局问题,可以考虑通过其他途径解决。宪法与法律委员会经研究,建议采纳该意见,删去此规定。因此,三审稿中并未规定该款。直至《民法典》通过前,又于第580条增加了第2款。但如今的第580条第2款因为删去了对公平方面的要求,而在适用范围上与最初仅为解决合同僵局的条款大不相同。立法相关过程参见杜万华主编:《中华人民共和国民法典实施精要》,法律出版社2021年版,第476页。
② 《德国民法典》第326条第1款第1句前段规定,"债务人依第275条第1款至第3款无须履行给付的,对待给付请求权即消灭";第326条第4款规定,"只要依本条规定无须负担的对待给付被履行,就可以依第346条至第348条请求返还所给付的标的"。参见《德国民法典》(第5版),陈卫佐译,法律出版社2020年版,第136页。
③ 《法国民法典》第1218条第2款:"如果履行障碍仅仅是暂时的,那么在迟延履行不足以导致合同解除的情形下,债务人可中止其债务的履行。如果该障碍是永久性的,合同自动解除,双方当事人依照第1351条和第1351-1条规定的条件不再承担债务。"秦立威等译注:《〈法国民法典:合同法、债法总则和债之证据〉法律条文及评注》,载李昊、明辉主编:《北航法律评论》(2016年第1辑),法律出版社2017年版,第220—221页。

能承认双务合同的牵连性。我国《民法典》将给付不能纳入解除事由的规定便体现了双务合同的牵连性，只是在此问题上采取了另一种模式，即解除消灭的模式。① 从双务合同牵连性的角度看待《民法典》第 580 条第 2 款就会发现，该规定实际上也是双务合同牵连性的体现之一，只不过是进一步扩充了解决牵连性问题的方式，将合同自动解除模式变更为合同司法解除模式，即债务人给付义务消灭后，相对人的对待给付义务并不自动消灭，而是需要当事人向司法机关提出申请，请求确认对待给付义务消灭，并由此达到合同解除的效果[批注6]。在《民法典》制定过程中，即有学者主张，若立法者认为违约方解除制度容易引发争议，那么可以参照德法两国的措施，在不能履行抗辩情形之后新增一款规定："有上述情形之一的，人民法院或者仲裁机构可以根据当事人的请求确认合同的权利义务终止，但是不影响违约责任的承担"②，而从表述上看，《民法典》也确实采纳了该建议。由此可见，该规定体现的也是双务合同的牵连性。另外，根据最高人民法院参与过立法的法官所述，《民法典》第 580 条增加第 2 款就是借鉴了《德国民法典》第 326 条的规定。③ 因此，本文认为，《民法典》第 580 条第 2 款是双务合同牵连性的体现。而若从该角度看待该规则的审查顺序便会发现该规则并不具有补充性地位，而是法定的处理双务合同给付与对待给付关系的规则，是故在检索顺序上应优先于情势变更规则。

综合上述，三种解除合同方式的审查顺序应依次为：法定解除权、非金钱债务履行不能情形下的司法解除、情势变更中的司法解除。

[批注6]
可能的疑问是：如果第 580 条第 1 款的意义在于确认债权人对待给付义务的消灭，那么，更有动力提出解除主张的应是债权人而非债务人。但在所谓违约方申请解除的情形中，主张解除的均为作为违约方的债务人。或者更明确地说，违约方申请解除的目的不在于确认债权人对待给付义务的消灭，而在于确认己方原给付义务的消灭。

由此引申的问题是，给付不能的法律效果是原给付请求权消灭还是产生永久抗辩权？学理上一般认为是前者。继而产生的问题是，既然给付不能已经导致原给付请求权消灭，违约方主张确认其消灭的意义何在？

---

① 参见张金海：《论双务合同中给付义务的牵连性》，载《法律科学（西北政法大学学报）》2013 年第 2 期。
② 参见石佳友、高郦梅：《违约方申请解除合同权：争议与回应》，载《比较法研究》2019 年第 6 期。
③ 参见杜万华主编：《中华人民共和国民法典实施精要》，法律出版社 2021 年版，第 476 页。

(1) 甲公司能否通过行使法定解除权的方式解除合同

当事人通过行使法定解除权的方式来解除合同需满足的条件有：当事人享有解除权与当事人已行使解除权。

①甲公司是否享有法定解除权

虽然解除权属于形成权，但也可借鉴请求权的审查模式以判断当事人是否享有该解除权。因此，下文将依次审查解除权是否产生、解除权是否消灭与解除权可否行使。

A. 解除权是否产生

《民法典》第563条明确规定了四种解除事由，其中可能在本案中适用的有该条第1款第1项规定的不可抗力致使不能实现合同目的与第4项规定的违约致使不能实现合同目的。

a) 甲公司可否基于《民法典》第563条第1款第1项享有解除权

根据《民法典》第563条第1款之规定，因不可抗力导致合同目的不能实现的，当事人享有解除权。但尚需阐明的是此处所称当事人是指代何方。在不可抗力导致合同目的不能实现的情况下，原《合同法》(1999)第94条第1项(对应《民法典》第563条第1款第1项)规定违约方此时也能享有解除权，这也是为什么该规定中的主体表述使用的是当事人而非守约方的原因。① 同时，法定解除权也是双务合同牵连性的体现②，故可以认为原《合同法》(1999)在不可抗力导致合同目的不能实现的情况下，通过赋予违约方以法定解除权来解决牵连性问题。但是《民法典》第580条第2款的加入改变了解决牵连性问题的方式，即违约方可以通过司法解除的方式脱离合同。此时不可抗力导致合同目的不能实现的情况会同时触发《民法典》第563条第1款第1项与第580条第2款的规定。可是若允许违约方以行使法定解除权的方式来解除合同，就会令相同事项采取了不同的处理方式。因为不可抗力导致合同目的不能实现也是一种给付不能③，而《民法典》规定在其他给付不能

---

① 参见刘凝：《强制售卖与合同僵局化解——评"新宇公司诉冯玉梅商铺买卖合同纠纷案"》，载《财经法学》2022年第2期。
② 参见张金海：《论双务合同中给付义务的牵连性》，载《法律科学(西北政法大学学报)》2013年第2期。
③ 参见王洪亮：《债法总论》，北京大学出版社2016年版，第312页。

的情况下违约方仅能通过第 580 条第 2 款来解除合同,那么又有何理由给予不可抗力情形下的违约方以特殊对待呢?[批注7]因此本文认为,在给付不能的情况下,违约方仅能通过《民法典》第 580 条第 2 款解除合同。在本案中,甲公司属于违约方,故不能依据《民法典》第 563 条第 1 款第 1 项获得法定解除权。

b) 甲公司可否基于《民法典》第 563 条第 1 款第 4 项享有解除权

甲公司与乙约定在商铺交付后 3 个月内双方共同办理商铺权属过户手续,即此时乙也负有办理过户手续的义务。而从 2021 年 1 月 15 日甲公司交付房屋后,乙一直未请求甲公司与其办理过户手续,或可构成违约,从而使甲公司获得解除权。根据《民法典》第 563 条第 1 款第 4 项之规定,当事人违约导致合同目的不能实现的,相对人享有解除权。故本文将依次审查乙是否存在违约行为、该违约行为是否导致合同目的不能实现。

aa) 乙是否存在违约行为

所谓违约行为实际上是违反义务的行为,而若观察《民法典》合同编第八章违约责任的规定就会发现,《民法典》中所称的违约仅指违反真正的义务,即义务人对他人的义务,并未包含违反不真正义务的情形。基于用语的一致性,《民法典》第 563 条第 1 款第 4 项中所规定的违约行为也应如此。在本案中,甲公司与乙约定了共同办理过户手续,而这一约定给予双方的义务类型并不一致。对甲公司而言,办理过户手续的义务是主给付义务。若甲公司违反该义务使合同目的不能实现,则自然可以令乙获得解除权。但对乙而言,办理过户手续的义务却有所不同。该义务看似是在辅助主给付义务,令给付利益得到实现,可被认定为附随义务,但实际上该义务仅是乙对自己利益的照顾义务,本质上为不真正义务。违反不真正义务仅会

[批注7]

区别对待的理由可能在于,不可抗力导致的给付不能不可归责于债务人,债务人不必为给付不能负责,此给付不能并非真正意义上的"违约",不产生继发的违约责任。

如果对比《民法典》第 580 条第 2 款但书"但是不影响违约责任的承担",体系解释之下,也可以解释为该条仅适用于非不可抗力所致的给付不能。

令义务人自己的权利受到贬损,而不能使相对人获得解除权。[批注8]因此,乙的行为此时并不构成《民法典》第563条第1款第4项中所称的违约行为。

[批注8]
论理精准。

bb)违约行为是否导致合同目的不能实现

不存在违约行为,无须检视该项。

B.解除权是否消灭

解除权未产生,故不用审查该部分。

C.解除权可否行使

同上,无须对此予以审查。

②甲公司是否行使了解除权

同上,无须审查该部分。

(2)甲公司能否依据《民法典》第580条第2款向法院申请解除合同

根据《民法典》第580条第2款的规定,当事人申请司法解除仅需具备以下要件:存在有效的非金钱债务、该债务无法继续履行、不能履行该债务会导致合同目的不能实现以及当事人向法定机关提出申请。然而,由于《九民纪要》(2019)第48条第1款的影响①,目前有法院在裁判中依然会以违约方是否存在恶意、违约方继续履行是否显失公平、守约方拒绝解除合同是否违反诚实信用原则以及是否存在合同僵局来作为适用《民法典》第580条第2款的条件。② 但在《民法典》出台后仍适用《九民纪要》(2019)的不同规则裁判,并不具备正当性。从效力上看,《民法典》效力位阶更高,法院应首先审查《民法典》第580条第2款规定的构成要件,而不能直接以法院系统的内部

---

① 《九民纪要》(2019)第48条第1款:"违约方不享有单方解除合同的权利。但是,在一些长期性合同如房屋租赁合同履行过程中,双方形成合同僵局,一概不允许违约方通过起诉的方式解除合同,有时对双方都不利。在此前提下,符合下列条件,违约方起诉请求解除合同的,人民法院依法予以支持:(1)违约方不存在恶意违约的情形;(2)违约方继续履行合同,对其显失公平;(3)守约方拒绝解除合同,违反诚实信用原则。"
② 参见上海市第一中级人民法院民事判决书(2021)沪01民终2526号。

会议纪要规定的要件进行裁判。从立法过程与顺序上看,《民法典》已然参考了《九民纪要》(2019)的规定,但最后仍然选择确立新的模式来解决合同僵局问题,就代表《九民纪要》(2019)的规定可能不仅不适合作为违约方申请司法解除的要件,甚至也不适合在裁判中作为说理性内容。即便法院还是认为《九民纪要》(2019)的规定更为合理,想用于说理甚至限缩解释《民法典》之规定,但要注意的是,在适用方法上最多进行目的性限缩(尽管会议纪要的规定可能并不符合《民法典》的立法目的),而不能直接忽视《民法典》明文规定的要件,否则有司法僭越立法之嫌。

此外,对《民法典》第580条第2款的功能定位不同也会影响该规则的适用条件。在认为该规定只能用于合同僵局的前提下,违约方只有等到解除权人最后确定不解除时才能向法院申请司法解除,因为此时才会出现所谓的合同僵局。所以若持此观点,在适用该规则之前就必须明确解除权人是否会行使自己的解除权。但如上文所述,该规定的功能不限于打破合同僵局,而是着眼于处理双务合同牵连性问题,所以违约方可以不必向解除权人确定其是否有行使解除权的意愿,得径行向法院申请司法解除。

① 是否存在有效的非金钱债务

甲公司与乙之间的商铺买卖合同有效成立,甲公司负有交付商铺并移转所有权的债务。

② 该债务是否无法继续履行

A. **是否存在不可抗力导致合同在事实上或法律上不能履行**[批注9]

《民法典》第180条第2款规定:"不可抗力是不能预见、不能避免且不能克服的客观情况。"其中不能预见虽然是指行为人主观上对某情形的发生无法预测,但是其标准也应采客观标

[批注9]
这里的论证有偏差。
第580条第1款第1项规定的"法律上或者事实上不能履行",并未限定于"不可抗力"造成的给付不能。

准，即以一般人的预见能力作为标准。① 本案中，虽然甲公司与乙可能会因为自身的商业判断能力而确实未能预见丙公司经营失败导致商场倒闭，但是作为一般的商主体，在商场倒闭前一定会注意到客流量等变化，要求其对之后所发生的商业风险有一定的预见能力并不过分，所以本案中实际上并不存在不可抗力。

B. 是否存在履行费用过高

《民法典》第 580 条第 1 款第 2 项规定，履行费用过高的情形下，债务人可以拒绝继续履行。至于如何判断履行费用过高，目前存在三种观点。第一种观点认为，履行费用过高比较的是履行费用与债务人的履行利益之间是否极度不均衡。②[批注10] 第二种观点则与德国学理一致，认为此时应当比较的是履行费用与债权人的履行收益之间是否极不平衡。③ 第三种观点则结合了前两种观点，认为判断履行费用是否过高应当以经济效率为原则，从整体上比较履行费用与合同双方履行利益之间是否出现了极不平衡的现象，这一观点也是本案原型案例终审法院所采纳的观点。④ 就第一种观点而言，标的物价格显著上涨不仅意味着会加重债务人的给付负担，还意味着债权人可获得的收益会增大。⑤ 此时若允许债务人提出抗辩，是对债权人权利过分的限制，所以该观点或不可取。而因为第三种观点吸收了第一种观点，自然也存在相同的缺陷。另外，基于

[批注10]
对比履行费用与债务人履行利益，是情事变更中认定继续履行对债务人是否明显不公平的标准，对此下文讨论情势变更时也有所交代，在此也应有所提及，以与后文呼应。

---

① 参见朱广新、谢鸿飞主编：《民法典评注·合同编·通则》（第 2 册），中国法制出版社 2020 年版，第 171 页。
② 参见王利明：《合同法研究》（第三版第二卷），中国人民大学出版社 2015 年版，第 584—585 页；陈奇伟：《合同实际履行与损害赔偿制度的经济学思考》，载《河北法学》2006 年第 4 期。
③ 参见韩世远：《合同法总论》（第 4 版），法律出版社年 2018 年版，第 769—770 页；王洪亮：《我国给付不能制度体系之考察》，载《法律科学（西北政法学院学报）》2007 年第 5 期。
④ 参见新宇公司诉冯玉梅商铺买卖合同纠纷案，载《最高人民法院公报》2006 年第 6 期；叶昌富：《论强制实际履行合同中的价值判断与选择》，载《现代法学》2005 年第 2 期。
⑤ 参见〔德〕莱因哈德·齐默尔：《德国新债法：历史与比较的视角》，韩光明译，法律出版社 2012 年版，第 46 页。

经济的综合考量会因为判断主体与判断标准的不同而导致结论的不一致。并且在效率违约的场合,该种观点会自然允许排除继续履行,然而一概以效率违约而否认强制履行却难谓妥当。① 因此,第三种观点也不足取。此外,法律之所以设置履行费用过高的规则作为双务合同的抗辩事由之一,是因为在双务有偿合同中,基于给付与对待给付的交换关系,二者价值大体一致,若债务人的履行费用(向债权人作出对待给付的代价)显著高于债务人提供的对待给付的价值,则可以认为债务人承受了过重的履行负担,所以应当予以适当保护。②[批注11] 而此时债权人又得以请求替代给付的损害赔偿来弥补自己的损失,既能保护自己的利益,又不会使得债务人承受过重的负担。因此,本文亦认同第二种观点,即判断履行费用是否过高应该比较债务人的履行费用与债权人的履行收益。

[批注11]
精准。

在确定履行费用过高的判断标准后,下一个应确定的就是履行费用的范围。有学者认为,本案中债务人的履行费用仅包括双方当事人到不动产登记机构登记的费用,所以履行成本很低。③ 但是我国司法机关认为,履行费用不止包括单纯的实施履约行为所需要的费用,还包括履约后对义务人的不利影响,例如需要解除其他合同、付出时间或劳务等。④ 此外,德国学理上,履行费用也包含了对债务人的不利益。⑤ 本文认为,将履行费用的范围仅限定于主给付义务本身与该规定的规范目的相悖,所以应采取后两种观点,即应包含债务人因履行债务而产

---

① 参见韩世远:《合同法总论》(第4版),法律出版社2018年版,第771页。
② 参见朱广新、谢鸿飞主编:《民法典评注·合同编·通则》(第2册),中国法制出版社2020年版,第341页。
③ 参见孙良国:《违约方的合同解除权及其界限》,载《当代法学》2016年第5期。
④ 参见最高人民法院民法典贯彻实施工作领导小组主编:《中华人民共和国民法典合同编理解与适用》(第2册),人民法院出版社2020年版,第739页。
⑤ 参见冀放:《给付不能之履行费用过高问题探析》,载《政法论坛》2016年第6期。

> [批注 12]
> 将履行费用扩张至对债务人的不利益,是本文论证得以成立的前提。

<u>生的不利益,适度放宽履行费用的范围</u>[批注12],但是也应以因果关系与可预见性的标准来限制履行费用的范围,避免该条适用范围的过度泛化。

此外,还有学者指出,实际履行排除规则的适用对象仅为尚未履行的义务,若不利局面是由已经履行的义务所造成,则超出了该规则的调整范围,而本案中的不利局面是由于甲公司已履行的交付义务而导致的,故无法以该规则解决问题。① 其论证逻辑在于,先假设通过债务免除排除了甲公司所有权移转义务的影响,再说明所有权移转义务无法化解合同僵局,进而论证合同僵局是由已履行交付义务导致的。但本文认为,该不利局面并非甲公司已履行交付义务导致的,而是甲公司未履行所有权移转义务导致的。若依上述学者之逻辑,假设乙免除了甲公司移转所有权的义务,那么根本不会产生合同僵局的问题。因为在此情况下,甲公司与乙之间签订的合同就不再属于买卖合同了,而更应该被定性为不定期的租赁合同。如此一来,甲公司通过《民法典》第730条之规定即可解除合同,何来合同僵局?反之,若假设甲公司已全面履行了合同,那么虽然此时仍然会出现甲公司欲改造商场而不能的情形,但该问题已然不再是合同法上的问题了。此时合同上已然不存在所谓的僵局,因为合同已履行完毕,此处的不利局面仅仅是事实层面上的,双方应该以其他手段解决该问题,包括合理的回购、协商等。由此可见,该合同上的不利局面是甲公司没有履行的义务导致的,而非已履行的义务导致的,因此本案还是可以落入实际履行排除规则的适用范围。

在本案中,债务人甲公司的履行费用包括变更商铺所有权的费用和剩余6万平方米商铺无法进行继续改造的费用。质

---

① 参见刘凝:《强制售卖与合同僵局化解——评"新宇公司诉冯玉梅商铺买卖合同纠纷案"》,载《财经法学》2022年第2期。

疑观点认为,只要甲公司不断进行改造,就能增加闲置部分的经济成本,人为地使得履行费用过高,这与履行费用过高的制度本意显然有所背离。① 但问题在于,只要履行费用对债权人而言可预见,那么其就有机会在履行费用过高前主动行使自己的权利,请求债务人履行合同。既然债权人自己放任可预见的费用逐步增加,那么让债权人承担请求权被履行费用过高规则抗辩的风险,对债权人来说也不应当是一种苛责。^[批注13]乙在甲公司改造之初就得知商场要全面改造,但一直未主张自己的债权,此时将履行费用扩张至甲公司无法继续进行改造的费用是合理的。另外,因为乙的商铺已经丧失了经商环境,无法继续营业,所以乙的履行收益就仅限于商铺所有权本身。二者相较,债务人的履行费用显著高于债权人的履行收益,属于履行费用过高。因此,甲公司可以履行费用过高为由,主张其登记义务已不能继续履行。

[批注13]
是否与守约方的减损义务(《民法典》第591条)的法理相近?

③不能履行该债务是否会导致合同目的不能实现

合同目的不能实现的表述首见于法定解除权之中,在讨论法定解除权中合同目的不能实现的标准时,学界存在两种认知:一方面是从"目的"的语义出发,先定义合同目的的内涵,从客观目的(典型交易目的)与主观目的(动机)两方面来确定合同目的,进而说明什么情形属于不能实现合同目的②;另一方面则是以制度目的与立法史为观察视角,直接将"合同目的不能实现"作为最小分析单位,审视合同目的不能实现的含义,而不对合同目的本身进行定义,并认为我国所说的合同目的不能实现与根本违约一致,是在判断是否剥夺了债权人的履行利益。③

---

① 参见刘凝:《强制售卖与合同僵局化解——评"新宇公司诉冯玉梅商铺买卖合同纠纷案"》,载《财经法学》2022年第2期。
② 参见崔建远:《论合同目的及其不能实现》,载《吉林大学社会科学学报》2015年第3期。
③ 参见赵文杰:《〈合同法〉第94条(法定解除)评注》,载《法学家》2019年第4期。

本文认为,基于立法目的的考量以及司法实践中对合同目的不能实现的认定标准①,采取第二种观点作为认定法定解除权中合同目的不能实现的标准较为妥适。而基于保持《民法典》的体系性与用语的一贯性,在《民法典》第580条第2款中也应采纳此标准判断合同目的能否实现。

在本案中,甲公司无法继续履行合同的行为会使得乙无从取得商铺所有权,也不能再获取经营利益,造成了严重的违约后果,实际上剥夺了乙的履行利益。因此可以认为,甲公司不能继续履行合同导致了合同目的不能实现。

④当事人是否向法定机关提出了申请

首先需要确定的是,此处谁才是能够提出申请的适格当事人。从文义上来看,此处的当事人应能涵盖合同中任意一方当事人。但是本文认为,此处的当事人应仅包含违约方。第一,在守约方行使解除权的情况下,合同仅凭单方意思即可被解除,但在司法解除的情况下,合同能否被解除应当由司法机关决定。法定解除权制度已能够使守约方得到高强度的、完备的保护,没有必要再允许守约方申请司法解除。第二,法律规定了除斥期间以限制守约方的解除权,也即法律认为在除斥期间届满后,如果守约方还未行使解除权,基于维护法律关系稳定状态的考量,此时不应再认为守约方值得被保护。而若允许守约方申请司法解除合同,则会架空除斥期间的规定,令已丧失解除权的当事人再通过司法解除的方式达到解除合同的目的。[批注14]因此可以认为,《民法典》第580条第2款请求司法解除的主体仅限违约方。本案中,甲公司是违约方,属于申请司法解除的适格当事人,并且已通过起诉的方式提出解除合同的申请。

[批注14] 有能力从制度体系中寻找论证理由,是教义学功底扎实的体现。

---

① 参见最高人民法院民法典贯彻实施工作领导小组主编:《中华人民共和国民法典合同编理解与适用》(第1册),人民法院出版社2020年版,第639页。

因为甲公司符合申请司法解除合同的条件,所以只要法院作出解除合同的判决,乙与甲公司之间的商铺买卖合同即解除。关于该合同的解除时间,若按照《民法典》565 条第 2 款的规定,该合同因自起诉状副本送达对方时解除。但是应该注意到的是,该规定在之前主要是针对守约方法定解除权的行使而设计的,法院的作用只是对其解除权行使是否成功的确认,即法院作出的裁判系确认判决。而在《民法典》第 580 条第 2 款规定的司法解除情形,法院的功能是要判决是否消灭对待给付义务并且解除合同,其裁判实际上是形成判决,所以合同解除的时间应是判决生效的时间。[1]

(3)甲公司能否依据《民法典》第 533 条第 1 款向法院申请解除合同

首先需说明的是,因为《民法典》第 580 条第 2 款已经可以解决甲公司与乙之间的合同问题,所以已无必要再审查仅具补充性的情势变更规则。但是有学者明确指出,本案可以使用情势变更规则予以处理,进而否认违约方解除制度进入《民法典》的正当性。[2] 所以本文在此特别对情势变更规则予以审查,并明确其与《民法典》第 580 条第 2 款之间的关系。

根据《民法典》第 533 条第 1 款之规定,合同成立后,合同基础条件发生了当事人在订立合同时无法预见、不属于商业风险的重大变化,继续履行会对当事人一方明显不公平的,该方当事人可以与对方协商,若协商不成还可请求法院或仲裁机构变更或解除合同。所谓情势变更,即当事人无法预见且不属于商业风险的重大变化,并且该变化必须是发生在合同基础或环境之上的客观异常变动。[3] 本案中,甲公司与乙订立商铺买卖合同的基础在于商场可以正常营业,而现在商场停业确属合同基础或环境的客观变化,但是该变化并非不可预见,并且应属于商业风险。关于该变化的可预见性,本文已在不可抗力部分进行论述,在此不再赘述,仅对商业风险与情势变更的区分进行说明。根据最高人民法院发布的《关于当前形势下审理民商事合同纠纷案件若干问题的指导意见》(2009)第 3 条之规定,情势变更与商

---

[1] 参见石佳友、刘欢、曾佳:《〈民法典〉合同编司法解释规则的优化与完善——"〈民法典合同编司法解释(草案)〉学术研讨会"综述》,载《法律适用》2021 年第 12 期。
[2] 参见韩世远:《合同法的现代化:为何及如何》,载《法治研究》2019 年第 6 期。
[3] 参见韩世远:《合同法总论》(第 4 版),法律出版社 2018 年版,第 504 页。

业风险的区别主要为二者的性质与可预见性不同。① 就性质而言,情势变更属于意外风险,而商业风险属于从事商业活动的固有风险。就可预见性而言,情势变更不可预见,但商业风险可以预见。本案中,商场因经营失败而停业属于商业活动中固有的投资风险。故甲公司无法以情势变更为由向法院申请解除合同。

由以上论述可以看出,情势变更规则与违约方解除规则的适用范围不同,前者主要针对的是不可预见、不属于商业风险的重大变化,而后者却是针对可预见的、属于商业风险的变化。另外,如果细致比较二者的构成要件与法律效果,就会发现二者存在明显的差异。首先,情势变更规则已不考虑合同目的是否落空,只须考虑继续履行是否会对当事人一方明显不公平,但违约方解除规则却是只要求合同目的不能实现,而无明显不公平的要件。其次,情势变更规则的前提是合同履行尚存可能,而违约方解除规则却以合同不能履行为前提。由此可见,前者仅指向重大变化不影响合同目的的履行艰难,但无法处理导致合同目的不达的其他履行障碍②,而后者则是指向履行不能导致合同目的不能实现的情形。<mark>再次,判断履行是否艰难的标准为债务人的履行成本与自己的收益</mark>[批注15],而判断履行费用过高的标准则是比较债务人的履行成本与债权人的履行收益,即两项规则的判断标准也不同。③ 复次,情势变更规则要求重大变化出现在合同订立后且履行完毕前,但是履行不能却可以是自始不能,即

[批注15]
上文梳理的认定履行费用是否过高的第一种观点与此相同,在上文明确提及二者的对比更好,可首尾呼应。

---

① 最高人民法院印发《关于当前形势下审理民商事合同纠纷案件若干问题的指导意见》的通知(法发〔2009〕40号)第3条:"人民法院要合理区分情势变更与商业风险。商业风险属于从事商业活动的固有风险,诸如尚未达到异常变动程度的供求关系变化、价格涨跌等。情势变更是当事人在缔约时无法预见的非市场系统固有的风险。人民法院在判断某种重大客观变化是否属于情势变更时,应当注意衡量风险类型是否属于社会一般观念上的事先无法预见、风险程度是否远远超出正常人的合理预期、风险是否可以防范和控制、交易性质是否属于通常的'高风险高收益'范围等因素,并结合市场的具体情况,在个案中识别情势变更和商业风险。"
② 参见徐冰:《情势变更原则的具体化构建——规范审判权行使视角下〈民法典〉第533条的准确适用》,载《法律适用》2022年第2期。
③ 参见冀放:《给付不能之履行费用过高问题探析》,载《政法论坛》2016年第6期。

履行不能的情形可出现在合同订立之前。最后，在适用情势变更规则时，法院应尽量通过变更合同平衡当事人利益，解除制度应在最后予以适用，但在适用违约方解除制度时，法院只能考虑是否解除合同，而不能直接变更合同。当然，法效果上的不同还是因为二者处理的情形不同导致的，毕竟<mark>履行不能会直接导致义务的消灭</mark>[批注16]，无变更合同的适用空间。因此，本文认为违约方解除规则与情势变更规则在底层逻辑、适用情形、构成要件与法律效果上均有不同，并不存在竞合的情况。

综合上述，甲公司基于《民法典》第566条第1款第2分句对乙的恢复原状请求权成立。

（二）请求权是否消灭

不存在权利已消灭的抗辩，请求权未消灭。

（三）请求权可否行使

乙享有基于价款返还与违约损害赔偿请求权的同时履行抗辩权。

（四）小结

甲公司可以依据《民法典》第566条第1款第2分句向乙请求返还商铺，但乙享有基于价款返还与违约损害赔偿请求权的同时履行抗辩权。

二、甲公司能否依据《民法典》第985条主文向乙请求返还商铺占有[批注17]

虽然甲公司的完整诉求为解除合同并返还商铺占有，但是实际上其最终目的只是为了让乙归还占有。而不当得利制度或可在此种情形下达到同样的目的①，故本文在此特对甲公司

[批注16]
下文不当得利请求权部分的论证，以给付不能产生永久抗辩权为论证前提，这里则认为给付不能导致义务消灭，需要明确说明给付不能的法律效果。

[批注17]
以不当得利请求权作为返还依据，论证难度很高，但本文较有说服力地呈现了这种可能。这也是请求权基础检视方法在思路上的提示功能之一。依序依步检视，并非简单的套路，也是一个个可能方案的提示，提示分析者不要遗漏可能的要点。

---

① 参见朱庆育主编：《中国民法典评注·条文选注》（第2册），中国民主法制出版社2021年版，第178页。

的不当得利请求权进行审查。

(一) 请求权是否成立

根据《民法典》第985条主文的规定,得利人没有法律上原因而取得利益的,受损失的人可以请求得利人返还取得的利益。但对于如何判断是否存在法律上原因,则存在不同见解,分别为统一说与非统一说。而采何种观点,又会影响到不当得利请求权构成要件的具体安排,因此需要予以确定。

统一说认为,所谓无法律上原因应有统一的意义,得对任何情形的不当得利作统一的说明,但对何谓法律上之原因,又存公平说、债权说、正法说和权利说等各观点。[1] 而在1934年,瓦尔特·维尔伯格(Walter Wilburg)开始倡导非统一说,将不当得利区分为给付型不当得利与非给付型不当得利,分别探求财产变动是否有法律上之原因。[2] 随后恩斯特·冯·克默雷尔(Ernst von Caemmerer)又在维尔伯格的基础上创立了不当得利类型化理论,除细化了给付型不当得利的规则外,又将非给付型不当得利划分为权益侵害型不当得利、费用求偿型不当得利和追索型不当得利。[3] 虽然我国《民法典》并未明确区分给付型不当得利与非给付型不当得利,但是《民法典》第985条规定的三项排除不当得利适用的情形均针对给付型不当得利,由此可见,采非统一说的解释模式与《民法典》并不相悖。[4] 此外,学界与最高人民法院也更倾向于非统一说[5],认为采纳非统一说有利于法律的准确适用[6],本文亦从之。

本案中,乙与甲公司之间存在给付关系,双方可能构成给付型不当得利。虽然依照《民法典》第985条主文的规定,不当得利请求权的构成要件为得利人获益、无法律上原因与致他人受损,但是在区分不当得利类型的前提下,相应的构成要件也应当依类型而加以认定。首先,在给付型不当得利中,得利人获利实际上是自他方

---

[1] 参见黄立:《民法债编总论》,中国政法大学出版社2002年版,第190页。
[2] 参见王泽鉴:《不当得利》(第二版),北京大学出版社2015年版,第12页。
[3] 参见刘言浩:《不当得利法的形成与展开》,法律出版社2013年版,第99页。
[4] 参见李永军主编:《民法学教程》,中国政法大学出版社2021年版,第499页。
[5] 参见赵文杰:《给付不当得利返还之客观原因说批判——以德国的理论与实践为借鉴》,载陈小君主编:《私法研究》(第18卷),法律出版社2015年版,第261页;最高人民法院民法典贯彻实施工作领导小组主编:《中华人民共和国民法典合同编理解与适用》(第4册),人民法院出版社2020年版,第2799—2800页。
[6] 参见朱广新、谢鸿飞主编:《民法典评注·合同编·典型合同与准合同》(第4册),中国法制出版社2020年版,第626页。

所受领的给付，所以关于得利人获益的要件，需要限定于因给付而受有的利益。其次，在致人损害的要件上，一方当事人因他方为给付而受利益，即为他方损害，换言之，只要能证明得利人因给付而得利，那么就能推定符合该要件。① 再次，在因果关系的认定方面，基于维护当事人间因给付而生之特别关系，分配合理的风险以及明确当事人的考量，应以给付关系替代因果关系的认定。② 最后，由于给付目的是给付行为的法律上原因，故是否无法律上原因应考察该给付行为是否欠缺目的。因此，给付型不当得利请求权的成立要件当为：一方当事人基于给付而受利益、当事人间具有给付关系[批注18]以及给付欠缺目的[批注19]。

　　1. 乙是否基于给付而受利益

　　所谓给付，是指基于特定目的而有意识地使他人财产获得增益的行为。本案中，甲公司曾为履行自己的债务而交付商铺给乙，即乙基于给付而获得商铺的占有。

　　2. 当事人之间是否存在给付关系

　　乙与甲公司之间因交付行为而存在给付关系。

　　3. 是否欠缺给付目的

　　所谓给付目的是指债务人为给付行为的动机，但并非所有的动机都能成为此处的给付目的，仅法律上认可的动机才具有意义，得以成为给付目的。通常而言，典型的给付目的有清偿原因、赠与原因、设债原因与目的性给付。③ 本案中，甲公司虽然已交付商铺，但此后又因给付不能获得了永久性的拒绝履行抗辩权，能够永久排除自己的给付义务，或可认为是欠缺给付

[批注18]
　　"基于给付而受益"与"当事人间具有给付关系"两项要件实为同义反复，可改为"一方当事人受益"与"因给付而得利"两项要件。

[批注19]
　　此处对应的德文术语是"Zweckverfehlung"，译为"目的落空"更好。准确而言，并非给付欠缺目的，而是给付目的的落空。

---

① 参见王泽鉴：《不当得利》（第二版），北京大学出版社2015年版，第35页。
② 参见王泽鉴：《不当得利》（第二版），北京大学出版社2015年版，第41页。
③ 参见〔德〕汉斯·约瑟夫·威灵：《德国不当得利法（第4版）》，薛启明译，中国法制出版社2021年版，第16—17页。

[批注20]
1. 从债务人甲公司享有永久抗辩权的角度,论证其给付目的落空,切入点非常精妙。
2. 但需要明确的是,甲公司给付不能,产生的法律效果是其原给付义务消灭,还是产生永久抗辩权?

目的。[批注20]该给付目的具体言之应为清偿原因,即甲公司交付该商铺是为了清偿自己的债务。对于此种情形,《民法典》中并未予以明确规定,但可参考比较法。根据《德国民法典》第813条第1款的规定,若债务人有永久性抗辩权,那么以履行债务为目的而给付的一切均可被请求返还。① 并且《大清民律草案》与《民国民律草案》也曾借鉴过该规定。② 在我国台湾地区,虽然也无明文规定该种情形的处理方法,但亦有学者认为,若债务人有永久性抗辩权,则可解释为无给付义务,也即其给付得构成不当得利。③ 该条规则在德国虽然被规定为独立的给付型不当得利的事实构成,但实际上只是非债清偿型得利的扩展与补充。④ 是故本文认为,亦不妨将此类型在解释上纳入《民法典》非债清偿型不当得利之中。

此处需要特别注意的是,本案中甲公司的履行不能抗辩直接指向的仅是所有权移转义务,即甲公司的履行不能实际上是部分不能,而部分不能原则上仅能使得该部分的给付义务消灭,至于另一部分的给付义务,还要单独进行判断。⑤ 但就买卖合同中出卖人的两项主给付义务而言,虽然二者是相互独立的,但是只有二者均已完成之后,债权人才能享有全部的利益,实现合同目的。在此情形下,虽然一部分的履行尚属可能,但是因其对合同目的的实现已无帮助,所以在法律上也应令其处于"不能"的状态,从整体上对待两个紧密联系的义务。此种处理模式在德国法上被称为准全部不

---

① 参见《德国民法典》(第5版),陈卫佐译,法律出版社2020年版,第378—379页。
② 《大清民律草案》第930条第1款:"因清偿债务而为给付者,若有永久可排斥债权人请求权之抗辩,得请求归还其给付。但消灭时效之抗辩,不在此限。"《民国民律草案》第274条第1款:"因清偿债务而为给付者,若有永远可排斥债权人请求权之抗辩,得请求返还其给付。但消灭时效之抗辩,不在此限。"《大清民律草案·民国民律草案》,杨立新点校,吉林人民出版社2002年版,第121、238页。
③ 参见史尚宽:《债法总论》,中国政法大学出版社2000年版,第84—85页。
④ 参见杜景林、卢谌:《德国民法典全条文注释》(上册),中国政法大学出版社2015年版,第662页。
⑤ 参见姚志明:《债务不履行之研究(一)——给付不能、给付迟延与拒绝给付》,元照出版有限公司2003年版,第124页。

能(Quasi-Vollunmöglichkeit),长期处于通说地位。① 本文认为,从出卖人两项主义务之间的关系来看,确应如此整体处理部分不能与全部不能,其中一项主给付不能即为整体不能。[批注21]

[批注21]
买卖合同之出卖人的两项主给付义务(交付与移转所有权),其中一项陷于不能,即可认定为全部不能。

如上文所述,甲公司不能履行所有权移转的义务已然令合同目的不能实现,即使其已经交付了商铺,乙现在也不能使用该商铺。因而,甲公司的交付实际上并无意义,应准用履行不能的规定。甲公司之前虽已交付商铺,但因其并不需要再负担交付义务,甲公司交付商铺的行为不具备清偿原因,也即该行为嗣后欠缺给付目的。

(二)请求权是否消灭

不存在权利已消灭的抗辩,请求权未消灭。

(三)请求权可否行使

乙享有基于价款返还与违约损害赔偿请求权的同时履行抗辩权。

(四)小结

甲公司可以基于《民法典》第985条主文向乙主张不当得利请求权,请求其返还对商铺的占有,但乙享有基于价款返还与违约损害赔偿请求权的同时履行抗辩权。

三、结论

甲公司既可依据《民法典》第566条第1款第2分句向乙主张解除后的恢复原状请求权,请求乙返还商铺占有,也可基于《民法典》第985条主文向乙主张不当得利返还请求权,实现令乙返还商铺占有的目的,但乙享有基于价款返还与违约损害赔偿请求权的同时履行抗辩权。

---

① 参见谢德良:《〈民法典〉第580条第2款之证成——以部分不能为切入点》,载《南大法学》2022年第2期。

案例五：画家村案

◇ 案情介绍

北京市通州区宋庄镇辛店村因自20世纪90年代以来大批画家的迁入，已成为享誉四方的"当代艺术画家村"。甲原本是辛店村农民，1998年转为城镇居民。系争房屋是甲父（2000年9月去世）继承之祖产，1993年当地土地管理部门向甲父核发系争房屋所在院落之《集体土地建设用地使用证》，确认甲父为该宅院之土地使用权人。2002年7月1日，甲与画家乙（城镇居民）签订《买卖房协议书》，将系争房屋及院落以4.5万元的价格卖与乙。北京市通州区宋庄镇辛店村民委员会在系争房屋所在院落之《集体土地建设用地使用证》变更记事一栏中记载"甲于2002年7月1日将上房五间、厢房三间出售给乙使用"。合同签订后，乙支付给甲房款4.5万元，甲将房屋及《集体土地建设用地使用证》交付乙。乙入住后对原有房屋进行了装修，并于2003年10月经北京市通州区宋庄镇辛店村村民委员会批准新建西厢房三间。

2022年5月，甲向法院起诉请求确认甲与乙所签订的房屋买卖合同无效，要求乙返还房屋。乙辩称：双方签订的房屋买卖协议合法有效；而且甲也是城镇居民户口，也无权使用通州区宋庄镇辛店村的宅基地，无权要求退还房屋；此外，甲的起诉已超过诉讼时效。在该案审理过程中，乙又就损害赔偿问题向法院提起反诉，要求甲赔偿自己所遭受的损失。①

问题：在适用《民法典》及其相关规定②的前提下：

---

① 案情改编自北京市通州区人民法院民事判决书（2007）通民初字第1031号、北京市第二中级人民法院民事判决书（2007）二中民终字第13692号、北京市通州区人民法院民事判决书（2008）通民初字第02041号、北京市第二中级人民法院民事判决书（2009）二中民终字第00769号。
② 需要说明的是，依据最高人民法院《时间效力规定》（2020）的有关规定，本案所涉及的房屋买卖合同纠纷应适用原《合同法》（1999）。但为实现案例报告的实践意义和现实价值，本文拟以包括《民法典》在内的现行有效的法律法规及相关司法解释作为实证法律依据进行分析。

1. 甲得向乙提出何种请求？
2. 乙得向甲提出何种请求？

◇ 案情提要

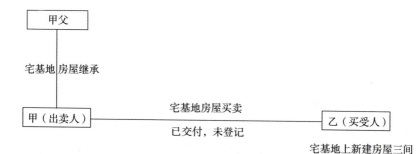

1993 年	土地管理部门向甲父核发《集体土地建设用地使用证》
1998 年	甲转变为城镇居民
2000 年 9 月	甲父去世
2002 年 7 月 1 日	甲乙签订买卖合同，乙支付房款，甲交付房屋及权证
2003 年 10 月	乙经村委会批准新建西厢房三间
2022 年 5 月	甲起诉请求确认买卖合同无效，乙提起反诉

◇ 解题大纲

一、甲对乙的请求权 ··· 120
 （一）甲对乙的原有房屋返还请求权 ································ 120
  1. 基于《民法典》第 566 条第 1 款的合同解除返还请求权 ······ 120
   （1）请求权是否成立 ·· 120
    ①合同有效成立 ·· 120
     A. 是否违反法律、行政法规中的效力性强制性规定 ······ 120
     B. 是否违背公序良俗 ·· 123
     C. "房地一体处分规则"下的效力关联 ···················· 124
    ②存在意定或法定的合同解除事由 ·························· 125

案例五：画家村案 117

    A."违约方申请解除权"? ·· 125
    B.法律上的履行不能? ·· 125
     a)"房地一体处分规则"与宅基地上房屋的转让 ········· 125
     b)宅基地上房屋的继承与土地权利的取得 ················ 131
  (2)中间结论 ··· 132
 2.基于《民法典》第235条的物权返还请求权 ································ 133
  (1)请求权是否成立 ·· 133
   ①甲的所有权人地位 ·· 133
   ②乙的占有 ··· 133
   ③乙的占有本权(权利未发生的抗辩) ······································ 133
  (2)中间结论 ··· 133
 3.基于《民法典》第985条的给付不当得利返还请求权 ··············· 133
 4.小结 ·· 134
(二)甲对乙的宅基地租金支付(或用益利益返还)请求权 ············ 134
 1.基于《民法典》第721条的租赁合同租金给付请求权 ············· 134
  (1)请求权是否成立 ·· 134
   ①租赁合同有效成立 ·· 135
  (2)中间结论 ··· 135
 2.基于《民法典》第122条的权益侵害不当得利返还请求权 ····· 135
  (1)请求权是否成立 ·· 135
   ①乙取得财产利益 ··· 135
  (2)中间结论 ··· 136
 3.小结 ·· 136
(三)甲对乙的新建房屋返还请求权 ·· 136
 1.基于《民法典》第980条的无因管理利益返还请求权 ············· 136
 2.基于《民法典》第235条的物权返还请求权 ····························· 137
  (1)请求权是否成立 ·· 137
   ①甲的所有权人地位 ·· 137

                A. 新建房屋的规范性质 …………………………………… 138
                B. 添附规则的具体适用 …………………………………… 139
                    a）附合于原有房屋 ……………………………………… 139
                    b）附合于土地 ………………………………………… 139
            2) 中间结论 …………………………………………………… 142
        3. 基于《民法典》第 122 条的权益侵害不当得利返还请求权 …… 142
            (1) 请求权是否成立 …………………………………………… 142
                ①乙取得财产利益 ……………………………………… 142
                ②该财产利益应归属于甲 ……………………………… 142
            (2) 中间结论 …………………………………………………… 142
        4. 小结 ………………………………………………………………… 143
二、乙对甲的请求权 ……………………………………………………………… 143
    (一) 乙对甲的协助办理原有房屋所有权移转登记的请求权 …………… 143
        1. 基于《民法典》第 598 条的买卖合同所有权移转请求权 ……… 143
            (1) 请求权是否成立 …………………………………………… 143
                ①买卖合同有效成立 …………………………………… 143
                ②所有权移转债务已届清偿期 ………………………… 143
            (2) 请求权是否消灭 …………………………………………… 144
            (3) 请求权可否行使 …………………………………………… 144
            (4) 中间结论 …………………………………………………… 146
        2. 小结 ………………………………………………………………… 146
    (二) 乙对甲的买卖合同违约损害赔偿请求权 …………………………… 146
        1. 基于《民法典》第 583 条的违约损害赔偿请求权 ……………… 146
            (1) 请求权是否成立 …………………………………………… 147
                ①合同有效成立 ………………………………………… 147
                ②存在给付迟延 ………………………………………… 147
                ③甲应为给付障碍负责（可归责性）………………… 148
                ④违约损害赔偿请求权的责任范围 …………………… 148

（2）请求权是否消灭 …………………………………………… 148
　　（3）请求权可否行使 …………………………………………… 149
　　（4）中间结论 …………………………………………………… 149
　2. 小结 ……………………………………………………………… 149
三、结论 ……………………………………………………………………… 149
　（一）甲对乙的请求权 …………………………………………………… 149
　（二）乙对甲的请求权 …………………………………………………… 149

一、甲对乙的请求权[批注1]

[批注1] 正式的分析之前增加一段总括性的思路介绍更好。

(一) 甲对乙的原有房屋返还请求权

甲与乙之间签订有房屋买卖合同,原有房屋为买卖合同标的。因房屋未办理所有权移转登记,故欲探究甲对乙的原有房屋(占有)返还请求权,须首先探明甲与乙之间买卖合同的效力,及是否存在违约、解除等产生派生合同请求权的情形。

1. 基于《民法典》第 566 条第 1 款的合同解除返还请求权

(1) 请求权是否成立

若该请求权成立,则须满足如下要件:①合同有效成立;②存在意定或法定的合同解除事由;③当事人可行使解除权。在本案中,若买卖合同有效成立,因未履行合同义务(移转原有房屋所有权)的违约方为甲,故其欲通过解除买卖合同请求乙返还房屋的占有,只可能依据《民法典》第 580 条第 2 款的新增规范。

①合同有效成立

A. 是否违反法律、行政法规中的效力性强制性规定

《民法典》第 153 条第 1 款规定:"违反法律、行政法规的强制性规定的民事法律行为无效。但是,该强制性规定不导致该民事法律行为无效的除外。"对于宅基地上房屋买卖合同的效力,须首先检视是否违反法律、行政法规的效力性强制性规定。必须首先说明的是,无论采取何种物权变动理论、是否承认物权行为,宅基地上的房屋买卖均存在债权效力与物权效力的二分;《民法典》第 215 条为该"区分原则"提供了直接的法律依据。① 在检索和分析相关效力性强制性规定时,须特别注意区

---

① 参见王利明:《论债权形式主义下的区分原则——以〈民法典〉第 215 条为中心》,载《清华法学》2022 年第 3 期;王轶:《区分原则:区分什么?》,载《东方法学》2022 年第 4 期。

分合同的效力及物权变动的效力,判断强制性规范的效力射程。

在我国,并没有直接涉及宅基地上房屋买卖效力的法律和行政法规,但存在与宅基地使用权转让效力相关的法律和行政法规,主要是《土地管理法》(2019)与《土地管理法实施条例》(2021)。其中,直接与宅基地相关的法条主要为《土地管理法》(2019)第62条及第82条。若要建立起宅基地使用权转让与宅基地上房屋买卖的效力关联,还须借助于"房地一体"的相关规范,对该规范的法律依据与具体适用的讨论,留待后述。

《土地管理法》(2019)第62条第1款规定:"农村村民一户只能拥有一处宅基地";第4款规定:"农村村民住宅用地由乡(镇)人民政府审核批准"。以上规定确认了宅基地使用权的"资格权"属性,即仅有农村村民享有申请分配宅基地的法律资格及权力(power)。① 但这是否意味着在宅基地使用权的取得外,对于宅基地使用权的转让也须以相关主体具有特定的身份(农村村民身份、乃至于本集体经济组织成员身份)为前提,并非没有疑问。

《土地管理法》(2019)第62条第5款规定,"农村村民出卖、出租、赠与住宅后,再申请宅基地的,不予批准",似乎明确否定了对于宅基地转让的主体身份限制。当然,若存在其他的效力性强制性规范对宅基地转让进行了明确的身份限制,则可以认为该款规定存在法律上的漏洞,可以通过增加"身份限制条件"的方式进行目的性限缩解释。对于该限缩解释,可能的规范来源是《土地管理法》(2019)第82条。

《土地管理法》(2019)第82条规定:"擅自将农民集体所有的土地通过出让、转让使用权或者出租等方式用于非农业建设,或者违反本法规定,将集体经营性建设用地通过出让、出租等方式交由单位或者个人使用的,由县级以上人民政府自然资源主管部门责令限期改正,没收违法所得,并处罚款。"本条既是行政机关作出"责令限期改正"这一行政行为的法律依据,也是对相关法律行为效力的禁止性规定。② 该条由两个效力性强制性规定构成,前半句规制的行为是"擅自将农民集体所有的土地通过出让、转让使用权或者出租等方式用于非农业建设";后半句规制的行为

---

① 参见张永健:《农村耕地的产权结构——成员权、三权分置的反思》,载《南大法学》2020年第1期。
② 责令改正作为行政命令的一种,包含了对相应的民事行为具有违法性的否定评价。参见王贵松:《论行政处罚的制裁性》,载《法商研究》2020年第6期。

是"将集体经营性建设用地通过出让、出租等方式交由单位或者个人使用"。因宅基地不属于"经营性建设用地",故后半句的强制性规范不应适用于宅基地使用权转让。对于前半句的强制性规范,由"用于非农业建设"可推知,该规范的目的为加强土地用途管制、限制农用地转为建设用地。① 对于本身即为建设用地的宅基地而言,其使用权主体的变更并不影响宅基地本身"用于非农业建设"的性质,故可以认为该条前半句的强制性规范也不应适用于宅基地使用权转让。

综上所述,宅基地上房屋的买卖与宅基地使用权的转让,并不直接违反法律、行政法规中的效力性强制性规定。

值得注意的是,虽然在法律、行政法规的规范文件层级不存在对宅基地上房屋买卖与宅基地使用权转让的禁止性规定,但是一些具有"软法"性质②的政策性文件却明确指出:宅基地只能分配给本村村民,禁止城镇居民到农村购买宅基地和房屋,宅基地使用权只能转让给无宅基地或面积未达到标准的本集体成员。③ 这些政策性文件没有上位的法律法规依据、不属于对上位法律法规的细化,虽不能直接否定民事法律行为的效力,但对登记机关的宅基地使用权登记和房屋所有权登记行为产生了一定的影响,登记机关可依循此类政策文件的指引拒绝为城镇居民在农村购买或违法建造的住宅办理相关产权登记,从而导致登记生效制下的宅基地上房屋的所有权无法移转、登记对抗制下的宅基地使用权④发生"不完全的移转"。但此类"软法"的实施违反了行政法上的法律保留原则,行政机关拒绝登记的不作为行政行为必须有立法机关制定的(狭义)法律或(狭义)法律授权下的行政立法作为

---

① 参见戴孟勇:《城镇居民购买农村房屋纠纷的司法规制》,载《清华法学》2009年第5期。
② 软法即效力结构未必完整、无须依靠国家强制保障实施但能够产生社会实效、对当事人没有直接的法律约束力的规范,公共政策即其重要的一类。参见江必新:《论软法效力:兼论法律效力之本源》,载《中外法学》2011年第6期。
③ 如《国务院办公厅关于加强土地转让管理严禁炒卖土地的通知》(1999)、《国务院关于深化改革严格土地管理的决定》(2004)、《国务院办公厅关于严格执行有关农村集体建设用地法律和政策的通知》(2007)、原《国土资源部关于加强农村宅基地管理的意见》(2004)、原《国土资源部关于进一步加快宅基地使用权登记发证工作的通知》(2008)等。
④ 《民法典》第365条规定:"已经登记的宅基地使用权转让或者消灭的,应当及时办理变更登记或者注销登记。"由该规定可推知宅基地使用权的转让采行登记对抗制。解释论上的反对观点参见高圣平:《宅基地制度改革与民法典物权编编纂——兼评〈民法典物权编(草案二次审议稿)〉》,载《法学评论》2019年第4期。

规范依据①，申请登记遭到拒绝的当事人可以得到相应的行政救济。可见，该类政策性"软法"不足以直接影响宅基地使用权转让和宅基地上房屋买卖合同的效力。[批注2]

[批注2]
在分析此类合同是否因违背公序良俗而无效后再引入登记问题，思路上可能更顺畅。

B. 是否违背公序良俗

《民法典》第153条第2款规定："违背公序良俗的民事法律行为无效。"该条款属于民法基本原则制定法化的概括条款。在适用概括条款时，法官没有提出一般规则的义务，只存在一个在具体构成要件上综合一切具体情事的裁量问题。② 本案所涉及的限制法律行为效力的公序良俗属于"基于公益的基本权利限制"，对于此类型的公序良俗，上述司法裁量的过程体现为在个案中对"公序良俗"所保护的公共利益与"意思自治"的私法价值进行权衡，由"目的正当性原则""妥当性（手段合目的）原则""必要性（损害私权最少）原则"和"狭义比例性（政策收益大于政策成本）原则"共同组成的比例原则是进行此类利益衡量的重要工具。③

在本案中，由《土地管理法》（2019）第62条第2款的规定可知，宅基地使用权所确立的"公共秩序"下的"公共利益"为"保障农村村民实现户有所居"，上述"软法"性质的政策性文件也可以作为"公序良俗"下辅助确定"公共利益"的规范依据。

然而，面对比例原则中"必要性（损害私权最少）原则"的检视，为实现"农村村民生存保障"的公共利益，否定处分宅基地使用权于非本集体经济组织成员的行为的效力即已足够，进一步否定对宅基地上房屋的买卖合同的效力，违反了"必要性

---

① 参见王贵松：《行政活动法律保留的结构变迁》，载《中国法学》2021年第1期。
② 参见于飞：《基本原则与概括条款的区分：我国诚实信用与公序良俗的解释论构造》，载《中国法学》2021年第4期。
③ 参见章程：《从基本权理论看法律行为之阻却生效要件——一个跨法域释义学的尝试》，载《法学研究》2019年第2期。

(损害私权最少)原则"。

此外,在"画家村房屋买卖案"的个案意义上,因"画家村"主要依靠外来的画家发展经济,[批注3]否定房屋买卖合同的效力,因难以通过无效法律行为的转换规则认定租赁合同或其他无名合同成立[批注4],将会对画家村当地的经济和民生产生重大的不利影响。在此意义上,否定房屋买卖合同的效力将造成除无法实现"农地流转放活"之经济效率外的重大利益损失,同样无法通过"狭义比例性(政策收益大于政策成本)原则"的检视。

综上所述,对于买受人为非集体经济组织成员的宅基地上房屋的买卖,至少在"画家村案"的个案意义上,《民法典》第153条第2款仅能否定对宅基地使用权的处分效力,房屋买卖合同并不因违背公序良俗而无效。但两者之间可能存在特定的效力关联,这有待于对"房地一体"规范进行具体的解释与适用。

C. "房地一体处分规则"下的效力关联[批注5]

在我国实证法上,"房地一体"规范主要由《民法典》第356、357和397条构成。无论是第356、357条调整的房地权利转让还是第397条调整的房地权利抵押,上述规范共同的调整对象均为对房地权利的处分行为。因此,对"房地一体"规范更为合适的定性应是"房地一体处分规则",即其只规范因房地权利单独处分产生的法定物权变动,对于在新建房屋等情形下的房地权利的原始取得,该规范并不当然地予以适用。在此意义上,房屋买卖合同与对宅基地使用权的处分并不能经由"房地一体处分规则"建立直接的效力关联[批注6],该规则仅可能建立对宅基地上房屋的处分与对宅基地使用权处分的效力关联。

综上所述,案涉房屋买卖合同有效成立。由案情可知,案涉房屋买卖合同亦不存在效力上的瑕疵。

〔批注3〕
关注个案的现实背景值得鼓励。

〔批注4〕
未经论证而直接得此论断可能需要再斟酌。

〔批注5〕
"房地一体"规范在负担行为层面是否有其法律意义?

〔批注6〕
规范解释层面,房屋买卖合同是否有可能因"房地一体"规范而连带产生在甲乙间成立宅基地使用权买卖合同的法律效果?

②存在意定或法定的合同解除事由

A."违约方申请解除权[批注7]"？

对于《民法典》第580条第2款的解释论立场，学界存在较大的分歧。部分学者认为该条款赋予了违约方在特定情形下的"合同申请解除权"，以化解合同在履行过程中形成的所谓"僵局"。当事人申请解除并不当然地引起合同权利义务关系的终止，仍需由法院或仲裁机构进行实质审查。① 另有学者从"合同目的不能实现"的教义学（体系）解释出发，对该条中的"当事人"作出与"合同法定解除权"条款相同的限缩性解释：即认为仅在合伙合同等利益同向型合同中，因当事人不履行合作义务致使共同的合同目的不能实现，才有从该款规范中解释出"违约方申请解除权"的可能。② 本案所涉之买卖合同等利益反向型合同原则上不适用该规定。囿于本文的篇幅和目的，本文无意对此展开讨论，但倾向于后者的解释立场。为求分析的全面性，本文拟沿着支持所谓"违约方申请解除权"的思路进行下文的讨论。

B. 法律上的履行不能？

"法律上不能履行"是适用《民法典》第580条第2款的法定情形之一。就本案情形而言，房屋买卖合同是否在法律上存在履行不能，仍有讨论的余地。这一问题的本质在于：对宅基地上房屋的处分是否仍有继续履行的可能，亦即前述"房地一体处分规则"是否对宅基地上房屋的转让产生了法定的限制，以及不具有集体经济组织成员身份的甲通过继承取得的土地权利能否支持其对宅基地上房屋的转让。下面将分别检视这两个问题。

a)"房地一体处分规则"与宅基地上房屋的转让

由《民法典》第356、357、397条可知，我国实证法上的"房

> [批注7]
> 如果在分析之前先拆解适用要件，论理会更有层次。

---

① 参见朱虎：《解除权的行使和行使效果》，载《比较法研究》2020年第5期。
② 参见武腾：《民法典实施背景下合同僵局的化解》，载《法学》2021年第3期。

地一体处分规则"仅适用于单独处分建设用地使用权或其上房屋的情形。《国务院关于开展农村承包土地的经营权和农民住房财产权抵押贷款试点的指导意见》(2015)、《农民住房财产权抵押贷款试点暂行办法》(2016)等政策性文件中所确定的宅基地"房地一体处分规则"应仅是类推适用上述实证法的法律续造,并不具有当然的规范效力。①

对于法律规范的类推适用,必须首先探明被类推之规范的规范目的。常鹏翱教授认为,《民法典》"房地一体处分规则"之规范目的有二:其一,有利于保持房屋的经济效用,防止因土地权利人请求房屋权利人拆房还地,导致房屋经济效用的损失;其二,有利于简化建设用地使用权的结构和层级,简化土地物权与房屋所有权的关系,便于界定权利和促进交易。② 本文对此颇为赞同。可以肯定的是,上述规范目的对宅基地使用权亦有适用必要,且宅基地使用权与建设用地使用权在此规范目的的评价(价值判断、利益衡量)上具有实质类似性。因此,"房地一体处分规则"也应类推适用于宅基地使用权。③

但是,需要特别注意的是,建设用地使用权"房地一体处分规则"实际由"房随地走(地走房走)""地随房走(房走地走)"两个子规则构成。宅基地使用权是否可以一体地类推适用"房随地走"与"地随房走",不无疑问。考虑到前述宅基地使用权的"生存保障功能","地随房走"规则的适用存在不当之处,在利益衡量的规范评价上与建设用地使用权的"地随房走"不具有类似性,故不应对该项规则进行类推适用。[批注8]然而,如上段

[批注8]
论证严谨。

---

① 参见高圣平:《农村宅基地制度:从管制、赋权到盘活》,载《农业经济问题》2019年第1期。
② 参见常鹏翱:《〈民法典〉"房随地走、地随房走"的规范要义》,载《中国高校社会科学》2021年第4期。
③ 以作为宅基地制度改革试点地区的常州市武进区为例,其规范性文件《武进区农村宅基地管理办法(试行)》(2021)第38条第2款规定:"宅基地使用权转让或赠与的,附着于该宅基地的农房及其附属设施须一并转让或赠与。"持相同立场的判例,参见最高人民法院行政裁定书(2020)最高法行申3011号。

所述,保持宅基地房地权属的一体性具有规范目的上的合理性,在只能类推适用"房随地走"的前提下,似乎仍需补充以"地不走房不走"的法律规范,即保证在宅基地使用权不能处分时其上房屋的所有权亦不能处分。这一"补充规范"限制了民事主体的财产权利及意思自治,没有法律依据,仅体现在国土资源部《不动产登记操作规范(试行)》(2021)等政策性文件中,构成对登记机关登记行为的政策指导。在实践操作层面,登记机关常依据此类政策文件的规定,禁止为作为房屋买受人的非集体经济组织成员办理房屋所有权登记,从而导致对房屋所有权的处分行为不发生效力,仅在继承的情形下构成例外。① 然而,上述土地登记规则能否经受住现行土地政策及法教义学的检验,不无疑问。

《土地管理法》(2019)第 62 条第 6 款明确规定:"国家允许进城落户的农村村民依法自愿有偿退出宅基地,鼓励农村集体经济组织及其成员盘活利用闲置宅基地和闲置住宅。"该宣示性条款虽没有规定任何法律后果,但从中可推知立法者"充分利用闲置宅基地和闲置住宅"的政策倾向,与上述"地不走房不走"的土地登记政策存在明显的矛盾与冲突。

2018 年中央一号文件《中共中央 国务院关于实施乡村振兴战略的意见》规定:"完善农民闲置宅基地和闲置农房政策,探索宅基地所有权、资格权、使用权'三权分置',落实宅基地集体所有权,保障宅基地农户资格权和农民房屋财产权,适度放活宅基地和农民房屋使用权,不得违规违法买卖宅基地,严格实行土地用途管制,严格禁止下乡利用农村宅基地建设别墅大院和私人会馆。"这一规定可以作为对我国实定法进行解释的重要依据,具有强于行政机关所制定的"软法"性政策的效力。该政策文件正式提出了"宅基地所有权、资格权、使用权三权分置改革",为《土地管理法》(2019)第 62 条第 6 款的"农村村民依法自愿有偿退出宅基地"制度和相应的政策宣导指明了具体的教义学建构路径。受该政策文件的影响,此后的行政机关政策文件一直强调探索宅基地"三权分置"的实现形式,深化农村宅基地制度改革试点。

---

① 参见《自然资源部对十三届全国人大三次会议第 3226 号建议的答复》(自然资人议复字〔2020〕089 号)第 6 条;国土资源部《不动产登记操作规范(试行)》(2021)第 10.3.1—10.3.5 条的规定。有关讨论详见后述。

具体而言,在"宅基地三权分置改革"的政策指导下,"房地一体处分规则"中的地权可以被解释为在宅基地使用权等土地物权上另行设立的租赁权①,从而将宅基地使用权纯化为资格权的属性,其使用权能可以通过另设租赁权的方式分离出去。具言之,不具有特定集体经济组织成员资格的权利主体在因继承、抵押权实现、买卖等方式取得宅基地上的房屋及建筑物,但无法取得宅基地使用权时,可依法取得宅基地上的法定租赁权,亦即在一定期限内有偿使用宅基地的权利,并支付相应的使用费。学界亦有观点将这一从宅基地使用权中分离出的土地权利界定为"用益物权性质的次级宅基地使用权"。② 本文并不赞同这一立场,因为其违反了物权法定原则。③ 在立法论层面,确实可以将转让宅基地用于生活居住情形下的宅基地利用权界定为物权,以与出租等债权性土地利用方式形成规范上的区分,但仍须以存在法律明文规定为前提。相反,法定租赁权的规范构造并非部分学者所言的立法论层面的主张④,而是在解释论层面对当事人意思的假设和默示推定。⑤ 具有缺省规则(default rule)性质、旨在填补当事人意思欠缺的我国台湾地区"民法"第425条之1⑥,为该"默示推定"规则提供了比较法上的重要参考。在此意义上,"三权分置"并非以立法特别创设"使用权"的方式促进宅基地使用权的流通,而只是通过法律解释的方式扩大对宅基地使用权的债权型利

---

① 参见高圣平:《农村宅基地制度:从管制、赋权到盘活》,载《农业经济问题》2019年第1期。
② 参见宋志红:《宅基地"三权分置":从产权配置目标到立法实现》,载《中国土地科学》2019年第6期;王卫国、朱庆育:《宅基地如何进入市场——以画家村房屋买卖案为切入点》,载《政法论坛》2014年第3期。
③ 亦有观点认为,两种用益物权的竞存同样违反了"一物一权"原则。这一观点并不能成立,因为"次级地上权"从"地上权"中切分而出,地上权人不再行使切分出的土地权能。参见谢鸿飞:《〈民法典〉中土地经营权的赋权逻辑与法律性质》,载《广东社会科学》2021年第1期。
④ 参见谢潇:《民法典视阈内宅基地使用权继承规则之构造》,载《法学》2022年第1期。
⑤ 类似的教义学构造可参见庄加园:《动产担保物权的默示延伸》,载《法学研究》2021年第2期。诚如纪海龙教授所言,这一默示或推定的合意,属于合同解释问题。但在解释合同时,除需考虑交易习惯和实践做法外,还应遵守"使合同有效的原则"。在此意义上,本文"默示推定"的教义学构造具有合理性。参见纪海龙:《动产担保权益延伸的合意路径》,载《现代法学》2022年第3期;韩世远:《合同法总论》(第4版),法律出版社2018年版,第242页。
⑥ 我国台湾地区"民法"第425条之1第1项:"土地及其土地上之房屋同属一人所有,而仅将土地或仅将房屋所有权让与他人,或将土地及房屋同时或先后让与相异之人时,土地受让人或房屋受让人与让与人间或房屋受让人与土地受让人间,推定在房屋得使用期限内,有租赁关系。其期限不受第四百四十九条第一项规定之限制。"

用方式的适用范围。[批注9]

在此政策指导下的有关"宅基地权利"的教义学建构中,应当认为由"房随地走"与"地随房走"共同构成的"房地一体处分规则"可以一体适用于宅基地。只是对宅基地的"地随房走"而言,相应地,可处分地权为债权性质的宅基地法定租赁权。在地权和房权之间,权利人仅处分宅基地上房屋所有权时,该规范强制另一个权利同时发生变动。这一"强制"机制的实现需首先推定双方当事人之间默示达成宅基地租赁的合意,此为对双方意思表示的补充解释①,当事人可以事先约定排除,但须承担房屋所有权处分无效的"强制性"法律后果。② 针对宅基地使用权的租赁合同在房屋完成移转登记、发生物权变动效力的同时成立;若在办理房屋移转登记前当事人之间已达成租赁合意,则"房地一体处分规则"不再发生推定租赁合同成立的效力。[批注10]

有观点指出,继承、遗赠与转让、赠与、抵押宅基地上房屋的两类情形,在是否始终存在宅基地使用权的主体方面具有根本差异,因利益相关人根本不同而难以适用统一的法定租赁制度。③ 换言之,宅基地法定租赁权的出租人不仅可能是宅基地使用权人,亦可能在特定乃至全部情形下为宅基地所有权人"农民集体"("农村集体经济组织")④。⑤ 本文认为,至少在转让、赠与、抵押宅基地上房屋的情形下,由房屋所有权人"处分"

[批注9]
层次清晰、鞭辟入里,很有说服力。

[批注10]
通过将地权解释为法定租赁权,论证"房地一体"对宅基地的适用模式,是法教义学层面的精妙论证。

---

① 参见韩世远:《划拨土地上房屋之买卖》,载《中国应用法学》2020年第2期。
② 参见常鹏翱:《〈民法典〉"房随地走、地随房走"的规范要义》,载《中国高校社会科学》2021年第4期。
③ 参见赵新潮:《"三权分置"背景下宅基地流转制度的反思与重构——基于法定租赁权设想之审视》,载《社会科学战线》2021年第2期。
④ 有关"农民集体"与"农村集体经济组织"在本体上具有同一性的论证,可参见陈甦:《农村集体经济组织法构筑刍说窥略——有关农村集体经济组织法律形式变革的稿件编后感》,载《法学研究》2022年第3期。本文采纳这一观点,认为两者之间实为"经济本质"与"法律形式"的关系,在表述上不作刻意区分。
⑤ 参见韩世远:《宅基地的立法问题——兼析物权法草案第十三章"宅基地使用权"》,载《政治与法律》2005年第5期。

土地租赁权更为契合"房地一体处分规则"的规范本旨；且若宅基地法定租赁权在集体与房屋受让人之间设立，则可能出现宅基地法定租赁权无法对抗宅基地使用权权利主体的法律后果，实质架空了"法定租赁权"的规范内涵和"防止拆房还地"的规范目的。[批注11]

[批注11]
　　与上文论证一贯且层层推进。

因此，在转让、赠与、抵押等处分宅基地上房屋的场合，"宅基地法定租赁权"应为设定在"宅基地使用权"上的权利，且仅在处分人不具有"宅基地使用权"时存在例外。① 是故，在处分宅基地上房屋时，应认为"房地一体处分规则"中的地权为宅基地使用权等土地物权上的租赁权。本案中，甲乙之间的宅基地法定租赁合同应当在完成房屋所有权移转登记时成立。因不违反类推适用下的"房地一体处分规则"，登记机关拒绝办理宅基地上房屋所有权移转登记的行政行为违法，当事人应得到行政法上的救济。在此意义上，对宅基地上房屋的转让具有履行可能性[批注12]，但这并不意味着本案当然地不存在"法律上的履行不能"。

[批注12]
　　对宅基地上房屋转让可能性的探讨，论证链条放得很长，但也能干净利落地收回来。

如前所述，"法定租赁权"在实质上是对宅基地使用权等土地物权的债权性限制，其权能均从宅基地使用权等土地物权中分离出来。因此，作为转让宅基地上房屋的前提，"法定租赁权"的设立需满足特定的条件，即房屋转让人需具有能够处分"法定租赁权"的土地权利。这一"土地权利"既包括宅基地所有权、宅基地使用权，也包括债权性质的宅基地租赁权（通过转租进行处分）。甲通过继承取得宅基地上房屋所有权时已经不具有集体经济组织成员身份，此时甲是否取得以及取得何种土地权利，直接决定了房屋买卖合同是否存在"法律上的履行不能"。

---

① 如处分人所享有的土地权利为宅基地所有权上设立的宅基地租赁权。

b) 宅基地上房屋的继承与土地权利的取得[批注13]

国土资源部《不动产登记操作规范（试行）》(2021)第10.3.1条规定，"依法继承情形下的已经登记的宅基地使用权及房屋所有权，可由权利人单方申请转移登记"。第10.3.5条规定："已拥有一处宅基地的本集体经济组织成员、非集体经济组织成员的农村或城镇居民，因继承取得宅基地使用权及房屋所有权的，在不动产权属证书附记栏记载该权利人为本农民集体原成员住宅的合法继承人。"由此可见，在土地登记政策上，非本集体成员或已足额分配宅基地的本集体成员通过继承取得宅基地上房屋的所有权时可以例外地类推适用"地随房走规则"取得宅基地使用权。然而，这一解释论立场似乎与宅基地使用权的"资格权"属性和"生存保障"功能相背离。

正因此，学界一种较为流行的观点认为：不适格的继承人仅能取得以土地所有权人作为出租人的宅基地法定租赁权，由集体收取租金或使用费，以实现集体土地所有权的收益权能。① 本文以为，这一解释立场通过建立"宅基地所有权—宅基地租赁权"的二级土地权利结构，避开了具有"资格权"属性和"生存保障"功能的宅基地使用权，具有规范体系上的合理性；通过赋予农民集体收取租金之权利，变相地实现了"宅基地使用权"之保障农村集体经济组织成员生存的制度价值，也具有规范目的上的合理性。相较于土地登记政策下"宅基地使用权例外发生地随房走"的规范构造，在集体与被继承人间成立宅基地法定租赁权的制度建构更具有形式上和实质上的合理性。本文即采纳这一解释立场，认为甲通过继承宅基地上的房屋取得的土地权利为宅基地法定租赁权。在本案中，因甲在房屋继承后一直未办理宅基地使用权移转登记，仅持有"集体土地建设用

[批注13]
以法定租赁权解释城镇居民继承宅基地的地权属性，与上文以法定租赁权解释宅基地上的"房地一体"规则相呼应，体系一贯。

---

① 参见陈小君：《宅基地使用权的制度困局与破解之维》，载《法学研究》2019年第3期。

地使用证"并不使其获得具有对抗第三人效力的宅基地使用权,故采纳上述解释论立场不存在窒碍。

另有学者认为,有关宅基地上房屋继承的情形已经溢出了宅基地生存保障功能这一价值预设,而主张在符合规划与审批流程的前提下,将无偿无期的宅基地使用权转化为有偿有期的集体经营性建设用地使用权。① 本文对此表示赞同,但因案涉情形未明确相关土地规划及审批过程,故不认为甲通过房屋继承取得了集体经营性建设用地使用权。

基于上述分析,不具有本集体经济组织成员身份的甲在继承取得宅基地上房屋所有权时,仅能取得该块宅基地的法定租赁权。**《民法典》第 716 条赋予承租人不受限制的转租权,这一权利体现了租赁权的处分权能。依该条第 2 款的规定,未经出租人同意的转租仅是出租人解除合同的法定事由,并不影响转租合同的效力。**[批注14] 受"房地一体处分规则"及其规范目的(公共利益)的约束,农村集体经济组织对该项解除权的行使需受到严格的限制。在此意义上,甲通过继承取得的土地权利,并不会导致房屋买卖合同存在法律上的履行不能。

综上所述,在本案中,宅基地上房屋的买卖合同在法律上不存在履行不能,《民法典》第 580 条第 2 款所谓的"违约方申请解除权"在本案中不能成立。甲与乙之间的房屋买卖合同不存在意定或法定的合同解除事由。

(2)中间结论

甲因不满足合同解除之条件,不得基于《民法典》第 566 条第 1 款主张合同解除后的返还请求权,请求乙返还原有房屋。

> [批注 14]
> 《民法典》第 716 条的规范理由可能更多的是因为负担行为不以处分权为前提,文中将其解释为赋予承租人不受限制的转租权略显牵强。

---

① 参见汪洋:《"三块地"改革背景下宅基地使用权继承的制度重构》,载《河北法学》2021 年第 10 期。

2. 基于《民法典》第 235 条的物权返还请求权

（1）请求权是否成立

若该请求权成立，则须满足如下要件：①甲的所有权人地位；②乙的占有；③乙的占有本权（权利未发生的抗辩）。

①甲的所有权人地位

在本案中，因甲始终未办理房屋所有权移转登记，故依据《民法典》第 214 条的规定，其仍为房屋的所有权人。

②乙的占有

在本案中，乙直接占有该宅基地上的房屋，故该要件满足。

③乙的占有本权（权利未发生的抗辩）〔批注15〕

如前文所述，甲与乙之间的房屋买卖合同有效成立，不存在效力上的瑕疵，亦不存在合同解除的法定或约定事由。因对标的物之交付（占有移转）为出卖人的一项主给付义务，故买卖合同得作为买受人乙直接占有宅基地上房屋的占有本权。"乙有占有本权"之抗辩成立。至此，该物权请求权的成立要件及抗辩已经检视完毕。

〔批注15〕
有意识地区分要件与抗辩，值得鼓励。

（2）中间结论

因乙具有买卖合同下的（物之交付）债权作为占有本权，权利未发生的抗辩成立。甲不得基于《民法典》第 235 条请求乙返还原有房屋。

3. 基于《民法典》第 985 条的给付不当得利返还请求权

对于原有房屋，甲与乙之间的法律地位为所有权人与有权占有人，故不适用《民法典》"占有"章下有关"物的所有权人与无权占有人间法律关系"（Eigentümer- Besitzer- Verhältnis）的特殊规则。不当得利返还请求权有给付不当得利与非给付不当得利之分，对于二者的适用关系，前者优先于后者。仅在相对人的得利并非基于他方给付所得时，才考虑非给付不当得利。《民法典》第 985 条规定的不当得利请求权是否涵盖以上两种不当得利类型,不无疑问。有观点指出,该条规范的主要目的在于规定不当得利返还的排除规则,这些排除规则只适用于给付不当得利,尤其是非债清偿类型的不当得利。① 申言之,《民法典》第985条应是针对给付不当得利的请求权基础,而对于非给付不当得利,只能适用"总则编"下第122条的一般条款。本文采纳这一见解。

给付是指有意识、有目的地使他人的财产增加。② 在本案中,原有房屋系甲以给付的方式使乙"得利",故应对给付不当得利请求权进行检视。因房屋买卖合同有效成立且不存在效力瑕疵,亦不具有法定或约定的合同解除事由,故乙之得利(对原有房屋的占有)具有法律上的原因,权利未发生的抗辩成立,甲不得基于《民法典》第985条请求乙返还原有房屋。

因乙之得利具有法律上的原因,权利未发生的抗辩成立,甲不得基于《民法典》第985条请求乙返还原有房屋。

4. 小结

综上,甲对乙的原有房屋返还请求权不成立。

(二)甲对乙的宅基地租金支付(或用益利益返还)请求权

在存在法定的土地租赁合同的情形下,宅基地租金构成了宅基地用益利益的对价;仅在宅基地租赁合同不能成立时存在用益利益返还的问题,此时,宅基地租金也成为宅基地用益利益的价值计算依据。因此,本部分将对这两项诉讼请求进行集中的分析和检视。

1. 基于《民法典》第721条的租赁合同租金给付请求权

(1)请求权是否成立

《民法典》第721条规定:"承租人应当按照约定的期限支付租金。"本条为对承租人之租金支付义务的规定,属于规定承租人主给付义务的请求权基础规范。该请求权作为原合同请求权,仅须满足:①租赁合同有效成立;②租金债务已届清偿期两个条件即可成立。

---

① 参见王洪亮:《〈民法典〉中得利返还请求权基础的体系与适用》,载《法学家》2021年第3期。
② 参见〔德〕汉斯·约瑟夫·威灵:《德国不当得利法(第4版)》,薛启明译,中国法制出版社2021年版,第13—15页。

①租赁合同有效成立

如前文所述，在"宅基地所有权、资格权、使用权三权分置改革"的政策指导与具体的教义学建构下，甲处分宅基地上的房屋于乙时，"房地一体处分规则"将在甲与乙之间推定成立针对宅基地的租赁（转租）合同。"处分宅基地上房屋"的时点应以"完成房屋所有权移转登记"为准，因本案中甲与乙始终未办理房屋所有权移转登记，故该法定的宅基地租赁合同未有效成立，该要件不满足。[批注16]

[批注16]
如果"房地一体"在负担层面也有其意义，即房屋买卖合同成立，即默示推定宅基地租赁合同成立，是否也是一种解释可能？

（2）中间结论

因甲与乙之间的宅基地法定租赁合同未有效成立，甲不得基于《民法典》第721条请求乙支付宅基地租金。

2. 基于《民法典》第122条的权益侵害不当得利返还请求权

本案中甲对乙的用益利益返还请求，应检视者为能否成立权益侵害不当得利。该类型不当得利的请求权基础为《民法典》第122条。

（1）请求权是否成立

若该权益侵害不当得利返还请求权成立，则须满足如下要件：①乙取得财产利益；②该财产利益应归属于甲；③因权益侵害而得利；④乙的得利有法律上原因（权利未发生的抗辩）。

①乙取得财产利益

乙对宅基地上房屋的占有、使用和收益，是否同时构成对于宅基地的使用，决定了乙是否取得"土地用益"这一财产利益。本文以为，宅基地的用益权能仅体现为对土地的用益，如在土地上新建房屋并获得其上房屋的权属，而与对其上房屋的用益无关。因此，本案中乙未取得与"土地用益"相关的财产利益，该要件不能满足。

(2) 中间结论

因乙未取得与"土地用益"有关的财产利益,甲不得基于《民法典》第 122 条请求乙返还使用宅基地的用益利益。

3. 小结

综上,甲对乙的宅基地租金支付请求权与用益利益返还请求权均不成立。

(三) 甲对乙的新建房屋返还请求权

1. 基于《民法典》第 980 条的无因管理利益返还请求权

如前文所述,在本案中,甲因继承取得宅基地所有权上的法定租赁权,乙在未办理房屋所有权移转登记前不取得任何土地权利,办理后取得经由甲转租的法定租赁权。乙在宅基地上新建西厢房三间的行为是否构成对甲之事务的无因管理,有待进一步讨论。《民法典》第 979 条和第 980 条严格区分适法无因管理与不适法无因管理、不真正无因管理,并配置以不同的实体法规则和请求权基础。本案中,乙不具有管理他人事务的意思,即使满足其他无因管理请求权的构成要件,也只能构成不真正无因管理,适用《民法典》第 980 条,甲得请求乙返还管理利益,乙在管理利益的范围内请求甲偿还支出的必要费用并补偿损失。[①]

在展开对此项请求权基础的检视前,一个前置性的问题为:因"管理行为"(房屋建造行为)取得的物之占有是否构成"管理利益"。本文对此持否定立场,因为单纯的占有作为一个事实,无任何归属内容,不具有"利益"的性质。[②] 占有期间的用益虽属于"利益",但与本案中的"管理行为"不具有因果关系,无法归入"管理利益"的范畴。唯一可能构成房屋建造行为中"管理利益"的是"新建房屋的所有权",但仍应以该所有权归属于乙作为前提。当然,若乙能够取得新建房屋的所有权,则乙的建造行为将难以具有"管理他人事务"的性质,亦不存在适用无因管理规则的可能。

综上所述,因乙对新建房屋的占有不能构成"管理利益",甲不得基于《民法典》第 980 条请求乙返还新建房屋的占有。

---

① 参见金可可:《〈民法典〉无因管理规定的解释论方案》,载《法学》2020 年第 8 期。
② 参见吴香香:《论侵害占有的损害赔偿》,载《中外法学》2013 年第 3 期。

2. 基于《民法典》第 235 条的物权返还请求权

（1）请求权是否成立

若该请求权成立，则须满足如下要件：①甲的所有权人地位；②乙的占有；③乙的占有本权（权利未发生的抗辩）。

①甲的所有权人地位

《民法典》第 231 条规定："因合法建造、拆除房屋等事实行为设立或者消灭物权的，自事实行为成就时发生效力。"这一物权归属规则将新建房屋的所有权归属于"合法建造者"，暗含建造者已经取得相应的土地权利和规划许可的规范前提。宅基地使用权属于集体建设用地使用权下的一种子类型，具有在宅基地上新建房屋并取得房屋权属的权能。宅基地法定租赁权，系基于"房地一体处分规则"的规范创造，其对土地的用益权能"法定"。依"房地一体处分规则"的规范目的，该权能应仅为对既有房屋所有权的保有，亦即作为占有本权对抗宅基地使用权人或所有权人的物权请求权的消极权能。<u>宅基地法定租赁权并不具有在土地上新建房屋并取得其权属的积极权能</u>。①〔批注17〕申言之，能够支持《民法典》第 231 条之规范适用的"土地权利"应仅限于"宅基地使用权"。因本案中建造人乙未取得宅基地使用权，故该房屋非为"合法建造"，乙不能依《民法典》第 231 条取得新建房屋的所有权。

〔批注 17〕精确。

值得注意的是，虽然本案中的建造人乙在新建房屋前已经取得了村委会的批准，但作为"农村集体经济组织"这一"特别法人"的代表和治理机关，村委会仅具有办理本村的公共事务和公益事业、协助完成或接受政府委托的行政任务等公法上的权力。② 依《土地管理法》(2019) 第 62 条第 4 款的规定，有权批准宅基地使用权的行政主体应为乡（镇）人民政府；又依《城

---

① 参见浙江省宁海县人民法院民事判决书 (2016) 浙 0226 民初 2524 号。
② 参见王洪平：《农民集体与集体经济组织的法律地位和主体性关系》，载《法学论坛》2021 年第 5 期。

乡规划法》(2019)第41条第2款和《北京市城乡规划条例》(2021)第40条的规定，有权在北京地区批准宅基地房屋规划许可的行政主体亦为乡(镇)人民政府。在此意义上，仅村委会的批准不能使得乙的房屋建造行为取得合法性，不能适用《民法典》第231条的规定。

此外，因"房地一体处分规则"并不适用于不存在处分行为的房屋原始取得的情形，故也不能据此判断新建房屋的所有权归属于土地权利人甲。本案可得适用的物权归属规范应仅为《民法典》第322条之添附规则。

A. 新建房屋的规范性质

新建房屋作为"非法建造"的违法建筑，对其动产或不动产的定性，决定了添附规则的具体适用。我国实证法对添附规则的规定较具有原则性，学界通说认为，不动产与不动产不能发生附合。① 对于动产与不动产的附合，我国实证法并没有明确的规定。在比较法上，《德国民法典》第946条规定："某一动产以这样的方式附合于土地，以致它成为土地的重要成分的，土地所有权及于该动产。"我国台湾地区"民法"第811条也规定："动产因附合而为不动产之重要成分者，不动产所有人，取得动产所有权。"因重要成分不得作为独立的物权客体，上述规范立场值得赞同。本部分将主要检视违法建筑的规范性质，以确定添附规则的具体适用。

依据《不动产登记暂行条例实施细则》(2019)第41条的规定，作为违法建筑的宅基地上的房屋因无法取得规划许可，不能进行建筑物所有权首次登记。受到登记禁止机制的刚性约束，违法建筑不具有不动产的法律地位，已成为学界的通说。② 但这并不意味着违法建筑当然地具有动产的规范属性，学理上亦有观点将其界定为占有(不具有财产权属性)、习惯法物权(占有+事实上处分权)等。③

本文较为赞同苏永钦教授和常鹏翱教授的观点，认为不能取得物权登记之违法建筑的利益形态应为动产所有权，且不同于构成违法建筑的材料所有权。违法建筑的规范性质应为由作为动产的建筑材料"加工"组成的动产合成物，在不发生

---

① 参见单平基：《添附入典的立法表达——〈民法典物权编(草案)〉第117条检讨》，载《现代法学》2019年第6期。
② 参见常鹏翱：《违法建筑的公法管制与私法因应》，载《法学评论》2020年第4期；苏永钦：《违章建筑和小产权房》，载《法令月刊》2015年第4期。
③ 参见吴从周：《违章建筑是习惯法物权?》，载《浙江社会科学》2021年第7期。

其他添附时,其物权应归属于提供加工材料的建造人。这一教义学建构既使得建造人取得的法律地位弱于合法建筑的所有权人,如只能得到公示效能较弱的占有保护、返还请求权受诉讼时效的限制等;又能充分说明建造人对违法建筑除占有外的支配利益,并在违法建筑受侵害时提供合理保护。①[批注18]

[批注18]
将违法建筑界定为动产,有创见。

综上所述,案涉新建房屋属于建造人乙所有之动产性质的"小产权房",但其是否附合于原有房屋或土地,以及发生添附后的具体物权归属,仍有待对添附规则的具体适用。

B. 添附规则的具体适用

a) 附合于原有房屋

新建房屋与原有房屋分别属于动产与不动产,具有发生附合的可能性。位于同一院落内的不同房屋显然不具有物理上的紧密结合关系,故能否构成附合须检视两者是否形成社会交易观念上的一物。② 对于"社会观念"的探寻,需对房屋产权登记情况进行社会调查与统计。基于本文在北京地区的考察,同一院落内的房屋常被登记在同一房屋登记表中,但每个建筑仍被视为独立的物权客体,分别进行房屋所有权登记。在此意义上,难以从"社会观念"出发,论证新建房屋可以附合于院落内的原有房屋。在本案中,虽然甲父取得的宅基地使用权的范围包括整个院落,但在"房地权属分离"的房地政策下,这并非表明同一院落内的土地不可分、同一院落上的房屋的物权不可分。因此,原有房屋所有权人甲并不因新建房屋附合于原有房屋而取得新建房屋的所有权。

b) 附合于土地

作为动产的新建房屋能否附合于土地,又应由哪一土地权利人取得该附合房屋之所有权,值得进行深入的探究。因我国

---

① 参见常鹏翱:《违法建筑的公法管制与私法因应》,载《法学评论》2020 年第 4 期。
② 参见谢在全:《民法物权论》(上册),新学林出版股份有限公司 2014 年版,第 326 页。

采取了"地上定着物与土地分离"的立法政策,《不动产登记暂行条例》(2019)第2条明确将房屋、林木等"地上定着物"界定为"独立的不动产",而不能成为土地的重要成分。违法建筑同样在文义上构成"地上定着物",但其性质如前文所述为动产。由此产生的疑问是:第一,如何区分作为"地上定着物"的动产与不动产? 第二,作为动产的"地上定着物"能否与土地发生添附?

对于第一个问题,本文以为,从文义出发,"地上定着物"因丧失了可移动性应当然地属于"不动产"。在此文义解释的基础上,无须区分作为"地上定着物"的动产与不动产。然而,正如苏永钦教授所言,定着于土地而不可移动或非经毁损无法移动之物,仍须具备特定的因素才能构成不动产,这一因素即在不同政策考量下确定的"可登记性"。[①] 作为"地上定着物"的动产与不动产的区分标准就在于是否具有登记能力。立法对特定"地上定着物"之"可登记性"的赋予,构成对其不动产性质的承认。如对于建造过程中的房屋,仅当房屋建造到一定的完成度后,才得以具有登记能力而成为不动产。[②] 在此之前,土地上的建筑物仅能作为动产被私法予以承认和保护。此类作为"地上定着物"的动产仍存在附合于土地的可能。

对于第二个问题,本文以为,《德国民法典》第946条有关"动产附合于土地"的规定并不当然地适用于我国。首先,若认为土地及其上定着动产因附合而成为一物,一个实践操作层面的问题在于,在我国的土地物权登记中并不存在对于土地上附合动产的描述。无法通过土地登记的方式予以公示的"动产"不具有"登记能力",亦难以成为"土地成分"、变更为"不动产"的性质。

其次,即使一般性地承认"动产可附合于土地",在违法建筑的语境下,如将土地及其上的违法建筑评价为私法意义上的一物,将会出现法律规范评价上的冲突。公法对违法建筑的管制与对违法建筑所占土地的保护,明显将土地及其上的违法建筑评价为两个独立的物。若允许在私法上对违法建筑与土地适用添附规则,将与该公法上的规范立场相冲突。

[①] 参见苏永钦:《违章建筑和小产权房》,载《法令月刊》2015年第4期。
[②] 如在我国台湾地区的实践中,房屋不动产性质的取得,在建筑物已经可以"遮风避雨"的瞬间。因此,"无法遮风避雨以致尚未完工的房屋"仅具有动产的性质。参见我国台湾地区"最高法院"63年第6次民庭庭推总会决议。

最后，在比较法上，我国台湾地区虽在理论上承认"与土地不能分离、已丧失独立性但未蜕变为独立定着物"的动产是土地的重要成分，但也在实务中以"在社会经济观念上不失独立性"为由，否定了"未完成之建筑物附合于土地"的可能。① 这一解释立场应是受到了"房地分离"土地政策的影响，具有适用于我国大陆添附制度法教义学建构的合理性。

因此，我国法律语境下的"违法建筑"应是一种作为"地上定着物"的动产，其不能与宅基地发生添附，该动产之所有权应归属于提供建筑材料的建造人乙。

退一步说，即使认为案涉"房屋"能够附合于土地，取得"房屋"之所有权者也应是土地所有权人或具有相应权能的土地使用权人。本案中的甲为一宅基地法定租赁权人，不具有取得宅基地上新建房屋权属的积极权能。即使适用添附规则，也不能证成甲对新建房屋的所有权人地位。

一个仍可以进一步探究的问题是，乙取得新建房屋的动产所有权，是否仍得依"房地一体处分规则"取得动产所占宅基地的法定租赁权。[批注19] 本文对此持否定立场，"房地一体处分规则"下建构的"法定租赁权"是为了使"地上定着物"之权利人得对抗宅基地所有权人或宅基地使用权人，防止其对"地上定着物"的物权受到土地物权的限制。对于"违法建筑"的私法调整应当与公法管制相协调，私法规范不应当优先于土地权利人保护违法建筑所有权人的利益。因此，土地权利人可以依《民法典》第236条请求土地上的违法建筑所有权人排除妨害，拆除违法建筑；能够对抗土地权利人的"法定租赁权"在新建违法建筑的情形下不存在规范适用的空间。

[批注19]
论证链条完整且前后呼应。

---

① 参见谢在全：《民法物权论》（上册），新学林出版股份有限公司2014年版，第328页。反对观点参见张永健：《法经济分析：方法论与物权法适用》，元照出版有限公司2021年版，第385—388页。

综上所述,宅基地法定租赁权人甲并不因新建房屋附合于土地取得新建房屋的所有权。

(2)中间结论

因新建房屋建造人乙取得新建房屋的动产所有权,甲不具有对新建房屋的所有权人地位,故甲不得基于《民法典》第235条请求乙返还新建房屋。

3.基于《民法典》第122条的权益侵害不当得利返还请求权

在本案中,新建房屋属于对宅基地的使用行为,因不存在任何的给付行为,无法发生给付型不当得利法律关系,应检视者为权益侵害不当得利。该类型不当得利的请求权基础为《民法典》第122条。

(1)请求权是否成立

若该权益侵害不当得利返还请求权成立,则须满足如下要件:①乙取得财产利益;②该财产利益应归属于甲;③因权益侵害而得利;④乙的得利有法律上原因(权利未发生的抗辩)。

①乙取得财产利益

乙通过自己的房屋建造行为,取得了对新建房屋完整的动产所有权。

②该财产利益应归属于甲

甲作为宅基地的法定租赁权人,不具有取得其上新建房屋所有权的法定权能,已如前述。对物之占有和用益均属于所有权的权能,故对新建房屋的占有和用益利益应同所有权一样,不能归属于甲。甲不得基于权益侵害不当得利请求乙返还任何与新建房屋相关的利益。此外,因法定租赁权不具有在宅基地上新建房屋并取得其权属的权能,乙的建造行为不具有"管理甲之事务"的性质,故无因管理请求权没有成立的可能;法定租赁权人甲也不会因乙的房屋建造行为存在任何可得利益的损失,故侵权损害赔偿请求权亦无检索之必要。

(2)中间结论

因占有不属于权益侵害不当得利法保护的财产利益,且与新建房屋相关的财产利益不应归属于甲,故甲不得基于《民法典》第122条请求乙返还新建房屋(及与之相关的财产利益)。

4. 小结

综上，甲对乙的新建房屋返还请求权不成立。

二、乙对甲的请求权

（一）乙对甲的协助办理原有房屋所有权移转登记的请求权

1. 基于《民法典》第 598 条的买卖合同所有权移转请求权

（1）请求权是否成立

《民法典》第 598 条规定："出卖人应当履行向买受人交付标的物或者交付提取标的物的单证，并转移标的物所有权的义务。"本条为对出卖人之交付义务与所有权移转义务的规定，属于规定出卖人主给付义务的请求权基础。在本案中，房屋出卖人甲的交付义务已经实际履行，其虽与乙达成了移转房屋所有权的合意，但因未办房屋所有权移转登记，未实际履行其所有权移转义务，故仍存在适用该请求权基础规范的可能。该请求权作为原合同请求权，须满足以下要件：①买卖合同有效成立；②所有权移转债务已届清偿期。

①买卖合同有效成立

如前文所述，甲与乙之间的房屋买卖合同有效成立，不存在效力上的瑕疵，亦不存在合同解除的法定或约定事由。该要件满足。

②所有权移转债务已届清偿期

在本案中，因甲与乙未在买卖合同中约定债务履行期限，且无法通过合同补充解释的方式对履行期限进行确定，故应适用《民法典》第 511 条第 4 项的规定，"债务人可以随时履行，债权人也可以随时请求履行，但是应当给对方必要的准备时间"。在此意义上，所有权移转债务已届至清偿期。

可以进一步讨论的是，对于房屋因公权力的介入（登记机关违法不办理登记）导致的过户不能的情形，能否构成学理上的一时履行不能，从而类推适用《民法典》第 580 条关于永久不能的规定，使得合同之债的履行期限发生自动延长，延期至登记机关依法作出登记行为的时点；或产生一个法定宽限期，使得登记机关的不作为

[批注20]
延伸分析细致且有边界。

登记行为被依法纠正前,合同之债无须继续履行。[1][批注20] 若采纳前一教义学建构,则在本案中甲的所有权移转债务未届清偿期,乙不得请求履行;若采纳后一教义学建构,则在本案中甲的所有权移转债务已届清偿期,乙得请求履行,甲享有对抗乙之履行请求权的抗辩权。本文无意对合同"一时履行不能"的法律后果进行探究,因案涉情形未明确提及登记机关存在拒绝登记的行政行为,本文亦无意加以预测,故可认为本案不存在"一时履行不能"规则之适用余地,所有权移转债务已届至清偿期。

(2)请求权是否消灭

在本案中,不存在权利已消灭的抗辩,请求权未消灭。

(3)请求权可否行使

《民法典》第192条第1款规定了时效抗辩权,第188条确立了普通诉讼时效的计算规则,即权利人只能自知道或应知道权利受到损害及义务人起3年,或自权利受到损害之日起20年,请求人民法院保护民事权利。

在本案中,乙对甲的协助办理原有房屋所有权移转登记的请求权,存在适用《民法典》第196条第1项有关"物权请求权不适用诉讼时效"之规定的可能。[2] 最高人民法院《八民纪要》(2016)第24条明确规定,"已经合法占有转让标的物的受让人请求转让人办理物权变更登记,……对方当事人以超过诉讼时效期间抗辩的,均应不予支持",从而将本案情形下乙对甲的原合同请求权排除出诉讼时效制度的适用范围。究其原因,应是司法机关认为:已经取得占有之房屋买受人,具有"附以登记为条件之所有权人"的法律地位,该"附条件之权利"具有了"期

---

[1] 参见贺剑:《对赌协议何以履行不能——一个公司法与民法的交叉研究》,载《法学家》2021年第1期。

[2] 有观点认为,协助办理不动产登记的请求权不属于严格意义上的物权请求权,而应适用《民法典》第196条第4项的兜底规定。参见杨巍:《〈民法典〉第196条(不适用诉讼时效的请求权)评注》,载《南大法学》2022年第2期。这一观点显然忽视了"更正登记请求权"属于"排除妨害请求权"在不动产领域的具体体现,不应采纳。

待权"的性质①,能够受到物权性的保护。② 故该买受人对出卖人办理房屋过户登记的请求,具有物权请求权的属性,能够适用《民法典》第 196 条第 1 项的诉讼时效排除规则。[批注21]

对于这一问题,学界有观点认为,附条件权利人是否享有期待权需综合考虑条件成就的可能性、法律保护的程度、社会经济需求等因素的影响。③ 在此意义上,既然所有权保留买卖中已经取得"物之占有"的买受人应享有"期待权"④,不动产买卖的情形亦应有进行类似解释的空间。反对观点则认为,期待权的成立有严格的确定性要求,仅取得"物之占有"的不动产买受人无法满足"让与人已无从阻止受让人取得所有权"的确定性要求。⑤ 本文赞同成立"期待权"的解释立场,不仅因为其与我国实证法上的规定相契合,也因为所有权保留中的买受人与未办理登记但取得占有的不动产买受人具有实质相同的法律地位,两者所有权的最终取得(延缓条件成就)均需要出卖人的积极配合。前者体现为出卖人对买卖价金的受领,后者体现为出卖人对办理产权登记的协助。不应厚此薄彼,仅承认所有权保留中买受人的"期待权"。[批注22]

因此,本案中乙对甲的协助办理房屋所有权移转登记的请求权不适用时效抗辩规则。虽然乙在买卖合同成立之日就已经对该项合同请求权的可行使状态存在明知,在乙向法院提出

[批注21]
需要辨别的是,此处有关期待权的论证是否具有充分的法教义学理由?抑或主要是基于政策考量?

[批注22]
我国学理上的"期待权"概念继受自德国,而德国法上的期待权,通常要求权利取得进程达到特定的确定程度,仅出让人自身无从阻止受让人的权利取得进程。

德国学理上,所有权保留买受人的法律地位是期待权的典型,但几乎未见将已受领交付但未移转登记的不动产买受人作为期待权人的主张。

---

① 参见杜万华主编:《〈第八次全国法院民事商事审判工作会议(民事部分)纪要〉理解与适用》,人民法院出版社 2017 年版,第 400—401 页。附延缓条件的法律行为所产生的法律地位属于典型的期待权类型,亦为《德国民法典》第 161 条第 1 款所确认。参见申卫星:《期待权基本理论研究》,中国人民大学出版社 2006 年版,第 59—63 页。
② 持相同观点的司法解释还有《查扣冻规定》(2020)第 15 条后段和《执行异议规定》(2020)第 28 条。
③ 参见张静:《论条件的溯及效力与即时效力》,载《中外法学》2021 年第 5 期。
④ 一般认为,所有权保留买卖中买受人的法律地位是期待权的典型例子。参见朱庆育:《民法总论》(第 2 版),北京大学出版社 2016 年版,第 520 页。
⑤ 参见庄加园:《不动产买受人的实体法地位辨析——兼谈〈异议复议规定〉第 28 条》,载《法治研究》2018 年第 5 期;吴香香:《〈民法典〉第 598 条(出卖人主给付义务)评注》,载《法学家》2020 年第 4 期。这一见解应是受到《德国不动产登记簿程序法》第 17 条之先申请原则与第 45 条之顺位原则的影响,上述行政程序规则在我国并无实证法依据,能否直接适用于我国的实证法律解释有待讨论。

请求时已经超过了 3 年的诉讼时效,但甲不得据此提出时效抗辩。本案不存在权利行使的抗辩权,请求权可行使。

(4) 中间结论

乙得基于《民法典》第 598 条向甲主张房屋买卖合同下的所有权移转请求权,其内容为协助办理原有房屋所有权的移转登记,甲不得援引时效抗辩。

2. 小结

综上,乙得基于《民法典》第 598 条请求甲协助办理原有房屋的所有权移转登记。

(二) 乙对甲的买卖合同违约损害赔偿请求权

在本案中,甲与乙在缔结和履行房屋买卖合同的过程中,存在的违约或侵权行为仅有甲对办理房屋所有权移转义务的迟延履行。即使认为前述"软法"性质的政策文件对本案房屋买卖合同的效力及实际履行产生了规制效果,因该政策文件的公开性,任何人不得以不知有该规范为理由,从事与其不符的行为并取得行为效果,更不得从该行为中受益,故应认为甲不存在对其缔约时的先合同义务(信息告知义务)的违反,不承担缔约过失责任。甲在缔约后提出的合同无效确认之诉虽违背诚实信用原则,构成民事诉讼法上的"矛盾行为"(venire contra factum proprium),但其仍属于行使诉权的合法行为,不具有侵权行为的不法性质,乙不得据此主张侵权损害赔偿。此外,如上文所述,因案涉合同不存在履行不能的情形,所有权移转债务的迟延履行并不影响合同目的之实现,乙也未向甲进行"催告",故乙对甲亦不存在因买卖合同解除产生的清算返还请求权。因此,下文将集中检视乙对甲的迟延履行损害赔偿请求权。

1. 基于《民法典》第 583 条的违约损害赔偿请求权

《民法典》第 577 条规定:"当事人一方不履行合同义务或者履行合同义务不符合约定的,应当承担继续履行、采取补救

[续批注 22]

所有权保留买受人的法律地位被解释为期待权,是因为德国的所有权保留被界定为所有权让与附延缓条件,延缓条件即买受人支付全部价款,而此条件的成就仅取决于买受人,仅出卖人自身无从阻止买受人的权利取得。即使出卖人"拒绝受领价款",也会因恶意阻止条件成就,而被拟制为条件已成就。

反之,已受领交付但未登记的不动产买受人,其权利取得进程完全可能因出卖人不履行登记义务而中断,并未达到足够的确定程度,难谓成立期待权。

另需注意的是,在我国实质担保观的解释模式下,是否仍需要借助期待权的解释构造来实现所有权保留买受人的法律保护,也颇值疑问。

措施或者赔偿损失等违约责任。"此条系关于违约损害赔偿的请求权基础,但并未明确"强制履行"和"赔偿损失"两种违约责任承担方式的适用关系,"或者"的法条用语似乎将"强制履行"与"赔偿损失"界定为择一的关系。对于该问题,《民法典》第583条持不同的规范立场,其规定:"当事人一方不履行合同义务或者履行合同义务不符合约定的,在履行义务或者采取补救措施后,对方还有其他损失的,应当赔偿损失。"在请求权基础的视角下,以上两个条文具有何种规范关系,在个案中如何具体适用,颇值得讨论。

在民法学理上,《民法典》第583条规定的仅为"补充型赔偿责任","代替型赔偿责任"通常在《民法典》第580条第1款排除"强制履行"后予以适用,其请求权基础应为《民法典》第577条。① 本文对此表示赞同,并认为《民法典》第577条和第583条为两个独立的请求权基础,前者法条中"或者"的用语表明其仅适用于"代替型赔偿责任"的情形,而后者则适用于与履行并存的"补充型赔偿责任"。本案所涉及的迟延履行损害赔偿属于后者,故其请求权基础应为《民法典》第583条。[批注23]

[批注23]
请求权基础的识别是分析的前提,这一点对于我国法背景下的请求权基础案例分析尤为重要。

(1)请求权是否成立

若该请求权成立,则须满足如下要件:①合同有效成立;②存在给付迟延;③甲应为给付迟延负责(可归责性)。此外,还需要对违约损害赔偿请求权的责任范围进行检视。

①合同有效成立

如前文所述,该要件得到满足。

②存在给付迟延

如前文所述,甲对乙的所有权移转债务已届至清偿期,但甲未实际履行,存在履行迟延这一给付障碍。该要件满足。

---

① 参见李承亮:《以赔偿损失代替履行的条件和后果》,载《法学》2021年第10期。

③甲应为给付障碍负责（可归责性）

通说认为,我国合同通则的违约责任具有严格责任的性质,仅《民法典》第590条规定的不可抗力可以排除债务人的可归责性。① 不可抗力事件指不能预见、不能避免且不能克服的客观情况,区别于不能预见、不能避免但可以克服的意外事件。② 在本案中,因政府机关的不予登记行为没有行政法上的依据,可以被依法予以纠正,故不具有"不能克服"的性质,仅构成无法作为合同免责事由的意外事件。因此,甲应为该给付障碍负责,具有可归责性,该要件满足。

④违约损害赔偿请求权的责任范围

在本案中,乙因甲的迟延履行行为,一直未取得买卖房屋的所有权及相应的处分权能,存在"损失",该项"损失"满足《民法典》第584条规定的"可预见性原则"。因此,乙对甲的违约损害赔偿请求权的责任范围为"因未取得买卖房屋的处分权能而产生的经济损失"。

（2）请求权是否消灭

本案并不存在债的一般消灭事由,但存在《民法典》第591条第1款减损义务规则的适用空间。依据该款的规定,甲在违约后,乙应当采取适当的措施防止损失的扩大,否则不得就扩大的损失请求赔偿。在此意义上,乙应当通过及时请求甲办理房屋所有权移转登记,或针对登记机关在客观上不办理登记的行为请求行政救济等方式,防止因履行迟延产生的损害的进一步扩大。因乙存在对上述减损义务的违反,其对甲的违约损害赔偿请求权发生了部分消灭。

此外,《民法典》第1173条所规定的"与有过失"制度能否适用于违约损害赔偿,也有探讨的余地。在我国法律语境下,违约责任为严格责任,若要适用"过失相抵"规则,须将其类推解释为"原因力相抵"。③ 本文以为,在违约损害赔偿的语境下,"与有过失"与"减损义务"规则在功能上存在重叠,减损义务规则实为"契约责任之与有过失的一般基础规定"④。在本案情形下,两者所能够消灭的请求权范围

---

① 参见解亘:《〈民法典〉第590条(合同因不可抗力而免责)评注》,载《法学家》2022年第2期。
② 参见李昊、刘磊:《〈民法典〉中不可抗力的体系构造》,载《财经法学》2020年第5期。
③ 参见郑永宽:《过失相抵与无过错责任》,载《现代法学》2019年第1期。
④ 黄茂荣:《论与有过失》,载《法治研究》2022年第1期。

均为守约方因未履行减损义务导致损失扩大的部分。

(3) 请求权可否行使

对于迟延履行损害赔偿请求权诉讼时效的起算时点，理论界与实务界存在较大的争议。考虑到迟延履行损害赔偿是一种继续性债权，且其可分性标准存疑，本文倾向于以合同迟延履行终了之日起算。在此意义上，乙对甲的违约损害赔偿请求权并未罹于时效，请求权可行使。

(4) 中间结论

乙得基于《民法典》第583条向甲主张迟延履行损害赔偿请求权。因甲存在减损义务的违反，部分请求权发生消灭，乙可得请求的损害赔偿范围应限于"甲之债务履行期限届满至乙可得提出请求的合理期限内，乙因未取得买卖房屋的处分权能而产生的实际损失"。

2. 小结

综上，乙得基于《民法典》第583条请求甲赔偿因履行迟延造成的经济损失，损害赔偿的范围为"甲之债务履行期限届满至乙可得提出请求的合理期限内，乙因未取得买卖房屋的处分权能而产生的实际损失"。

三、结论

(一) 甲对乙的请求权

在本文对宅基地制度应然的教义学建构下，甲不得对乙主张任何请求权。

(二) 乙对甲的请求权

第一，乙得根据《民法典》第598条向甲主张房屋买卖合同下的所有权移转请求权，其内容为协助办理原有房屋的所有权移转登记，该请求权不适用诉讼时效，甲不得援引时效抗辩。

第二，乙得根据《民法典》第583条向甲主张迟延履行违约损害赔偿请求权，损害赔偿的范围为"甲之债务履行期限届满至乙可得提出请求的合理期限内，乙因未取得买卖房屋的处分权能而产生的经济损失"，该请求权未罹于诉讼时效，甲不得援引时效抗辩。

案例六：以房抵债案

◇ 案情介绍

自然人甲与乙公司于2021年1月1日签订15份《商品房预售合同》并备案，乙公司为出卖人，甲为买受人，买卖标的为A楼商品房。2021年3月1日，乙公司和甲签订《借款合同》，甲向乙公司提供借款三亿元，按本月一年期贷款市场报价利率的四倍计算，并按月计算复利。当天，甲向乙公司提供了借款，并且签订《商品房预售合同》的补充协议，约定"乙公司为担保上述借款，自愿将A楼商品房预告登记至甲名下，乙公司应于借款到期前，回购该房产"。

2021年9月1日，甲对账显示，乙公司欠甲本息共计三亿三千六百万元，同日，甲与乙公司签订《商品房买卖合同》，合同载明："乙公司将A楼商品房作价四亿元整出卖给甲。甲已付三亿三千六百万元，剩六千四百万元未付，待乙公司交房并移转所有权后三十日内付清。其他事项补充协议约定。"同日，乙公司与甲签订《商品房买卖合同》的补充协议，载明："乙公司确定已无能力偿还借款本金及利息，《借款合同》提前到期，同意以物抵债。经对账，甲已经支付房款三亿三千六百万元。"

2021年9月5日，乙公司出具《承诺书》，承诺2021年12月31日前交房，否则从12月31日起，每月向买方支付一千二百万元的违约金。

截至2022年5月，乙公司一直未向甲交付A楼商品房。同月，甲向法院提起诉讼，请求乙公司支付六千万元违约金。[①]

问题：甲的请求应否得到法院支持？

[①] 案情改编自2017年最高人民法院发布的第15批指导性案例中的第72号指导案例，详细案情参见最高人民法院民事判决书(2015)民一终字第180号。本文只列举并分析当事人的第一项诉讼请求，并且为分析方便，对案件发生时间、款项数额、合同名称等事项进行了简化，这些处理均不会影响分析结果。

◇ 案情图示

2021年1月1日	签订《商品房预售合同》
2021年3月1日	签订《借款合同》
2021年3月1日	签订《商品房预售合同》的补充协议,约定以房担保
2021年9月1日	签订《商品房买卖合同》及补充协议,约定以房抵债
2021年9月5日	乙公司出具《承诺书》,承诺交房期限及逾期违约金
2022年5月	甲起诉乙公司请求支付六千万元违约金

◇ 解题大纲

一、请求权成立要件 ·· 154
  (一)检视结构 ··· 154
  (二)违约金约定成立 ·· 155
  (三)发生约定的违约事由 ·· 155
  (四)违约金约定所从属的主合同成立 ···························· 155
  (五)中间结论 ··· 156
二、权利未发生的抗辩 ·· 156
  (一)违约金约定本身无效力瑕疵 ································ 156
  (二)违约金约定所从属的主合同无效力瑕疵 ···················· 156
    1.《商品房买卖合同》不因《民法典》第146条第1款无效 ······ 156
      (1)当事人意思之解释 ······································ 158
      (2)可能质疑之回应 ·· 160
        ①约定不明的推定为未变更 ······························ 161
        ②更改说不符合当事人利益 ······························ 162
      (3)小结 ··· 164
    2.《商品房买卖合同》不因《民法典》第153条无效 ··········· 164
      (1)《商品房买卖合同》不违法 ······························ 164
      (2)《商品房买卖合同》不悖俗 ······························ 168

        (3) 其他路径：价格规制？ ·································· 169
        (4) 小结 ·· 171
      3. 次级中间结论 ··· 171
    (三) 中间结论 ··· 171
三、权利已消灭的抗辩 ··· 172
    (一) 检视结构 ··· 172
    (二) 主合同存在抗辩(权)导致权利消灭 ··················· 172
      1. 履行抗辩权 ··· 172
        (1) 履行抗辩权存在 ·· 172
        (2) 该抗辩权可消灭违约金请求权 ······················· 174
        (3) 小结 ·· 175
      2. 其他抗辩权 ··· 175
      3. 次级中间结论 ··· 175
    (三) 司法酌减导致违约金请求权在相应范围内消灭 ··· 175
      1. 违约金司法酌减之原理 ······································· 175
      2. 违约金司法酌减之展开 ······································· 176
    (四) 中间结论 ··· 177
四、权利行使抗辩权 ··· 177
五、结论 ··· 177

一、请求权成立要件

（一）检视结构[批注1]

请求权已成立之检视，可依举证责任不同分为"请求权成立要件""权利未发生的抗辩"两步。① 违约金是当事人自行安排履行障碍后果的合同②，因而，违约金请求权之本质为合同请求权，其请求权基础在于违约金约定本身[批注2]。③ 比照合同请求权的检视框架，成立要件阶段须检视存在违约金约定（合同），权利未发生抗辩阶段则主要检视违约金约定（合同）的效力瑕疵。

违约金请求权也有其特殊之处，因为违约金约定具有从属性，故该违约金约定所从属的主合同亦应列入检视框架。如果要恪守"合同成立推定生效"④的一般原则，在检视基于从合同所生的请求权时，主合同之成立与生效应同样拆分到"请求权成立要件"与"权利未发生的抗辩"下处理。此外，违约金约定本身作为一种"附停止条件的给付约定"⑤，所附条件为发生当事人约定的违约事由。⑥ 法律行为的积极生效要件（法定积极生效要件如批准，意定积极生效要件如停止条件、始期）应由主张权利者举证⑦，而这正是"要件""抗辩"区分之根本[批注3]，故而，"发生约定的违约事由"在请求权成立要件阶段检视。

[批注1] 对检视结构的说明，可以更清晰地呈现论证结构。

[批注2] 非常好。当事人的合同与合同条款本身也可以作为请求权基础。

[批注3] 关注要件与抗辩的区分，是请求权基础方法的基点。

---

① 参见吴香香：《民法典请求权基础检索手册》，中国法制出版社2021年版，第1页。
② 参见姚明斌：《违约金论》，中国法制出版社2018年版，第2页。
③ 参见姚明斌：《民法典违约责任规范与请求权基础》，载《法治现代化研究》2020年第5期。
④ 参见朱庆育：《民法总论》（第2版），北京大学出版社2016年版，第119、121页；易军：《法律行为生效要件体系的重构》，载《中国法学》2012年第3期；吴香香：《请求权基础：方法、体系与实训》，北京大学出版社2021年版，第236页。
⑤ 〔德〕梅迪库斯：《德国债法总论》，杜景林、卢谌译，法律出版社2004年版，第341页。
⑥ 参见朱庆育主编：《中国民法典评注·条文选注（第2册）》，第585条（约定违约金），姚明斌，中国民主法制出版社2021年版，第287页，边码22。
⑦ 参见李浩：《民事行为能力的证明责任——对一个法律漏洞的分析》，载《中外法学》2008年第4期。

综上,本部分应检视"违约金约定成立""违约金约定所从属的主合同成立""发生约定的违约事由"三项要件。

(二)违约金约定成立

若甲和乙公司之间成立违约金约定,须存在双方合意。本案中,乙公司出具《承诺书》,甲接受,《承诺书》的内容为乙公司若在2021年12月31日之前未交房,则乙公司每月向甲支付违约金一千二百万元。合同双方关于违约金的合意存在,违约金约定成立。

(三)发生约定的违约事由

案件事实显示,乙公司未在2021年12月31日前交房,违约金约定的条件成就,该要件满足。

(四)违约金约定所从属的主合同成立

上述说明,甲和乙公司约定12月31日前交房,否则乙公司应支付违约金,现乙公司未在12月31日前交房,接下来还应说明,12月31日前交房为主合同的合同义务,乙公司未交房的行为构成对该合同义务的违反。简言之,应检视违约金约定所从属的主合同成立,且主合同的合意内容中包含乙公司的交房义务。虽然违约金具有简化举证功能,但被简化的举证只是违约造成的损害,违约金约定中约定的事由是否构成违约,同样需要原告举证。① 因而,此处需要检视被违反的主合同是否存在。至于主合同的效力瑕疵,则在权利未发生的抗辩阶段由债务人举证。[批注4]

本案中,甲和乙公司之间签订了一系列合同,直接约定乙公司交房义务的合同为2021年9月1日签订的《商品房买卖合同》,其后乙公司向甲出具的《承诺书》为《商品房买卖合同》

[批注4]
　　对举证分配的拆解是本文的亮点之一。

---

① 参见姚明斌:《违约金双重功能论》,载《清华法学》2016年第5期。

之补充,甲和乙公司之间约定若2021年12月31日前乙公司不交房则应支付违约金,经由解释即可得知双方约定乙公司交房义务之履行期为2021年12月31日之前。因此,违约金约定从属的主合同《商品房买卖合同》成立。

(五)中间结论

违约金请求权的成立要件满足。

二、权利未发生的抗辩

(一)违约金约定本身无效力瑕疵

法律行为的效力瑕疵可能来自行为能力、意思表示、强制秩序(强制性规范和公序良俗),本案中双方的违约金约定均不涉及,即违约金约定本身不存在效力瑕疵。

(二)违约金约定所从属的主合同无效力瑕疵

前已述及,违约金约定具有从属性,其效力瑕疵可能来自主合同,对于主合同效力瑕疵的检视同样应从行为能力、意思表示及强制秩序这三方面展开。本案中,双方行为能力适格,因此不再检视。本部分对当事人意思表示的检视,主要集中在《商品房买卖合同》(违约金约定所从属的主合同)是否构成通谋虚伪表示;对外部管制层面的检视,主要集中在该合同是否违反强制秩序(强制性规定和公序良俗)〔批注5〕。

[批注5]
《商品房买卖合同》的效力问题是本案的核心。

1.《商品房买卖合同》不因《民法典》第146条第1款无效

如果单独观察《商品房买卖合同》,其实并没有通谋虚伪表示的迹象。然而若将该合同置于双方当事人的整个交易安排之中,问题的答案也许会有所不同。如前所述,根据该合同的内容,当事人意图通过该合同达到的核心效果是,甲支付房款,乙公司交付A楼商品房并办理所有权移转登记。根据案情,该《商品房买卖合同》系在《商品房预售合同》及其补充协议的基础上签订,在《商品房预售合同》中,双方约定该合同的目的为"担保借款债权"。如果《商品房买卖合同》的目的果真为担保,那么该合同构成虚伪表示,至少双方之间不存在甲向乙公司支付商品房价款的合意。① 于此,如果当事人欲实现的合同目的为担保,根据案件事实,可能存在以下两种构造。

其一,让与担保。在《商品房预售合同》及其补充协议中,双方约定"乙公司应于借款到期前回购该房产",这是让与担保的法律构造。具体言之,在签订借款合同的同时签订买卖合同,贷款人作为买受人购买房产,在借款合同的履行期届满前,借款人(出卖人)向贷款人(买受人)以更高额的价款(实际上是出借款项之本息)回购房产。一方面,此种交易安排可以规避利息规制等强制性法规;另一方面,房产可作为该借贷债权之担保。② **本案中,乙公司只是将 A 楼商品房预告登记至甲名下,并未完成完整的权利让与,因此后续的《商品房买卖合同》似乎可以被理解为,当事人为了让与 A 楼商品房的完整权利而进行的交易安排。**[批注6]

其二,买卖型担保。双方先后签订《借款合同》和《商品房买卖合同》,《商品房买卖合同》作为《借款合同》之债权性担保,若乙公司难以偿还借款,则甲要求乙公司履行买卖合同,从而实现担保目的。③

上述两种解释方案均不能成立,无论是让与担保还是买卖型担保,均为从属性担保,这意味着,其担保的主债权必须有效存在。[批注7]根据案情,2021 年 9 月 1 日,双方当事人首先进行对

[批注6]
《商品房买卖合同》约定借款"提前到期""以物抵债","到期"时才约定的以物抵债是否仍符合让与担保在主债权到期前即已移转担保品权属的特征?

[批注7]
仅以此为由反对让与担保说与买卖型担保说,理由略显简陋。
如果能分别详细论述本案情形与这两种解释模式的根本差异,论证会更有说服力。

---

① 参见庄加园:《"买卖型担保"与流押条款的效力——〈民间借贷规定〉第 24 条的解读》,载《清华法学》2016 年第 3 期。
② 当然,这里的买卖标的(担保财产)不限于房产,理论上任何财产权利均无不可。甚至,当事人无须签订借款合同即可实现交易目的。
③ 此处仅讨论当事人是否可能具有"担保目的",实际上是意思表示解释工作,至于买卖型担保的法律构造,则无须展开。对买卖型担保的法律构造较近的讨论,参见冯洁语:《民法典视野下非典型担保合同的教义学构造——以买卖型担保为例》,载《法学家》2020 年第 6 期。

账,确认乙公司欠甲的款项本息共计三亿三千六百万元;进而又签订《商品房买卖合同》,约定乙公司将 A 楼商品房作价四亿元出卖给甲,甲已付房款三亿三千六百万元;最后在补充协议中确认,《借款合同》提前到期,双方同意以物抵债。根据双方当事人上述一系列的交易操作,应认为此处**成立债之更改**〔批注8〕,原债《借款合同》业已消灭,因此无论当事人在之前的《商品房预售合同》中是否有意构造担保,经由更改后再无担保之可能。但须注意,更改本身为解释的结果①,因此如何通过当事人的意思表示得出债之更改的结论,须进行解释作业,以下从正反两个方面详述。

〔批注8〕
下文论及本文所采实为"修正的债之更改说",在此有所交代更可与后文呼应。

(1)当事人意思之解释

根据《民法典》第 466 条第 1 款,合同解释应遵循意思表示解释的一般原理,即应根据第 142 条第 1 款进行。

当事人在《商品房买卖合同》补充协议的文本中明确使用了"以物抵债"的字样,这是当事人对其意图构建之法律关系的核心概括。"以物抵债"之解释,关键在于"抵债"之解释,所谓"抵债"究竟是从属于《借款合同》之担保,或是意图使《借款合同》消灭?若为后者,基于《借款合同》之旧债何时消灭,若乙公司未履行基于《商品房买卖合同》之新债(本案案情正是如此),甲得否仍然请求乙公司履行旧债?**总结而言,判断该《商品房买卖合同》的性质,核心的评价要素是新债旧债之关系,依当事人对于新债旧债之关系的不同约定,则有可能导向债之更改、新债清偿、担保合同等不同的解释结论**。〔批注9〕

〔批注9〕
问题点抓得很准。

但可能还需要考虑本案《商品房买卖合同》是否存在被解释为"代物清偿"或所谓"代物清偿预约"的可能?

于此,具有解释价值的意思表示有两处。

其一,除了以物抵债,双方当事人在《商品房买卖合同》的补充协议中还载明"乙公司确定已无能力偿还借款本金及利息,

---

① 参见黄立:《民法债编总论》,中国政法大学出版社 2002 年版,第 674 页。

《借款合同》提前到期"。设若当事人并无使乙公司的还款义务消灭之意思,为何还要确认其无力还款?进一步言之,在债权人视角下,不会一方面希望债务人还款,另一方面还在合同中确认对方"无能力偿还"。在债务人视角下则更好理解,假设债务人希望《借款合同》继续存在,那他同样没有理由在确认自己无力还款的同时,还放弃宝贵的筹款时间,允许《借款合同》提前到期,径直面对违约责任。因此,对"确认无力还款"+"提前到期"这一意思表示,最有可能的解释是乙公司不再负担还款义务。①

其二,在《商品房买卖合同》中,载明"甲已支付三亿三千六百万元",在补充协议中双方重申这一表述:"经对账,甲已支付房款三亿三千六百万元。"根据案情可知,除了 2021 年 3 月 1 日提供的借款,甲并未向乙公司支付任何其他款项,因此,当事人所称"已支付"的三亿三千六百万元,显然指的是甲在 2021 年 3 月 1 日向乙公司提供的三亿元款项,至于多出的三千六百万元,则是甲向乙公司让与的该款项的期限利益。因此合理的解释是,甲向乙公司所提供给付(提供三亿元款项并让渡期限利益)之目的,被嗣后以合意更改②——更改前为清偿《借款合同》之目的,更改后为清偿《商品房买卖合同》之目的。在双方合意更改甲提供款项的给付目的之后,如果甲不向乙公司额外提供《借款合同》项下的款项,乙公司仍然不负担还款义务。根据案情可知,双方均无由甲向乙公司重新提供借款的意思,也即无乙公司负担还款义务的意思。

经由上述解释,双方当事人之间"债之更改"的合意浮出水面。[批注10] 原债《借款合同》中贷款人甲向借款人乙公司提供借

[批注10]
意思表示的解释作业很精细。

---

① 在进行意思表示解释时,有两种以上解释的,不应使某一条款成为赘文,使意思表示有效、有意义的解释优先于使意思表示无效、无意义的解释,此即"有效解释优先"规则。参见李宇:《民法总则要义:规范释论与判解集注》,法律出版社 2017 年版,第 485—486 页。
② 在一方向另一方为给付时,存在"目的确定"的单方法律行为,大体相当于清偿中的债务人指定抵充,但目的确定范围更广。参见〔德〕汉斯·约瑟夫·威灵:《德国不当得利法(第 4 版)》,薛启明译,中国法制出版社 2021 年版,第 19—24 页。

款,该给付目的嗣后被更改为清偿《商品房买卖合同》的付款义务;借款人乙公司负有向贷款人甲还款的义务,但双方均没有让乙公司继续负担还款义务的意思。此际,合理的解释是,双方真正的合意是以乙公司的移转 A 楼商品房所有权及交房义务更替乙公司的还款义务。既然如此,原《借款合同》中贷款人和借款人的两项主要义务均被更改,《借款合同》事实上归于消灭。经由意思表示解释后,可以对当事人之间的法律关系作出如下图的简单概括:

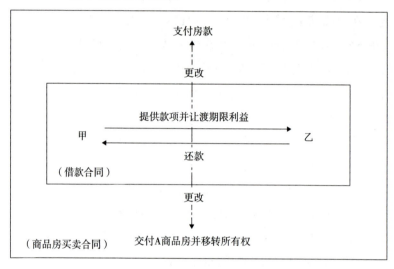

易言之,此时双方当事人之间的法律关系"名为买卖、实为买卖",名实相符,不会因通谋虚伪表示而无效。

(2)可能质疑之回应[批注11]

若以新旧合同(《商品房买卖合同》和《借款合同》)相联系的紧密程度刻画类型谱系,担保合同从属于原合同,与原合同联系最为密切,应置于一端;传统意义上的债之更改直接切断新旧合同之联系①,应位于另一端;而诸如新债清偿等其他类型的

[批注11]
从立论、驳论两方面论证,论证层次丰富。
但在驳论层面,如果能明确辨析本案采债之更改说与担保说、代物清偿说、新债清偿说等解释模式的具体差异,论据更扎实。

① 参见陈自强:《无因债权契约论》,中国政法大学出版社 2002 年版,第 353 页。

法律关系则依当事人的不同约定，位于二者之间。既然择定的解释结果是位于类型谱一端的债之更改，那么不仅意味着无构成另一端的担保合同之可能，同时也意味着放弃了法律效果更为柔性的中间形态。由是，有必要对这种"极端"的解释方案稍作辩护。①

①约定不明的推定为未变更

《民法典》第544条规定："当事人对合同变更的内容约定不明确的，推定为未变更。"既然本案中双方未对新旧合同之关系作明确约定，是否应推定为双方订立的新旧合同不更替，两项合同及其项下义务同时存在？② 在分析之前还需指出，《民法典》第543、544条的合同变更可以理解为广义变更，亦应包含合同要素的变更（合同更改），盖变更自由乃是私法自治的应有之义。③ 此外还可一并指出，经由《民法典》第468条第2分句主文之规定，完全可以将该条的射程扩张到广义的债之变更（债之更改和债之非要素变更）。

回答上述问题，最重要的是判断《民法典》第544条的规范性质。**本文认为，本条系意思表示解释规范**[批注12]，即该条并未"推定"某项事实或权利存在或不存在，而是由立法者在经过价值权衡之后，对某个"不明"的"约定"择定了"未变更"的解释结果。④

[批注12]
虽然《民法典》第544条使用了"推定"的表述，但实为意思表示解释规则。

---

① 与本案类似的朱俊芳案在学界被广为讨论，但只有孙维飞教授将其认定为"附停止条件的债之更改"，参见孙维飞：《定义、定性与法律适用——买卖型担保案型的法律适用问题研究》，载《华东政法大学学报》2021年第6期。该案型其他可能的构造，参见陆青：《以房抵债协议的法理分析——〈最高人民法院公报〉载"朱俊芳案"评释》，载《法学研究》2015年第3期。
② 孙维飞教授认为，在此类案件中可扩张解释第544条，做如下推定：无明确约定时，推定为新债务并不取代旧债务。参见孙维飞：《定义、定性与法律适用——买卖型担保案型的法律适用问题研究》，载《华东政法大学学报》2021年第6期。
③ 《民法典》第5条："民事主体从事民事活动，应当遵循自愿原则，按照自己的意思设立、变更、终止民事法律关系。"认为应将我国法上的合同变更限定为非要素变更的学者，同样基于合同自由原则承认合同更改。参见韩世远：《合同法总论》（第4版），法律出版社2018年版，第587—588页。
④ 解释规范和推定规范常难以区分，简单的讨论，参见朱庆育：《民法总论》（第2版），北京大学出版社2016年版，第48—49页。需指出，朱庆育教授认为原《合同法》(1999)第78条（《民法典》第544条）为推定。其实，不同于德国法上"有疑义时"的笼统表述，我国《民法典》条文中大量并用"没有约定"和"约定不明确"，但这两者各自所对应的规范结构应该并不相同。

详言之,当事人若无使合同变更之意思表示,此时无须推定,合同以原形态继续存在;而若当事人存在对合同变更的意思表示,但具体内容不明,此时应将该意思表示解释为"不变更"。在后一情形下,如果当事人嗣后证明存在具体确定的变更意思,则依当事人的意思发生相应的效力即可。最后,合同是否变更应由主张者举证,在推定未变更之后,仍应由主张合同变更者举证推翻该"推定",于此实体性的证明责任未发生任何转移或变化,这显然不符合推定规范之品格[批注13]。总结而言,应将《民法典》第544条定位为意思表示解释规范。①

明确《民法典》第544条的规范性质之后,问题便可迎刃而解,只有在穷尽《民法典》第142条列举的诸解释方法后仍不能得出结论时,才可认定为"约定不明",进而将当事人的意思表示解释为"未变更"。本案中,当事人虽然未在合同文本中明确载明旧债消灭,但经由解释仍可探知该意思,因此在这一问题上没有适用《民法典》第544条的余地。[批注14]

②更改说不符合当事人利益②

在诸可能的解释方案之间作选择时,当事人之间的利益状态为重要的影响因素。"契约解释,无论如何应实现当事人之缔约目的,并尽量符合当事人契约中所表现之利益状态。"③本文认为,对"更改多不符合当事人利益"这一命题之证伪,可从以下两个方面展开。

第一,债权人保护。如果新旧之债的联系未被切断,当新债之履行陷入不能时,债权人仍得请求债务人履行旧债,正是

[批注13]
要论证第544条不符合推定规范的属性,首先需要明确推定规范是什么属性。在此问题上,诉讼学理也有观点认为,"推定"只是减轻证明负担的方式之一,但并不改变举证责任本身,不会导致举证责任的转换。

在此观点下,需要论证的就不是第544条未转换举证责任,而是未减轻举证责任一方的举证负担。

[批注14]
从规范缝隙中找到论证出路,难得。

---

① 类似规则如我国台湾地区"民法"第320条:"因清偿债务而对于债权人负担新债务者,除当事人另有意思表示外,若新债务不履行时,其旧债务仍不消灭。"《德国民法典》第364条第2款:"债务人为使债权人受清偿,而对债权人承担新债务的,有疑义时,不得认为债务人承担该债务以代替履行。"上述二者均为"实体解释规则"。参见陈自强:《无因债权契约论》,中国政法大学出版社2002年版,第341—344页。
② 陈自强:《无因债权契约论》,中国政法大学出版社2002年版,第357页。
③ 陈自强:《无因债权契约论》,中国政法大学出版社2002年版,第357页。

在这个意义上，传统见解认为这一方案对债权人的保护更加周全。① 但事实上，当事人在两种解释方案下的利益状态显然相差无几。若乙公司对交房义务陷入履行不能，同样应承担违约责任。[批注15] 至于甲对乙公司享有的违约之后的次给付请求权，和基于《借款合同》享有的原给付请求权，不过是二阶债权和一阶债权的观念区别，在经济价值、利益状态上并不会有什么显著不同。只不过，商品房有市场价格变化之风险，但风险之所在同为利益之所在，若无其他特殊因素，商品房价格上涨的概率并不会低于下降的概率，风险利益相互冲销，债权人并不会陷入更不利的地位。②

第二，旧债上的利益与瑕疵。如果认为债之更改会让旧债之上的利益和瑕疵一并消灭，确实难谓符合当事人的利益状态。③ 不过在本文看来，债之更改是否会导致旧债之上的利益和瑕疵一并消灭，仍然是解释的结果。④ 如果当事人想让其消灭，就没有不消灭的道理。如果当事人不想让其消灭，新债继受旧债之上的利益（如人保或物保）与瑕疵（如抗辩权），亦无不可。[批注16] 在解释时，除非当事人有明确的使旧债之上的利益和瑕疵消灭的意思，否则旧债之上的利益和瑕疵就应继续存在。理由有两点：其一，判断旧债之上的利益和瑕疵才是《民法典》第544条真正的用武之地，当事人之间存在债之更改的意思，但对于旧债上的瑕疵和利益却未着一墨或所言不明，此时应解释为"未变更"，即应认为旧债之上的利益和瑕疵仍然继续存在；其

[批注15]
可能的质疑是：如果旧债未消灭，债权人可在新债的违约责任与旧债之间选择，多一种选择可能性，为什么不能认为此时其法律地位优于仅得主张新债违约责任的情形？

[批注16]
如此解释，确实可以扩张"债之更改说"的适用范围，但可能产生如下问题：
1. 导向的结果是债的变更以"部分变更"为原则，"整体变更"为例外。
2. 在一定程度上消解了"债之变更说"消灭旧债的解释立场。
3. 旧债之担保的延续，尤其是加重债务情形，需要担保人同意，而非债之双方主体可合意决定的事项。

---

① 参见孙森焱：《民法债编总论》（下册），法律出版社2006年版，第856—857页。
② 类似认识，参见王洪亮：《代物清偿制度的发现与构建》，载《浙江工商大学学报》2018年第2期。
③ 参见孙森焱：《民法债编总论》（下册），法律出版社2006年版，第860页；陈自强：《契约法讲义Ⅱ：契约之内容与消灭》（第4版），元照出版有限公司2018年版，第360—361页；韩世远：《合同法总论》（第4版），法律出版社2018年版，第584页。
④ 比如，黄立教授就认为虽然旧债的从权利（利益）一并消灭，但抗辩只是在"约定抗辩排除之范围内不得主张"，即是否可主张旧债之抗辩，须先进行解释是否"约定抗辩排除"。参见黄立：《民法债编总论》，中国政法大学出版社2002年版，第675页。

二，债之更改成立后，原债的给付义务被新债的给付义务更替，因此原债事实上等同于消灭，但新旧两债之间仍有经济上的一体性，新债为旧债在经济上之延续①，这与一般意义上的依债之本旨消灭并不相同，其上的利益和瑕疵仍有继续留存的必要。②

可以简单作结，旧债消灭并不会使债权人陷入更加不利的地位，而旧债之上的利益和瑕疵，除非当事人有相反的表示，否则应在新债之上继续存在。这种解释方案既符合当事人意思，又符合当事人的利益状态，所违背的，无非只有"债之更改"的概念而已，或者也可以反过来说，本文所主张的是经过修正的债之更改[批注17]。

[批注17]
出于前后呼应的考虑，在一开始亮明观点时就说明采"修正的债之更改说"更好。

（3）小结

本案中，甲向乙公司以提供借款为给付目的支付了三亿元款项并让渡了该款项的期限利益，而嗣后经由双方合意更改了给付目的，更改后该款项及其期限利益之给付目的为清偿《商品房买卖合同》；经由解释亦可得，乙公司之还款义务被更改为移转商品房所有权和交房义务。即原债《借款合同》项下的两项义务均被更改，该合同事实上归于消灭。既然被更改后《商品房买卖合同》为主合同，该合同的目的也就不可能是担保。因此，《商品房买卖合同》不因第146条第1款而无效。

2.《商品房买卖合同》不因《民法典》第153条无效

（1）《商品房买卖合同》不违法

表面观之，《商品房买卖合同》并不违反任何效力性强制性规定，但当事人在合同中毕竟直接载明了"以物抵债"，这一概念在司法实践中相当活跃，规则供给层面[包括《民法典》、司法解释以及《九民纪要》（2019）]对这一交易形态的态度也颇

---

① 参见陈自强：《契约法讲义Ⅱ：契约之内容与消灭》（第4版），元照出版有限公司2018年版，第359页。
② 当然，这一问题实际处理起来可能较为复杂，如更改之后人保或者他物保是否继续存在的问题，以及物保在更改之后是否需要重新登记的问题等。

为暧昧。上文的意思表示解释工作,已经探明了本案"以物抵债"的法律构造,因此本部分就需要检视当事人通过"提前到期+债之更改"的迂回约定,是否意在规避(效力性)强制性规定。若是,则该约定将因违反效力性强制性规定而无效。①

直接规定以物抵债协议效力的是《九民纪要》(2019)第44、45条,此两条以履行期为界,认为履行期届满后的以物抵债协议应予支持,而履行期届满之前的以物抵债协议不应支持。其背后的法理基础在于债务人保护:不应让债务人迫于强势债权人的压力,在履行期届满前直接放弃(抵债财产的)权利,以避免造成双方利益格局的显著失衡。② 观察前述规则的规范逻辑,即可知该规则与流担保条款有着天然的亲缘性。③《民法典》第401条和第428条规定了流担保禁止规则(只能就担保财产进行优先受偿),其规范意旨同样在于,为防止优势债权人对债务人的盘剥,债务人不应在履行期前放弃(担保财产的)权利,必须要进行清算。④

回到本案的讨论中,上述规则在本案中能适用的前提是,认为甲和乙公司约定的"《借款合同》提前到期"条款无效,否则,这就是履行期后的以物抵债,不会影响合同效力。⑤ 如上所述,当事人约定《借款合同》提前到期的真实意思是乙公司不再负担还款义务,但在形式上,该约定却有着极高的规避法律的嫌疑。可以设想,如果所有的以物抵债协议或流担保条款中均附上"若无力偿还则借款合同提前到期"的条款,以履行期为界的规制方法将会完全失效。因此,恰当的解释方法是,《借款

---

① 此即原《民法通则》(2009)第58条第1款第6项和原《合同法》(1999)第52条第3项所谓的"以合法形式掩盖非法目的"。该案型应直接以违反效力性强制性规定为由判定法律规避行为无效。参见李宇:《民法总则要义:规范释论与判解集注》,法律出版社2017年版,第538页。

② 参见最高人民法院民事审判第二庭编:《〈全国法院民商事审判工作会议纪要〉理解与适用》,人民法院出版社2019年版,第300—301、307页;王洪亮:《以物抵债的解释与构建》,载《陕西师范大学学报(哲学社会科学版)》2016年第6期。

③ 《九民纪要》(2019)的制定者承认,对以物抵债协议以履行期为界进行规制的原因正是"防止流担保条款被架空"。参见最高人民法院民事审判第二庭编:《〈全国法院民商事审判工作会议纪要〉理解与适用》,人民法院出版社2019年版,第300—301、307页。

④ 参见黄薇主编:《中华人民共和国民法典物权编解读》,中国法制出版社2020年版,第663页;高圣平:《论流质契约的相对禁止》,载《政法论丛》2018年第1期。

⑤ 采这一观点的,参见孙维飞:《定义、定性与法律适用——买卖型担保案型的法律适用问题研究》,载《华东政法大学学报》2021年第6期。

> [批注 18]
> 这部分的论证链条需要更明晰。从有法律规避的嫌疑，如何推导出提前到期条款中蕴含着当事人消灭旧合同的意思？

> [批注 19]
> 这句话的意思需要更明确的解释。字面而言，似乎意味着因为不应拘泥于当事人变化履行期的意思，所以"当事人约定的提前到期"条款无效？但这种解读似与文中认为提前到期条款无效瑕疵的观点不符。

合同》提前到期条款中蕴含着当事人消灭该合同的意思[批注18]，但在外部管制层面，则不应拘泥于当事人的自由约定而认为履行期可以随意变化。[批注19]澄清这一点后，即可知若要否认《商品房买卖合同》的效力，存在两重路径：第一，认为《九民纪要》（2019）第 45 条是效力性强制性规定并适用；第二，认为流担保的规制条款（第 401 条）是效力性强制性规定，并类推在本案适用。

但该两重路径均难以成立。于第一重路径而言，《九民纪要》（2019）系最高人民法院内部的会议纪要，规范层级显然不符合《民法典》第 153 条第 1 款主文的"法律、行政法规"。①《九民纪要》（2019）在法源性质上属于认知渊源而非效力渊源②，换言之，该规定只是法官找法的"说明书"，而不能被认定为裁判依据本身。③ 因此，法官在找法时只能凭该规则和流担保禁止规则的"亲缘性"，找到后者作为裁判依据，而不能直接以某个会议纪要的规则否认法律行为的效力。④

若上述论证能够成立，那么第二重路径就是问题的关键所在。仅从条文构造观察，经过对原《物权法》（2007）中条文的表述改造，《民法典》中的流担保禁止条款不再直接导致法律行为无效⑤，从而无法类推。但在实质层面上，流担保禁止条款中蕴藏着效力性强制性规定，即"债务人不履行到期债务时抵押财产归债权人所有"的约定无效。之后规定的法律效果"依法就担保财产优先受偿"，意旨在于通过"依法"二字指示到一般的担保物权实现程序。但需注意，正如同本案的情形一样，如

---

① 根据《立法法》（2023）第二章和第三章，"法律"只能由全国人大及其常委会制定，"行政法规"只能由国务院制定。
② 对于效力渊源和认知渊源的区分，参见雷磊：《重构"法的渊源"范畴》，载《中国社会科学》2021 年第 6 期。
③ 在另一份"会议纪要"《贯彻民法典纪要》（2021）中，最高人民法院明确表态："纪要不是司法解释，不得作为裁判依据援引。"
④ 参见李宇：《民法总则要义：规范释论与判解集注》，法律出版社 2017 年版，第 641—643 页。
⑤ 原《物权法》（2007）第 186 条及第 211 条称"不得……"，第 401 条和第 428 条则规定"只能依法就……优先受偿"。

果未经公示(《民法典》第 402 条第 2 句、第 429 条),抵押权或质权就无从设立(存在例外,如动产抵押),并不能当然适用法定担保物权的实现程序。如果立法者意在规制已经设立的担保物权之效力,直接依物权法定原则(《民法典》第 116 条),认为当事人约定的物权内容超出法定范围无效更方便易行。① 而如果认为"债务人不履行到期债务担保财产归债务人所有"的负担行为也是流担保禁止条款规制的对象②,那么此情形下"依法"二字的作用将不再是参引,而是授权类推适用。类推适用的法律效果("就抵押财产优先受偿"),仍然指向担保物权实现中的清算程序(《民法典》第 410 条),但这里的清算只是一种债权性请求权。③

归纳而言,既然"债务人不履行到期债务担保财产归债务人所有"的约定无效之后,其法律效果是引入清算请求权,那么即可推知倘使该约定中本就存在清算条款,流担保禁止条款并无适用必要。依上所述,《民法典》中的流担保禁止条款存在隐蔽型漏洞,需要对其进行目的性限缩,④即并非所有"债务人不履行到期债务时抵押财产归债权人所有"之约定均非无效,而是只有未约定清算条款才无效,也可以总结为"归属型流担保无效、清算型流担保有效"。[批注20] 据此,本案所涉的《商品房买卖合同》并不在流担保禁止规范的类推射程之内,根据案情,甲和乙公司之间以买卖合同的方式进行了折价,折价的结果是,甲还需支付六千四百万元的二期房款[批注21],这些事实均可表

[批注20]
论理清晰,而且法学方法的运用娴熟。

[批注21]
还需要考虑《民法典》第 410 条第 3 款(抵押财产折价或者变卖的,应当参照市场价格)的类推适用,即本案的折价是参照了市场价格。

下文对此问题也有专门论述,在此的行文中有所提示更好。

---

① 参见朱庆育:《物权法定的立法表达》,载《华东政法大学学报》2019 年第 5 期。
② 其实,司法解释或《九民纪要》(2019)对"买卖型担保"[《民间借贷案件规定》(2020)第 23 条]、"让与担保"[《担保制度解释》(2020)第 68 条、《九民纪要》(2019)第 71 条]的规制逻辑均是在流担保禁止的法理下展开的。
③ 这一处理方案的问题在于,普通的(作为负担行为的)抵押或质押合同,担保权人只是具有设立担保物权的请求权,而到了约定流担保条款的合同中,该合同反而可以发生清算请求权,或许存在评价矛盾。解决方法是,一般性地承认所有(作为负担行为的)担保合同均可发生清算请求权。对此,参见杨代雄:《抵押合同作为负担行为的双重效果》,载《中外法学》2019 年第 3 期。
④ 参见[德]卡尔·拉伦茨:《法学方法论》(第 6 版),黄家镇译,商务印书馆 2020 年版,第 492—493 页。

明,本案中并非直接让与而是存在清算约定,而一旦存在清算约定,则不存在类推上述(隐藏于流担保禁止条款之中的)效力性强制性规定的基础。

总结而言,《商品房买卖合同》不因违反效力性强制性规定无效。

(2)《商品房买卖合同》不悖俗

另外可能的解释是,流担保规制条款想要阻止的,是防止债务人过于自信或出于投机,事先放弃担保财产的全部价值。①《九民纪要》(2019)第44、45条的规范逻辑同样也可以被理解为,事前放弃"抵债财产"的全部价值无效。如果能从这二者中抽象出"权利不得事先放弃"的一般规则,或许可以通过公序良俗来否定本案中《商品房买卖合同》的效力。

本案中,**乙公司同样在事前(履行期届满前)**[批注22]放弃了A楼商品房的全部价值,上文已经得出结论,这一行为并不违反效力性强制性规定,接下来就需要检视这一约定是否违反公序良俗。② 法律行为违反公序良俗无效规则是从反面拒绝让践踏社会底线的法律行为生效,因此公序良俗也可称之为"伦理的最小值",其核心要义可以被表述为"**主体在其一切行为中均不得违背秩序及伦理底线**"。③

本案中,双方当事人的约定并未突破任何秩序底线或伦理底线。一方面,本案的交易安排仅仅关乎当事人的财产流转和归属,与社会秩序和道德伦理无关;另一方面,本案中也不存在一方通过合同过度限制另一方的行为自由或经济自由的情形。换言之,事前弃权本身并不足以构成违反公序良俗的理由,而

[批注22]
已约定"提前到期",还是履行期届满前吗?

---

① 参见叶名怡:《论事前弃权的效力》,载《中外法学》2018年第2期。
② 参见许德风:《合同自由与分配正义》,载《中外法学》2020年第4期。
③ 参见于飞:《基本原则与概括条款的区分:我国诚实信用与公序良俗的解释论构造》,载《中国法学》2021年第4期。

仍应进行实质性的有关秩序和伦理的价值判断。当然,此处的价值判断并不需要借助某个统一的计量单位进行精致的权衡,既然公序良俗并非最高要求而仅仅是最低要求,有疑义时不妨直接认为不违反公序良俗。

可以得出结论,本案中的《商品房买卖合同》不因违反公序良俗而无效。

(3) 其他路径:价格规制?

本案中,存在另一种可能值得展开。

我国法上的担保物权实现程序中,允许当事人自由约定折价(《民法典》第410条第1款第1句、第436条第2款、第453条第1款第2句),而此处的折价,同样可以被理解为一种"以物抵债"(物权移转,债消灭)。① 在允许折价的同时,立法者还认为"折价时应当参照市场价格"(《民法典》第410条第3款、第436条第3款、第453条第2款)。既然履行期届满后的以物抵债应当参照市场价格,履行期届满前的以物抵债是否同样应该参照市场价格?

实际上,担保物权的折价实现与流担保禁止规则剪不断、理还乱,因此回答上述问题之前,还需要对流担保规则再进行一番审视。根据上文得出的结论,我国法上流担保禁令的涵义是"归属型流担保无效而清算型流担保有效",但这一处理方式的正当性诚值三思。比如,如何判断是否清算?既然A楼商品房恰好值三亿三千六百万元不被允许(归属型),那三亿三千六百万零一元是否可以(清算型)?为何履行期届满前债权人伺机而动随时准备盘剥债务人,而履行期届满后债权人立刻回头是岸不再有盘剥的可能性?换言之,如果流担保禁止条款的目的是防止债务人被强势债权人压迫盘剥,那以履行期为界对这一现象进行规制,处理次序或许恰好颠倒——履行期届满之前,债务人已经取得融资,且有时间从容履约,而履行期届满之后,债务人更有可能因为已经陷入违约而背负更大压力。② 实际上,简单探寻比较法上的成例,即可知偏离规范重心的原因。在严格

---

① 参见崔建远:《以物抵债的理论与实践》,载《河北法学》2012年第3期;武亦文:《〈民法典〉第410条(抵押权的实现)评注》,载《法学家》2022年第3期;魏沁怡:《论担保物权的实现:实体法与程序法的体系衔接》,载《东方法学》2019年第5期。

② 类似认识,参见魏沁怡:《论担保物权的实现:实体法与程序法的体系衔接》,载《东方法学》2019年第5期。也正是基于此,流担保禁止的规则受到越来越多的质疑,如龙俊教授"倾向于放开实质意义上的流质抵押",《民法典》并未将其提至"一般规定",而是分置"抵押权"和"质权",或许也有将流担保禁止规则限制在抵押权和质权上的意味。参见龙俊:《民法典物权编中让与担保制度的进路》,载《法学》2019年第1期。

禁止流担保的立法例中，也不允许债权人的意志介入担保物权的实现程序中①，而不禁止流担保的立法例同样允许担保物权以折价或变卖的方式实现。② 笔者揣测，之所以会有前述局面，也许是我国民事立法混合继受的结果。

因此，债务人保护的核心在于强势债权人的意志是否介入清算约定，流担保禁止规则中的"履行期届满前"和"担保财产归债务人所有"均非关键因素。让与担保、买卖型担保、以物抵债协议等同理，因为这些交易安排均可理解为有债权人意志参与的、事前或事后的折价约定，因而，这些情形应均可类推适用《民法典》第 410 条第 3 款（第 436 条第 3 款、第 453 条第 2 款）——清算约定有债权人意志参与，应当参照市场价格。但更重要的问题是，不参照市场价格效果如何？

理论上，由双方当事人自由约定价格既符合私法自治，也是最有效率的安排③，因此在清算型流担保及事后的折价协议中，不妨将其看作倡导性规范，仅仅提倡和诱导当事人参照市场价格，而即便当事人不参照，也不会直接导致不利后果④；而在归属型流担保中，再以市场价格为标准判断担保财产和所担保的债权的价值是否相当，若是，则对流担保规制条款再进行一重目的性限缩：参照了市场价格的归属

---

① 德国专家曾在原《物权法》（2007）立法时表达过以下意见："立法者原则上不应排除当事人通过约定的方式（不需要法院的介入）来实现抵押权，因为这种实现方式成本可能较低。但在德国，抵押权的实现是通过法院强制执行的，当事人不能擅自或者通过约定的方式处分抵押物。这样规定的目的是防止债权人滥用权利，确保实现过程公平。"全国人民代表大会常务委员会法制工作委员会民法室编：《物权法立法背景与观点全集》，法律出版社 2007 年版，第 662 页。

② 根据我国学者研究，英美法系多对流质契约采容忍态度。参见高圣平：《论流质契约的相对禁止》，载《政法论丛》2018 年第 1 期，第 76 页。以《美国统一商法典》为例，其中明确表示债权人在债务人违约后可以"止赎"（foreclose），即通过司法程序或当事人约定变现担保财产。参见潘琪译：《美国统一商法典》（中英双语），法律出版社 2018 年版，第 651 页。

③ 参见许德风：《论私法上财产的定价——以交易中的估值机制为中心》，载《中国法学》2009 年第 6 期。事实上，即使是法院介入的拍卖、变卖，当事人决定的价格也具有优先地位，对此可参见《处置价规定》（2018）第 4 条："采取当事人议价方式确定参考价的，除一方当事人拒绝议价或者下落不明外，人民法院应当以适当的方式通知或者组织当事人进行协商，当事人应当在指定期限内提交议价结果。双方当事人提交的议价结果一致，且不损害他人合法权益的，议价结果为参考价。"

④ 关于倡导性规范，参见王轶：《民法典的规范类型及其配置关系》，载《清华法学》2014 年第 6 期。

型流担保亦有效。[批注23]① 解释论上对债权性流担保合同的效力认定可以如下图所示：

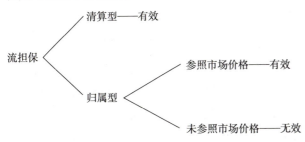

[批注 23]
以形式上的"清算型"与"归属型"区分是否需要参照市场价格，是否存在评价矛盾？

假设债权额 50 万，担保品市场价格 60 万，双方约定担保品所有权归于债权人，折价 40 万，债务人另需支付 20 万，这样的约定效力如何？

一定意义上，所谓"归属型"也是一种当事人合意的"清算型"，即经合意清算后差额为 0。

在梳理清楚规范脉络之后，再回到本案中，即可知当事人的约定无须受价格规制。

(4) 小结

受流担保禁止之价值判断的影响，规则供给侧和需求侧长期以来均对履行期前以物抵债问题的态度晦暗不明，甚至可以说，当事人即使试图"脱法"，也不知道所"脱"者何。经过上述梳理可知，本案所涉的以物抵债虽然在履行期前，但由于存在清算约定，既不违反效力性强制性规定，也不违反公序良俗，应属有效。

3. 次级中间结论

违约金约定的主合同(《商品房买卖合同》)无效力瑕疵。②

(三) 中间结论

不存在权利未发生的抗辩，违约金请求权已成立。

---

① 反对禁止流担保的意见，参见许德风：《评〈物权法草案〉第十七章》，载《中外法学》2006 年第 1 期。
② 依传统理论，债之更改有如下要件：①旧债务之存在；②新债务之成立；③债之要素变更；④更改之意思；⑤适法之当事人。参见陈自强：《契约法讲义Ⅱ：契约之内容与消灭》(第 4 版)，元照出版有限公司 2018 年版，第 360 页。但是，①旧债务不存在不会使新债务的效力受到影响，只不过此时新债非基于更改成立而已；②新债务之成立系更改之法律效果而非构成要件；③同为法律效果；④更改意思在论述通谋虚伪时已有详述；⑤适法之当事人在进入分析前已经交待，本案均符合，无单独检视之必要。

三、权利已消灭的抗辩

(一)检视结构

本案中,违约金请求权无《民法典》第557条第1款规定的债消灭的一般事由,无《民法典》第591条第1款规定的减损义务违反以及损益相抵等事由。但是,基于违约金请求权的从属性,主合同若存在乙公司的抗辩,基于从合同发生的权利也会溯及既往地被消灭。另外,对于违约金请求权,根据《民法典》第585条第2款第2分句之规定,人民法院可以对其进行酌减,而在被酌减的范围内,违约金请求权同样溯及既往地消灭。因此,以下分别检视"主合同存在抗辩(权)导致权利消灭"和"司法酌减导致违约金请求权在相应范围内消灭"。[批注24]

[批注24]
抽丝剥茧,思路清晰。

(二)主合同存在抗辩(权)导致权利消灭

本案中,甲和乙公司之间的违约金系针对乙公司的迟延履行而约定,但倘若乙公司基于主合同享有抗辩权,却又径直支持乙公司的迟延责任,无异于甲基于主合同的请求权获得了迂回实现,变相剥夺了债务人乙公司的抗辩利益。① 因而,此处先检视主合同是否存在乙公司的抗辩权,若主合同之抗辩权存在,还须进一步检视该抗辩权能否消灭违约金请求权。

1. 履行抗辩权

(1)履行抗辩权存在

根据甲及乙公司在《商品房买卖合同》及其补充协议中的约定,双方互负的债务存在先后履行顺序:甲须先支付第一期购房款三亿三千六百万元,乙公司在2021年12月31日前交房并办理移转登记,交房后一个月内甲支付第二期购房款六千四

---

① 参见申海恩:《论抗辩权的附随效力》,载《华东政法大学学报》2019年第5期。

百万元。在此须检视《民法典》第 526 条规定的先履行抗辩权①，前已提及，甲确已通过更改之方式支付房款，因而此处只须检视甲之房款支付义务之履行是否符合约定（《民法典》第 526 条第 2 句）。

检视甲履行债务是否适约，核心在于检视甲是否足额支付了三亿三千六百万元的一期购房款。如前所述，甲已实际支付了三亿元的购房款，因而，可将问题进一步限缩为，剩余三千六百万元是否足额支付。前已述及，甲和乙公司通过合意，将《借款合同》中的利息约定更改为三亿元款项的期限利益的金钱量化方式之约定。详言之，甲向乙公司让渡了三亿元款项的期限利益以清偿《商品房买卖合同》，该期限利益的计算方式仍为原《借款合同》中利息的计算方法。若作为更改结果的金钱量化方式之约定有效，则甲足额支付三千六百万元；而如果该约定无效或部分无效，则甲让渡的期限利益并未达三千六百万元。

结合双方对三亿元房款给付目之更改协议，经由解释可得知，当事人更改之后的结果是，提前半年支付部分房款，且让渡该半年内的期限利益为第一期房款，该期限利益的计算方式为银行同期贷款利率的四倍，并按月计算复利。与该期限利益的金钱量化方法约定最相似者，仍为借款合同中的利息约定。利息的本质即"若不将资本做此用途而做他用可能产生的回报"，更进一步地，可以认为利息是"与使用时间直接相关的资金的使用费"。② 因此，任何关于期限利益量化方法之约定应均可类推适用关于利息的规定。[批注25]

［批注 25］
资金的期限利益即利息，这基本是通识，所以，论证上可以不必如此迂回。

---

① 对于这一条，反对意见似占据主流，较近的讨论，参见李建星：《先履行抗辩权之解构》，载《法学家》2018 年第 5 期。反对者的核心理由在于，若后给付义务未届期，则债务人有未届期之抗辩，若已届期，则为同时履行抗辩权。实际上，认为第 525 条和第 526 条将学理上的"不履行合同的抗辩权"（《德国民法典》第 320 条）一分为二，各自按照法条规定的构成要件适用，应不会出现较大的问题。

② 参见许德风：《论利息的法律管制——兼议私法中的社会化考量》，载《北大法律评论》编辑委员会编：《北大法律评论》（第 11 卷第 1 辑），北京大学出版社 2010 年版，第 191—192 页。

《民法典》对于利息的规制规定在第 680 条,本案涉及的是第 680 条第 1 款后段:"借款的利率不能违反国家有关规定。"本条系转介规范,"国家有关规定"的表述不同于《民法典》第 153 条第 1 款的"法律、行政法规",后者应被严格限制,而前者则基于利率管制的特殊考量,范围较广。① 本案中,应类推适用《民间借贷案件规定》(2020)第 27 条第 2 款,双方当事人约定的期限利益的金钱量化方法,恰好按合同成立时一年期贷款市场报价利率计算,因此双方当事人按月计算的复利,因为违反第 27 条第 2 款而无效。

于此可以得出结论,甲向乙公司让渡的三亿元款项的期限利益的金钱量化方法约定,因违反《民间借贷案件规定》(2020)第 27 条第 1 款而部分无效。因此,当事人约定的期限利益计算方法部分无效,该期限利益不足三千六百万元。

上述内容表明,甲实际支付的房款为三亿元,并通过向乙公司让与该款项的期限利益支付房款,双方将《借款合同》中的利息约定通过合意更改为关于该期限利益的金钱量化方法之约定,然而,该约定由于关于利息的效力性强制性规定而部分无效。因此,该期限利益虽然在当事人主观上价值三千六百万元,但客观上并不够三千六百万元。最终,法律评价的结果是乙公司未足额支付三亿三千六百万元的一期房款。

根据《民法典》第 526 条第 2 句,乙公司享有甲未足额支付的房款范围内的抗辩权,可以拒绝交付与该范围相对应的商品房。

(2)该抗辩权可消灭违约金请求权

履行抗辩权阻止迟延履行的违约金请求权不需要当事人行使,因为债权人对债务人履行抗辩权的行使没有需要保护的利益。② 本案中,甲没有足额支付房款,乙公司可在未足额支付的范围内拒绝交房,因此乙公司不因未交房而承担迟延履行责任,系当然之理。

---

① "国家有关规定"可包括金融政策、司法解释、行政法规等。参见朱庆育主编:《中国民法典评注·条文选注》(第 2 册),中国民主法制出版社 2021 年版,第 489—490 页,边码 11。
② 参见韩世远:《合同法总论》(第 4 版),法律出版社 2018 年版,第 398—401 页。

但是，一如前述，乙公司的抗辩权仅在甲未足额支付的范围内成立，而迟延履行违约金是针对所有的房屋交付义务所设，因此在观念上，甲对乙公司迟延履行的违约金请求权，同样应按甲未足额支付额与一期房款之间的比例被排除。同时，以三亿元为本金，以一年期贷款市场报价利率计算期限利益，其中复利部分（未支付的房款）占约定房款三亿三千六百万元的比例非常小。[批注26]同时，在本案中，违约金的功能不仅在于按比例填补甲的损失，也在于促使乙公司履行债务①，即本案中的违约金并不具有可分性。因此，乙公司较小比例的履行抗辩权，不应使违约金请求权消灭。

> [批注26]
> 如果计算出具体金额，会更有说服力。

（3）小结

乙公司在甲未足额支付的房款范围内享有履行抗辩权，但基于违约金的功能考量，该抗辩权并不会导致违约金请求权消灭。

2. 其他抗辩权

本案中的主合同《商品房买卖合同》除履行抗辩权外，不存在其他抗辩权，即不存在其他可使违约金请求权消灭的主合同抗辩权。

3. 次级中间结论

违约金请求权不因主合同存在抗辩（权）而消灭。

（三）司法酌减导致违约金请求权在相应范围内消灭

1. 违约金司法酌减之原理

根据《民法典》第585条第2款第2分句，违约金酌减为形成诉权②，在实体法的效果上司法酌减可对抗违约金请求权，使

---

① 参见姚明斌：《违约金双重功能论》，载《清华法学》2016年第5期；韩强：《违约金担保功能的异化与回归——以对违约金类型的考察为中心》，载《法学研究》2015年第3期。
② 参见王洪亮：《违约金酌减规则论》，载《法学家》2015年第3期；姚明斌：《〈民法典〉违约金规范的体系性发展》，载《比较法研究》2021年第1期。

违约金请求权在被酌减的范围内消灭,因此,违约金酌减为实体法上的狭义抗辩。① 将违约金酌减理解为抗辩,就意味着法院可以向当事人释明其或是直接依职权启动,因为抗辩区别于抗辩权的标志就是法院可依职权适用。②

作为司法评价之一种,违约金酌减是立法者明文授权的自由裁量,因此在酌减过程中,应根据不同的衡量因素谨慎为之③,利益衡量只有通过特定的论证过程才能作为裁判依据,因此还应使衡量的过程明文化、可视化。同时,各个衡量因素之间应避免重复和交叉,以防止重复评价。④ 最后,违约金酌减可分为判断违约金是否酌减和酌减多少两步。在这两步中均需要进行利益衡量。⑤

2. 违约金司法酌减之展开〔批注27〕

〔批注27〕
利益衡量因素的逐条陈列增强了论证力度。

有利于乙公司的衡量因素。第一,甲购买商品房之目的应为转售或出租盈利,乙公司迟延交房仅五个月,A楼商品房买受人甲的损失应远未超过房款的七分之一(四亿分之六千万),因此可以认为违约金高于造成的损失,违约金应被酌减;第二,甲也未足额支付一期房款,这一情事虽然不足以阻止违约金之请求权,但应在酌减时予以考虑。

---

① 参见杨芳贤:《民法违约金酌减规定之若干问题》,载《台大法学论丛》2011年第4期。
② 这一方案在解释论上应无障碍,虽然第585条第2款的表述为"可以根据当事人的请求适当减少",但严格从文义来说,"可以为××"同时意味着"可以不为××","可以根据当事人请求……"同时意味着"可以不根据当事人的请求……"。并且,相较于原《合同法》(1999),《民法典》的条文表述由被动句式转变为主动句式,也可从侧面证明这一点。参见姚明斌:《〈民法典〉违约金规范的体系性发展》,载《比较法研究》2021年第1期。
③ 因此,经由原《合同法解释二》(2009)第29条第2款确定,被《商品房买卖合同解释》(2020)第12条继受的"超过造成的损失30%"的确定标准并不可取。
④ 比如,原《合同法解释二》(2009)第29条第1款曾列举了若干违约金酌减的衡量因素,该款规定:"当事人主张约定的违约金过高请求予以适当减少的,人民法院应当以实际损失为基础,兼顾合同的履行情况、当事人的过错程度以及预期利益等综合因素,根据公平原则和诚实信用原则予以衡量,并作出裁决。"此处的预期利益与实际损失、合同履行情况与实际损失及当事人过错程度均有不同程度的交叉。
⑤ 参见姚明斌:《违约金论》,中国法制出版社2018年版,第314页。

有利于甲的衡量因素。第一,乙公司系商事主体,理性程度、缔约能力较高,主动许诺高额的违约金,酌减规则对其的保护应有所节制①;第二,如果乙公司违约之后二次出售或出租 A 楼商品房,所得收入可完全支付违约金,则对乙公司无保护之必要,违约金将成为分配乙公司背信所得的工具。

综上,将本案中这些违约金酌减的衡量因素综合考虑,可得出结论,违约金应被酌减。至于违约金应被酌减多少,实际上就是对这些衡量因素进行金钱评价,由于缺乏当地房屋租金的市价等更具体的信息,此处难以直接给出具体数额。

(四)中间结论

本案中,违约金应被酌减,违约金请求权在酌减的范围内消灭。不存在其他权利已消灭之抗辩。

四、权利行使抗辩权

权利行使抗辩权主要包括履行抗辩权(《民法典》第 525—527 条)和时效抗辩权(《民法典》第 192 条第 1 款),根据案情可知,本案中的违约金请求权既不存在履行抗辩权也未受限于时效经过而不能行使,无须进一步检视。

五、结论

甲可以请求乙公司支付违约金,支付的金额应在六千万元的基础上酌减之后确定。

---

① 在第 166 号指导案例的"裁判理由"部分,法院指出:"而城建重工公司作为商事主体自愿……并承诺高额违约金……一审法院判令城建重工公司依约支付 80 万元违约金,并无不当。"参见北京市第二中级人民法院民事判决书(2017)京 02 民终 8676 号。

案例七：买卖型担保案

◇ **案情介绍**

2021年1月25日，甲与乙签订14份《商品房买卖合同》，主要约定：甲向乙购买当地百桐园小区十号楼14套商铺等。同日乙将该14份合同办理了销售备案登记手续，并于次日向甲出具两张总额10354554元的销售不动产发票。

2021年1月26日，甲与乙签订一份《借款协议》，主要约定："乙向甲借款1100万元，期限至2021年4月26日；乙自愿将其开发的当地百桐园小区十号楼商铺抵押给甲，抵押的方式为与甲签订商品房买卖合同，并办理备案手续，开具发票。如乙偿还借款，甲将抵押手续（合同、发票、收据）退回；如到期不能偿还，乙将以抵押物抵顶借款，双方互不支付对方任何款项等。"该合同签订后，甲向乙发放了1100万元借款，乙出具了收据。[①]

2021年4月26日，还款期限届满后，乙未能还款。

问题：甲得主张何种请求权？

◇ **解题大纲**

一、请求权基础预选 ··· 182
二、甲请求乙返还1100万元借款 ································· 183
 （一）请求权是否已产生 ··· 183
  1. 请求权成立要件 ··· 183

[①] 本案改编自"朱俊芳与山西嘉和泰房地产开发有限公司商品房买卖合同纠纷案"。本文将协议签订时间点调整至《中华人民共和国民法典》生效之后，以便适用民法典及相关司法解释。原案情中乙辩称，甲持有的收据数额虽然是1100万元，但乙实际收到的款项为1023万元，在借款时甲已扣除了77万元利息。法院以证据不足为由，不予支持。参见最高人民法院民事判决书（2011）民提字第344号。

　　　　（1）借款合同成立 ……………………………………… 183
　　　　（2）贷款人已按照约定的日期、数额提供借款 ………… 183
　　　　（3）借款期限届满 ……………………………………… 183
　　2. 权利未发生的抗辩 ……………………………………… 183
（二）权利已消灭的抗辩 ……………………………………… 183
　　1. 还款请求权消灭时间点之争 …………………………… 184
　　2. 缺乏明确的债之更改意思 ……………………………… 184
（三）权利行使抗辩权 ………………………………………… 185
　　1. 诺成性的新债清偿合意 ………………………………… 185
　　2. 以物抵债和有追索权保理中新债清偿规则的区别 …… 186
　　3. 新债清偿规则的异化 …………………………………… 187
　　4. 新债清偿与以物抵债的分离 …………………………… 188
（四）小结 ……………………………………………………… 189

三、甲请求乙交付案涉商品房并移转所有权 …………………… 190
（一）请求权是否已产生 ……………………………………… 190
　　1. 请求权成立要件 ………………………………………… 190
　　　　（1）乙承担交付案涉商品房并移转所有权的义务 …… 190
　　　　（2）代物清偿合意（要物合同说）的裁判整理 ……… 190
　　　　（3）两种要物性？ ……………………………………… 191
　　　　（4）现有通说对"要物性"的批判 …………………… 192
　　　　（5）债务人有代替权的任意之债说 …………………… 193
　　　　（6）代物清偿合意"诺成化"改造的检讨 …………… 194
　　2. 权利未发生的抗辩 ……………………………………… 195
　　　　（1）因违反流担保禁止规则而无效？ ………………… 195
　　　　（2）因构成通谋虚伪表示而无效？ …………………… 195
　　　　（3）违约金酌减与利息管制？ ………………………… 196
（二）权利已消灭/改变的抗辩 ………………………………… 197
　　1. 案涉协议是否属于担保合同？ ………………………… 198

　　　　（1）代物清偿合意（诺成合同说）或代物清偿预约？ …………… 199
　　　　（2）买卖合同？ ………………………………………………… 201
　　　　（3）担保合同定性再检讨 ……………………………………… 202
　　2. 流担保禁止规则的适用范围 …………………………………… 204
　　3. 处分型清算抑或归属型清算 …………………………………… 205
　（三）权利行使抗辩权 ……………………………………………… 207
　　1. 基于价款支付请求权的同时履行抗辩权？ …………………… 207
　　2. 基于差额交还请求权的同时履行抗辩权？ …………………… 208
　（四）小结 …………………………………………………………… 208
四、甲请求乙容忍拍卖标的物 ………………………………………… 208
五、结论 ………………………………………………………………… 209

一、请求权基础预选

关于本案的学说争论由来已久。司法裁判中不乏同案不同判之情形。① 原《民间借贷案件规定》(2015)第24条正式规范此类案件的裁判路径,修正后的《民间借贷案件规定》(2020)第23条的规范内容未作实质修改。但旧的学说争论并未因此平息,新的学说观点反而不时涌现。本文在请求权成立要件、权利未发生的抗辩、权利已消灭的抗辩和权利行使抗辩权的框架下分别检讨有关学说争议,旨在探索以请求权基础思维系统检讨学说的路径。②

本案的难点在于处理针对案涉协议的各种复杂学说。某一合同的内容是什么,属于意思表示解释的问题[批注1],无须附会某一学说赋予其正当性。契约学说中的定义性规范只是对有关合意类型的描述。③ 在分析案例的过程中,宜将意思表示解释放在核心地位,经意思表示解释之后,仅需讨论契合本案合意类型的学说。如果在同一合意类型上存在不同学说,其中蕴含着对同一合意类型的不同价值判断。此时,需要权衡不同的价值判断,探寻立法或司法裁判已经形成的价值共识。

本案中,甲或可主张的请求权有三:第一,借款返还请求权;第二,逾期利息支付请求权;第三,交付案涉商品房并移转所有权的请求权。从当事人使用的文件名称《商品房买卖合同》和《借款协议》中,并不必然能解释出当事人间的真正合意是买卖合同和借款合同。当事人签订的文件名称,只有经过意

[批注1]
开篇锚定论证核心,使读者形成阅读预期。

---

① 参见最高人民法院民事判决书(2013)民提字第135号。
② 关于请求权基础思维的介绍,参见吴香香:《请求权基础思维及其对手》,载《南京大学学报(哲学·人文科学·社会科学)》2020年第2期;金晶:《请求权基础思维:案例研习的法教义学"引擎"》,载《政治与法律》2021年第3期。
③ 参见孙维飞:《定义、定性与法律适用——买卖型担保案型的法律适用问题研究》,载《华东政法大学学报》2021年第6期;〔德〕海因·克茨:《德国合同法(第2版)》,叶玮昱、张焕然译,中国人民大学出版社2022年版,第19页。

思表示解释,才能在规范意义上确定其含义。本案中借款合同的定性并无争议。返还借款的请求权基础是《民法典》第 675 条第 1 句。支付逾期利息的请求权基础是《民法典》第 676 条。限于篇幅,本文于还款请求权部分附带讨论利息问题。交付案涉商品房并移转所有权的请求权涉及《商品房买卖合同》的定性,应以合同本身作为请求权基础。[批注2]

〔批注2〕
　　基于私法自治原则,合同本身也可以作为请求权基础。

二、甲请求乙返还 1100 万元借款

(一)请求权是否已产生

该请求权的规范基础是《民法典》第 675 条第 1 句:"借款人应当按照约定的期限返还借款。"还款请求权的成立要件是双方成立借款合同、贷款人已按照约定提供借款和借款期限届满。

1. 请求权成立要件

(1)借款合同成立

当事人约定"乙向甲借款 1100 万元,期限至 2021 年 4 月 26 日"。双方成立借款额为 1100 万元的借款合同,还款期为 2021 年 4 月 26 日。

(2)贷款人已按照约定的日期、数额提供借款

该合同签订后,甲向乙发放了 1100 万元借款,乙出具了收据。

(3)借款期限届满

已过 2021 年 4 月 26 日的还款期限。

2. 权利未发生的抗辩

本案中不存在权利未发生的抗辩事由。

(二)权利已消灭的抗辩

本案并不满足清偿、提存、抵销、混同和免除等法定请求权消灭事由,但可能存在约定的消灭事由。

1. 还款请求权消灭时间点之争

《借款协议》约定,"如到期不能偿还,乙将以抵押物抵顶借款,双方互不支付对方任何款项等"。"双方互不支付对方任何款项"可解释为还款请求权消灭,应无疑义。但关于还款请求权消灭时间点,存在"还款债务履行期届满时"和"交付并移转房屋所有权时"两种解释可能。

此处的争论属于意思表示解释结果的分歧,应聚焦于《借款协议》的内容。

"附停止条件的债之更改说"认为,债务人未能按期履行还款义务时,价金支付请求权和还款请求权同时消灭,债务人仅负担移转房屋所有权的义务。价金支付请求权和还款请求权同时消灭,债务人仅负担移转房屋所有权的义务。① 另有判决则指出,"抵顶"等表述虽有消灭原债务的意思,但其实现有赖协议的实际履行。② "以抵押物抵顶借款,双方互不支付对方任何款项"应解释为,债务人履行《商品房买卖合同》的义务、交付并移转房屋所有权后,还款义务消灭,双方互不支付任何款项。

2. 缺乏明确的债之更改意思 [批注3]

本文认为,当事人约定不明时,应推定为还款请求权于房屋所有权移转时而非还款债务履行期届满时消灭。原因在于,"债之更改"合意会使得债权人的旧债权消灭,为保护债权人的利益,债之更改的成立必须要有当事人明确的成立新债务消灭旧债务的意思。如果当事人的合意约定不明,不应推定为"债

〔批注3〕
本案与典型的请求权基础练习案例不同,在"请求权已产生—未消灭—可行使"的大框架下,具体的检视步骤需要依据案情架构,如此处所涉的"是否存在债之更改意思",即属于是否存在权利消灭抗辩的检视。

---

① 参见孙维飞:《定义、定性与法律适用——买卖型担保案型的法律适用问题研究》,载《华东政法大学学报》2021年第6期;姚明斌:《〈合同法〉第114条(约定违约金)评注》,载《法学家》2017年第5期。
② 参见最高人民法院民事判决书(2016)最高法民再294号。

之更改"。① 司法实践中"债之更改"协议多发生在借款债务履行期届满后,当事人须明确约定协议签订后债务人原有债务消灭并转化为移转抵债物所有权的义务。②

综上,就还款请求权的消灭时点而言,<u>案涉协议</u>[批注4]的内容应解释为:如果乙实际履行《商品房买卖合同》中的交付与所有权移转义务,甲取得案涉14套商品房的所有权,甲的还款请求权始消灭。

本案中,债务人乙并未移转案涉14套商品房的所有权,债权人甲的还款请求权并未消灭。<u>根据后文,甲的房屋所有权移转请求权可能变更为容忍拍卖案涉房屋的请求权,甲的还款请求权也可能因拍卖所得价款而得到清偿或部分清偿</u>。[批注5]

[批注4]
案情中有《房屋买卖合同》与《借款协议》两个合同,需要明确文中所谓"案涉协议"指的仅是后者。

[批注5]
检视结构可以再优化,因为请求权基础检视强调步骤与顺序,要求在先问题的检视不应以在后问题为前提。可以考虑先检视买卖合同请求权,再检视还款请求权?

(三) 权利行使抗辩权

本案中,乙对甲并不享有法定的权利行使抗辩权,须检视的是,是否存在约定的权利行使抗辩权。

1. 诺成性的新债清偿合意

《九民纪要》(2019)的释义书中认为"履行期届满后的以物抵债协议属于新债清偿,债权人可以请求债务人交付抵债物"③。该观点认为债权人可依据新债清偿协议请求债务人履行新债务。有学者以"事先达成的新债清偿协议"解释案涉协议④,如此解释则可能存在一项债权人行使原债上还款请求权的限制规则:"债权人原则上应当先请求履行新债。债务人不

---

① 最高人民法院民事审判第二庭编:《〈全国法院民商事审判工作会议纪要〉理解与适用》,人民法院出版社2019年版,第300页;最高人民法院民事判决书(2016)最高法民终484号;最高人民法院民事裁定书(2021)最高法民申2483号。
② 参见最高人民法院民事判决书(2015)民一终字第180号;重庆市高级人民法院民事判决书(2017)渝民再162号;甘肃省高级人民法院民事判决书(2021)甘民终497号。
③ 参见最高人民法院民事审判第二庭编:《〈全国法院民商事审判工作会议纪要〉理解与适用》,人民法院出版社2019年版,第300页。
④ 参见贾章范:《买卖型担保的理论廓清、效力分析与裁判路径——以最高人民法院的裁判观点为研究对象》,载郭春镇主编:《厦门大学法律评论》第32辑,厦门大学出版社2021年版,第188页。

履行新债的,债权人既可以根据新债主张继续履行、违约责任,也可以恢复旧债的履行。"① 仅债务人届期不履行新债并不构成此处的"债务人不履行新债"。② 有判决将"债务人不履行新债"限缩解释为新债不能履行、目的不能实现或者存在其他导致新债清偿协议无效、应予撤销的情形。③ 在此观点下,债务人乙或可基于此项规则主张权利行使的顺序抗辩权,要求债权人甲先主张房屋所有权移转请求权。**此时似乎应先审查新债清偿协议有无不能履行、目的不能实现、无效或可撤销的事由。**〔批注6〕

[批注6]
在此之前,应先审查的是案涉合同能否被定性为新债清偿合意。

2. 以物抵债和有追索权保理中新债清偿规则的区别

除了以新债清偿解释以物抵债,我国司法实务和学理亦有观点主张以新债清偿解释有追索权的保理。只是上述两种"新债清偿"的含义似乎有出入。以新债清偿解释有追索权保理者认为,其法律效果是保理人在实现其应收账款债权时,应先向应收账款债务人求偿,应收账款债务人不能清偿的部分由应收账款债权人承担补充赔偿责任。简言之,应收账款债务人承担第一顺位的还款责任,应收账款债权人承担补充责任。④

上述两种表述看似都可化约为"债权人应先主张新债,新债不能实现时才能继续主张旧债",但有本质不同。**以物抵债**

---

① 参见邱聪智:《新订民法债编通则》(下册),中国人民大学出版社 2004 年版,第 454 页;最高人民法院民事审判第二庭编:《〈全国法院民商事审判工作会议纪要〉理解与适用》,人民法院出版社 2019 年版,第 303 页。
② 有判决认为,虽然债务人未按期履行新债清偿协议,但其表示继续履行,且无证据证明该协议客观上无法履行。根据意思自治和诚实信用原则,双方应履行新债清偿协议。参见江西省高级人民法院民事判决书(2018)赣民终 521 号。另有判决认为新债届期不履行致使以物抵债协议目的不能实现的,债权人有权请求债务人履行旧债务。参见最高人民法院民事判决书(2016)最高法民终 484 号。
③ 参见最高人民法院民事判决书(2020)最高法民再 197 号。
④ 参见最高人民法院民法典贯彻实施工作领导小组主编:《中华人民共和国民法典合同编理解与适用(三)》,人民法院出版社 2020 年版,第 1784—1785 页;关丽、丁俊峰、包晓丽:《保理合同纠纷中基础交易合同债务人拒绝付款的司法认定》,载《法律适用》2019 年第 23 期;最高人民法院民事判决书(2017)最高法民再 164 号。有追索权保理解释为新债清偿是否正当,本文不予讨论。反对观点参见李宇:《保理合同立法论》,载《法学》2019 年第 12 期;高圣平:《民法典担保制度及其配套司法解释理解与适用》(下册),中国法制出版社 2021 年版,第 1305 页。

中的"债权人应先主张新债"指债权人应先请求债务人提出他种给付。有追索权保理的"债权人应先主张新债"指保理人应先就已经受领的他种给付进行变价，即先找应收账款债务人实现债权。[批注7] 保理人能否请求应收账款债权人让与应收账款债权属于保理合同的问题，无涉新债清偿理论。如果套用以物抵债中的新债清偿规则，有追索权保理中的新债清偿规则应变更为，保理人应先请求应收账款债权人让与应收账款债权，该请求权不能实现时保理人可以请求应收账款债权人返还保理融资款。

[批注7]
关于新债清偿的法律效果，"以物抵债"的新债清偿说与有追索权保理的新债清偿说解释并不相同，而这是很隐蔽的区别，本文敏锐地指出了这一点。

3. 新债清偿规则的异化

考察比较法，有追索权保理的新债清偿规则与德国法上的新债清偿规则类似。德国法上，新债清偿合意使债权人负担他种给付的变价义务。① 新债清偿的"要物性"是指债权人承担变价义务以其受领他种给付为前提②，并不是对债权人主张他种给付请求权的限制。新债清偿理论主要是处理债权人受领他种给付之后的法效果：旧债权是否因受领他种给付而消灭？债权人继续主张旧债权是否受到限制？至于债务人是否有义务提出他种给付，不是新债清偿理论要解决的问题。当事人约定债务人有义务提出他种给付，债务人自然负有义务，但这无涉新债清偿理论本身。③

最高人民法院在《民法典》第766条的释义中采新债清偿说，主要援引了黄立的《民法债编各论》和史尚宽的《债法总论》。前者系引用施陶丁格民法典评注的观点。史尚宽先生关于新债清偿的论述与德国法基本一致，同样认为新债清偿合意

---

① Vgl. Fetzer, in: Münchener Kommentar BGB, Band 3, 9. Aufl. 2022, § 364 Rn. 13.
② 参见王千维：《论为清偿之给付》，载《政大法学评论》2011年总第121期。
③ 陈自强教授认为，新债务的负担虽可称为间接给付（即新债清偿中的给付行为），但新债务的负担，并非基于学说所谓间接给付契约（即单纯的新债清偿合意）。参见陈自强：《契约法讲义Ⅱ：契约之内容与消灭》，元照出版有限公司2018年版，第338页。

是债权人负有变价义务的单务合同。①[批注8] 因此，有追索权保理中的新债清偿规则类似德国法的解释。

我国台湾地区"民法"在继受新债清偿理论时，将其"要物性"理解为对债务人提出他种给付义务的限制。② 但是这种限制既不符合传统要物合同的法理，又不正当地损害了债权人的利益，[批注9] 学说便顺理成章地转向诺成合同说，③ 进而被大陆以物抵债的司法裁判引入。④ 大陆学者将新债清偿合意中的单务性解读为债务人因新债清偿合意负担的新债务。⑤ 这种学说转变本质上使得"新债清偿合意"语词指向不同的合意类型。德国法上的新债清偿合意产生债权人对已受领他种给付的变价义务，而以物抵债的新债清偿合意（诺成合同说）产生债务人提出他种给付的义务。德国法上的新债清偿与我国以物抵债的新债清偿仅有概念术语的渊源，本质上是两种截然不同的制度。

4. 新债清偿与以物抵债的分离

诚然，规则的差异不足以否定正当性。但更重要的问题是，以物抵债的新债清偿规则源于对德国法望文生义式的理解。德国法理的原貌是：债权人受领他种给付后，应当先对他种给付进行变价，暂时中止旧债务的履行；如他种给付变价所得利益满足旧债权，债务人的旧债务随之消灭，债权人不得主张旧债务；如果变价所得利益不能满足旧债权，债权人可继续

[批注8]
　　这三句话分开作注更规范。

[批注9]
　　应简要说明为什么不符合传统要物合同的法理，又为什么不正当地损害了债权人利益。

---

① 参见最高人民法院民法典贯彻实施工作领导小组主编：《中华人民共和国民法典合同编理解与适用（三）》，人民法院出版社2020年版，第1784页；黄立主编：《民法债编各论》（上册），中国政法大学出版社2003年版，第32页；史尚宽：《债法总论》，中国政法大学出版社2000年版，第820页。
② 参见孙森焱：《民法债编总论》（下册），法律出版社2006年版，第856页。
③ 参见邱聪智：《新订民法债编通则》（下册），中国人民大学出版社2004年版，第453—454页。
④ 参见房绍坤、严聪：《以物抵债协议的法律适用与性质判断——最高人民法院（2016）最高法民终484号判决评释》，载《求是学刊》2018年第5期。
⑤ 参见房绍坤：《论新债清偿》，载《广东社会科学》2014年第5期。

向债务人主张未受满足的部分。① 其正当性是债权人既已受领他种给付,债权的实现具有一定保障,如仍可主张原定给付,则会存在双重得利,债权人应先就已经受领的他种给付进行变价;他种给付并非替代原定给付清偿,只是作为旧债履行的手段,他种给付变价所得利益未使旧债权得到完全清偿时,债权人可继续主张旧债权未受满足的部分。

而新债清偿合意(诺成合同说)使债务人负担提出他种给付的义务,并无限制履行顺序的正当性。请求债务人提出他种给付的权利不足以像已经受领的他种给付一样保障债权人的旧债权的实现,无法中止旧债务的履行。对比而言,在"债务人有义务提出他种给付"的担保合同中,债务人不履行债务时,同样不存在对债权人主张新旧债务的顺序限制。② 现今通说以新债清偿合意(诺成合同说)解释履行期届满后的以物抵债,并采用履行顺序限制规则,其正当性值得检讨。

本案中,一则当事人并未约定债权人甲的还款请求权和移转案涉商品房所有权请求权的行使顺序;二则,新债清偿合意对债权人主张新旧债务的顺序限制也不具有正当性。因而,在契约定性这一步,不能将案涉协议定性为新债清偿合意(诺成合同说)。

据此,乙对甲不存在权利行使顺序抗辩权。

(四) 小结

甲可基于《民法典》第 675 条第 1 句请求乙返还 1100 万元的借款。

另,《民法典》第 676 条规定:"借款人未按照约定的期限返还借款的,应当按照约定或者国家有关规定支付逾期利息。"本案中,双方成立本金为 1100 万元的无息借贷。《民间借贷案件规定》(2020)第 28 条第 2 款第 1 项规定:"既未约定借期内利率,也未约定逾期利率,出借人主张借款人自逾期还款之日起参照当时一年期贷款市场报价利率标准计算的利息承担逾期还款违约责任的,人民法院应予支持。"逾期还款利息的性质为逾期还款的违约金或者损失赔偿,借款人在清偿借款之前,

---

① 参见王千维:《论为清偿之给付》,载《政大法学评论》2011 年总第 121 期。
② 参见王千维:《论为清偿之给付》,载《政大法学评论》2011 年总第 121 期。也有反对观点认为担保权人应先行使抵押权,后行使普通债权。参见李锡鹤:《物权论稿》,中国政法大学出版社 2016 年版,第 573 页。

其违约的状态一直持续,逾期利息应计算至借款偿付完毕之时。① 甲可基于《民法典》第 676 条请求乙支付自 2021 年 4 月 27 日起参照当时一年期贷款市场报价利率标准计算的逾期利息。

三、甲请求乙交付案涉商品房并移转所有权

甲与乙签订《商品房买卖合同》,甲或可基于与乙的合同请求交付案涉商品房并移转所有权。

(一)请求权是否已产生

1. 请求权成立要件

(1)乙承担交付案涉商品房并移转所有权的义务

成立要件是存在乙承担交付商品房并移转所有权义务的合同。于此,并不需要从当事人协议中解释出买卖合同,只须从中解释出交付案涉商品房并移转所有权的义务即可。[批注10]

[批注10] 非常好,直击要点。

《借款协议》中约定:"如到期不能偿还,乙将以抵押物抵顶借款,双方互不支付对方任何款项等。"当债务人乙未能按期返还借款时,其负有交付案涉商品房并移转所有权的义务。

(2)代物清偿合意(要物合同说)的裁判整理

受到代物清偿合意(要物合同说)的影响,有判决认为类似本案协议应定性为代物清偿合意,属于实践性合同(要物合同),合同成立需有他种给付的现实提出。② 于此,有必要对代物清偿合意的要物性予以检讨。部分裁判承认"代物清偿合意在债务人提出他种给付前不具有约束力"这一规则,认为债务

---

① 参见最高人民法院民事审判第一庭编著:《最高人民法院新民间借贷司法解释理解与适用》,人民法院出版社 2021 年版,第 413 页。
② 参见湖南省株洲市芦淞区人民法院民事判决书(2014)芦法民一初字第 874 号;广东省广州市中级人民法院民事判决书(2020)粤 01 民终 18723 号;内蒙古自治区太仆寺旗人民法院民事判决书(2020)内 2527 民初 614 号。

人有不履行他种给付的反悔权。① 也有裁判对此规则表示质疑。②

吊诡的是,最高人民法院的裁判实际上并未承认代物清偿合意在债务人提出他种给付前不具有约束力。著名的(2011)民提字第210号判决将当事人以土地作价清偿的约定认定为代物清偿协议,并认为代物清偿协议未实际履行前,原有金钱债务并不消灭,没有提及要物性(实践性)。③ 2012年《最高人民法院公报》关于该案的裁判摘要将代物清偿协议定性为实践性合同,但也只是阐明原金钱债务须于债务人实际履行代物清偿协议后才消灭。④ 之后,最高人民法院确实在多份判决中指出代物清偿合同的实践性,但同样仅是阐明原金钱债务须于债务人实际履行代物清偿协议后才消灭,并未提及代物清偿合意在债务人提出他种给付前不具有约束力。⑤ 更有判决直接否认"代物清偿合意在债务人提出他种给付前不具有约束力"这一规则。⑥

(3)两种要物性?

有学者认为代物清偿的"要物性"属于定义性规范,并以我国台湾地区民法学说同时承认"消费借贷"与"诺成的消费借贷契约"为由,<u>认为存在两种要物性</u>[批注11],进而得出"要物性"

[批注11]
应简要交代"两种要物性"分别是什么。

---

① 参见广东省高级人民法院民事判决书(2014)粤高法审监民提字第98号;江苏省高级人民法院民事裁定书(2016)苏民申2114号;江苏省高级人民法院民事裁定书(2017)苏民申1593号。
② 参见广东省高级人民法院民事判决书(2016)粤民破17号;山西省高级人民法院民事裁定书(2016)晋民申1379号;山东省高级人民法院民事判决书(2019)鲁民终239号;内蒙古自治区高级人民法院民事判决书(2020)内民终331号。
③ 参见最高人民法院民事判决书(2011)民提字第210号。
④ 参见成都市国土资源局武侯分局与招商(蛇口)成都房地产开发有限责任公司、成都港招实业开发有限责任公司、海南民丰科技实业开发总公司债权人代位权纠纷案,载《最高人民法院公报》2012年第6期。
⑤ 参见最高人民法院民事判决书(2014)民申字第00895号;最高人民法院民事裁定书(2019)最高法民申2753号;最高人民法院第三巡回法庭民事裁定书(2017)最高法民申1783号;最高人民法院第三巡回法庭民事裁定书(2017)最高法民申3957号。
⑥ 参见最高人民法院民事裁定书(2017)最高法民申2482号。

不会影响合同成立或生效的结论。①

  本文认为,其论证思路或可商榷。"定义性规范"只是论证的起点,并非论证的终点。仅仅指明某契约学说的定义性规范性质尚有未足,仍需进一步探寻该定义性规范所描述的合意类型。所谓的"消费借贷"和"诺成的消费借贷契约"指向的合意类型是一致的,区别在于是否受到"要物性"的限制。如果仍坚持消费借贷的要物性,当事人达成的消费借贷合意必然不生效力。以所谓的"两种要物性"去证成其效力,本质上是在一种合意类型上兼容两种矛盾的价值判断,会导致法秩序的评价矛盾。

  诚然我国台湾地区有学者将"要物性"解释为任意性规范,但其是先论证"要物性"的不合理性,再将"要物性"解释为任意性规范以缓和"要物性"的限制。② 径行将"要物性"理解为定义性规范,遮蔽了"要物性"的正当性讨论。在承认"要物性"会影响合同效力的前提下,"要物性"是否具有正当性的讨论不可避免。

  (4)现有通说对"要物性"的批判

  以"要物性"为由否认债权人主张他种给付请求权的观点,无论是在价值判断上还是在法理上都被认为有不通之处。其一,在此观点下,单纯的代物清偿合意相当于赋予债务人拒绝履行他种给付的反悔权。在价值判断上,"要物性"违背意思自治原则,损害了债权人的合法利益,阻碍交易发展。③ 其二,在不同的历史时期,"要物合同"的指涉对象并不相同。罗马法上的要物合同最初是指除当事人合意外,还需要物的交付,才能使受领人负担返还标的物义务的合同。④ 现代法上的要物合同是指除当事人双方意思表示一致外,尚需交付标的物或完成其他现实给付才能成立的合同。以消费借贷为例,罗马法的要物指向借用人的返还义务,符合"无借则无还"的常理。现代法的要物则指向贷与人交付借用物的义务,是为了保护无偿的一方当事人。代物清偿合意既不具有"标的物一来一还"的特殊构造,也不

---

① 参见孙维飞:《定义、定性与法律适用——买卖型担保案型的法律适用问题研究》,载《华东政法大学学报》2021年第6期。
② 参见刘春堂:《民法债编各论》(上册),三民书局2003年版,第485页。
③ 参见崔建远:《以物抵债的理论与实践》,载《河北法学》2012年第3期;陆青:《以房抵债协议的法理分析——〈最高人民法院公报〉载"朱俊芳案"评释》,载《法学研究》2015年第3期。反对观点认为要物性对债权人和债务人都不存在不公平的问题。即使债务人反悔,当事人仍受原债约束,并未损害债权人的利益,更未增加债务人的利益,同时避免因财产价值波动带来的双方利益失衡。
④ 参见张金海:《论要物合同的废止与改造》,载《中外法学》2014年第4期。

具有无偿性，不能被归入要物合同。[批注12]因此，主流观点将代物清偿合意改造为诺成合同，当事人达成代物清偿合意，债权人即享有主张他种给付的请求权。①

[批注12] 论证资源的深掘，丰富了论证层次，也使论理更有力。

通过前文对最高人民法院裁判的整理可以发现，"要物性"要求混淆代物清偿合意和债权人受领他种给付的效果。原债的消灭需要债权人现实受领他种给付，不能由此推导出债权人受领他种给付之前代物清偿合意不产生任何效果。这并非历史的偶然，法国民法学者波蒂埃在《论买卖合同》中强调代物清偿如果没有替代物的交付或者所有权的移转则不发生，因为没有所有权的移转就没有清偿。后来的民法学者误认为代物清偿合意区别于诺成性的买卖合同的关键在于必须有"物的交付"，因此形成了要物合同说。②

（5）债务人有代替权的任意之债说

但问题并未结束，分离"代物清偿合意"和"债务人提出他种给付的行为"是否就意味着债权人可以基于代物清偿合意请求债务人提出他种给付？回顾学说史，早在要物合同说出现之前，古典罗马法即认为，当事人达成代物清偿合意后，债务人可以在履行原债和返还他种给付之间进行选择，在实际履行使债权人获得现实满足后，原债才消灭。债权人不能在两种给付间选择。③德国学理认为代物清偿合意系赋予债务人代替权的任意之债④，代替权的行使需要他种给付的现实提出。债权人受

---

① 参见湖北省高级人民法院民事判决书（2018）鄂民终895号；甘肃省高级人民法院民事判决书（2018）甘民终314号；吉林省高级人民法院民事裁定书（2018）吉民申2544号；山西省高级人民法院民事判决书（2020）晋民终881号；新疆维吾尔自治区高级人民法院民事判决书（2020）新民终372号。
② 参见肖俊：《代物清偿中的合意基础与清偿效果研究》，载《中外法学》2015年第1期。
③ 参见肖俊：《代物清偿中的合意基础与清偿效果研究》，载《中外法学》2015年第1期。
④ 参见肖俊：《代物清偿中的合意基础与清偿效果研究》，载《中外法学》2015年第1期；[德]迪尔克·罗歇尔德斯：《德国债法总论（第7版）》，沈小军、张金海译，中国人民大学出版社2014年版，第143页；Fetzer, in: Münchener Kommentar BGB, Band 3, 9. Aufl. 2022, § 364 Rn. 2. 意大利也有学者支持此说，参见[意]阿雷西奥·扎卡利亚：《债是法锁——债法要义》，陆青译，法律出版社2017年版，第41、142页。

领他种给付之后，原债权债务关系消灭。

债务人有代替权的任意之债说与代物清偿要物合同说的效果相似，债权人都不得基于代物清偿合意请求债务人提出他种给付。这也招致与要物合同说相同的质疑，即可能削弱意思自治和损害债权人的利益①，所以其未能撼动诺成合同说的通说地位。但这一质疑忽略了两种学说并非对同一合意类型的不同价值判断，而是对应两种不同的合意类型。[批注13]德国法上最常举的代物清偿案例是当事人约定购车人可以用旧车代物清偿折抵部分价款。②债务人的代替权来自当事人的约定而不是法律规定③，基于意思自治而不是特殊的价值判断。当事人约定债务人享有提出他种给付的代替权时，这种合意才可以被描述为"代物清偿合意"。债务人有代替权的任意之债说的代物清偿合意对应的是"债务人有权利但无义务提出他种给付"的合意类型[批注14]。

[批注13] 既然对应的合意类型不同，就不应共享相同的质疑。

[批注14] 精辟。

（6）代物清偿合意"诺成化"改造的检讨

代物清偿要物合同说和诺成合同说指向"债务人有义务提出他种给付"的合意类型[批注15]。要物合同说真正值得诟病之处在于，其在维持与债务人有代替权的任意之债说类似法律效果的同时，潜移默化地将代物清偿合意指称的合意类型由"债务人有权利但无义务提出他种给付"转换为"债务人有义务提出他种给付"。在后一合意类型上，以要物性为由否认债权人主张他种给付的请求权不具有说服力。诺成合同说区别了要物合同和代物清偿合意，却已被误导在异种合意类型上发展代

[批注15] 精准透彻。

---

① 参见陆青：《以房抵债协议的法理分析——〈最高人民法院公报〉载"朱俊芳案"评释》，载《法学研究》2015年第3期。
② 参见〔德〕迪尔克·罗歇尔德斯：《德国债法总论（第7版）》，沈小军、张金海译，中国人民大学出版社2014年版，第110页，边码308；〔德〕海因·克茨：《德国合同法（第2版）》，叶玮昱、张焕然译，中国人民大学出版社2022年版，第271页，边码852。
③ Vgl. Christoph Hirsch, Schuldrecht Allgemeiner Teil, 11. Aufl., Baden-Baden: Nomos, 2018, Rn. 232.

物清偿学说。

如果采代物清偿合意诺成说,则债权人甲对债务人乙的请求权不受要物性的影响。如果采代物清偿合意的债务人有代替权的任意之债说,本案中当事人约定债务人乙负有移转房屋所有权的义务,乙并无代替权,案涉协议也不属于此类代物清偿合意,债权人甲的请求权同样不受影响。[批注16]

2. 权利未发生的抗辩

(1) 因违反流担保禁止规则而无效?

当事人约定债务人未能履行还款义务时承担移转房屋所有权的义务,此种约定是否有效? 山西省高级人民法院再审判决认为:商品房买卖合同是借款合同的抵押担保内容。《借款协议》中到期不能还款用抵押物抵顶借款,双方之间不再支付对方任何款项的约定违反法律的强制性规定,应属无效。① 现行法上,违反流担保禁止规则并不会使得担保合同无效②,只会赋予当事人强制清算义务。至于强制清算义务对请求权基础审查的影响,留待后文论述。

(2) 因构成通谋虚伪表示而无效?[批注17]

《民法典》第 146 条第 1 款规定:"行为人与相对人以虚假的意思表示实施的民事法律行为无效。"本案原终审判决认为买卖合同就是当事人的真实意思表示。③ 有观点认为案涉协议亦可能因构成通谋虚伪表示而无效。司法裁判中对虚伪表示和隐藏行为的定性并不一致。有裁判认为虚伪表示是买卖合同,隐藏行为是代物清偿预约。④ 也有裁判认为隐藏行为是担

[批注16]
这部分对代物清偿概念本身的梳理很精彩。但就案例分析的思路而言,先在问题是,能否以代物清偿诺成说或代物清偿任意之债说来解释案涉《借款协议》。

[批注17]
通谋虚伪无效较之流担保禁止,是更常见的无效事由,检视顺序上,置于对流担保禁止的检视之前更好。

---

① 参见山西省高级人民法院民事判决书(2010)晋民再终字第 103 号。类似判决参见最高人民法院民事判决书(2013)民提字第 135 号;新疆维吾尔自治区高级人民法院民事裁定书(2017)新民申 1974 号;四川省南充市营山县人民法院民事判决书(2017)川 1322 民初 1220 号。
② 参见最高人民法院民事裁定书(2020)最高法民申 1426 号。
③ 参见最高人民法院民事判决书(2011)民提字第 344 号。
④ 参见山东省滨州地区(市)中级人民法院民事判决书(2015)滨中民一终字第 436 号;浙江省嘉兴市南湖区人民法院民事判决书(2015)嘉南商外初字第 33 号;辽宁省大连市旅顺口区人民法院民事判决书(2016)辽 0212 民初 57 号。

保合同。①

　　本文认为,协议内容(如到期不能偿还,乙将以抵押物抵顶借款,双方互不支付对方任何款项)表明当事人具有债务不履行后以案涉商品房抵债的真实意愿②,交付商品房移转所有权的义务是双方当事人的真实意思表示,这一结论足以排除"通谋虚伪表示"。至于是否存在独立的价金支付义务以及整个合同如何定性,须结合剩余协议内容予以认定,不能否认交付房屋移转所有权义务的真实性。

　　所谓"名为买卖实为借贷"并不能否认双方之间存在借款合同的担保合同,债权人可基于此担保合同请求债务人移转所有权。[批注18]《民间借贷案件规定》(2020)第23条规定"人民法院应当按照民间借贷法律关系审理",并非否定担保合同的效力,而是将担保合同作为民间借贷的从合同处理,是为了坚持基础法律关系审理的原则,方便查明民间借贷合同中的基础事实,同时实现类似流押禁止的规范目的。③

　　综上,交付商品房并移转所有权的义务是真实的意思表示,至于该合同是担保合同还是买卖合同,应于审查相应的限制规则时再予以讨论。

　　(3)违约金酌减与利息管制?

　　值得注意的是,有观点认为,除流担保禁止规则外,案涉协议还可能面临违约金酌减和利息管制这两项管制规则。④ 本文认为,如果将案涉协议解释为"还款义务不履行后,还款义务转

[批注18]
将本案《借款协议》中的当事人合意解释为借款担保合同,这一论断出现得较突兀,上文并未体现相关的论证。下文虽有对此论点的具体阐释,但结构安排上略显不合理。

---

① 参见河南省高级人民法院民事裁定书(2020)豫民申7484号;吉林省高级人民法院民事裁定书(2020)吉民申3159号;广东省高级人民法院民事判决书(2020)粤民再294号;甘肃省高级人民法院民事判决书(2020)甘民再13号。
② 参见河北省廊坊市安次区人民法院民事判决书(2018)冀1002民初2482号。
③ 参见最高人民法院民事审判第一庭编著:《最高人民法院新民间借贷司法解释理解与适用》,人民法院出版社2021年版,第346—347页。
④ 参见孙维飞:《定义、定性与法律适用——买卖型担保案型的法律适用问题研究》,载《华东政法大学学报》2021年第6期。

化为交付房屋移转所有权的义务",则有讨论这两项管制规则的余地。如前文所述,案涉协议更合理的解释是"还款义务不履行后,还款义务与交付房屋移转所有权的义务并存"。如果还款义务继续存在,债务人仍保有最后清偿权,可以继续清偿还款债务以消灭债权人的所有权移转请求权。① 是否存在过高的违约金或利息仍应以原债务为判断标准,不因另行负担担保义务而受影响。② 本案中双方成立无息借款合同,并不违背违约金酌减与利息管制规则。纵使担保物的市场价值与主债权产生较大差值,仅需审查流担保禁止规则所要求的清算义务即可实现对债务人利益的周全保护。

综上,不存在阻止请求权产生的抗辩事由。甲对乙的交付商品房并移转所有权的请求权成立。

(二)权利已消灭/改变的抗辩

《九民纪要》(2019)第45条规定:"当事人在债务履行期届满前达成以物抵债协议,抵债物尚未交付债权人,债权人请求债务人交付的,因此种情况不同于本纪要第71条规定的让与担保,人民法院应当向其释明,其应当根据原债权债务关系提起诉讼。经释明后当事人仍拒绝变更诉讼请求的,应当驳回其诉讼请求,但不影响其根据原债权债务关系另行提起诉讼。"《民间借贷案件规定》(2020)第23条规定:"(第1款)当事人以订立买卖合同作为民间借贷合同的担保,借款到期后借款人不能还款,出借人请求履行买卖合同的,人民法院应当按照民间借贷法律关系审理。当事人根据法庭审理情况变更诉讼请求的,人民法院应当准许。(第2款)按照民间借贷法律关系审理作出的判决生效后,借款人不履行生效判决确定的金钱债务,出借人可以申请拍卖买卖合同标的物,以偿还债务。就拍卖所得的价款与应偿还借款本息之间的差额,借款人或者出借人有权主张返还或者补偿。"

本文认为上述两项规范分别规定的"履行期届满前达成的以物抵债协议"与"买卖型担保"的区别仅在于后者具有"买卖合同"的交易外观,但在内容决定论下二者并无实质区别。《九民纪要》(2019)第45条和《民间借贷案件规定》(2020)第

---

① 参见高圣平:《论流质契约的相对禁止》,载《政法论丛》2018年第1期;谢在全:《民法物权论(中册)》(第5版),中国政法大学出版社2011年版,第786页;最高人民法院民事裁定书(2021)最高法民申4177号。
② 参见最高人民法院民事判决书(2020)最高法民终550号。

23 条确立的规则一致,都是流担保禁止规则的体现。

虽然《九民纪要》(2019)第 45 条对债权人的请求权实现方式未作规定,但结合第 66—67 条进行体系解释,债权人可以通过折价、拍卖、变卖抵债物等方式偿还债务。① 若适用《民间借贷案件规定》(2020)第 23 条第 2 款,则债权人甲不得请求乙履行移转房屋所有权的义务,只得申请拍卖买卖合同标的物。[批注19] 债权人向法院申请拍卖标的物,从请求权的视角观察,是在请求债务人容忍拍卖标的物。债权人的"交付商品房并移转所有权的请求权"改变为"容忍拍卖标的物的请求权",应当审查容忍拍卖标的物的请求权。

《民间借贷案件规定》(2020)第 23 条相比于《民间借贷案件规定》(2015)第 24 条,并无实质变动。该规则自诞生之日,便受到学界的质疑。因而有必要检讨第 23 条本身的正当性。本部分逐次讨论三个层次的问题:其一,流担保禁止规则的规范对象是担保交易,本案中当事人的交易安排是否构成担保交易? 其二,《民法典》第 401 条和第 428 条仅规定了流押和流质禁止,《民间借贷案件规定》(2020)第 23 条将流担保禁止规则的适用对象由担保物权扩张至担保合同是否合理? 其三,即便流担保禁止规则能够扩张适用至担保合同,只允许拍卖标的物的担保权实现方式是否合理?[批注20]

1. 案涉协议是否属于担保合同?

本部分涉及契约定性问题,是各学说的角力场。本文认为当事人的合意中并没有课予债务人乙协助设立抵押权的义务,双方并未成立抵押合同。《借款协议》中虽然出现了"抵押"

[批注 19]
下文并不同意将《民间借贷案件规定》(2020)第 23 条第 2 款规定的买卖型担保的实现方式仅限于"拍卖",在此应有所交代,否则前后文看起来有所矛盾。

[批注 20]
此处的问题拆解层次清晰,也是解析本案的关键步骤。

---

① 参见最高人民法院民事审判第二庭编:《〈全国法院民商事审判工作会议纪要〉理解与适用》,人民法院出版社 2019 年版,第 307 页。有观点对《九民纪要》(2019)第 45 条的理解有误,参见肖俊:《以物抵债裁判规则的发展趋势与建构方向——2011—2019 年最高人民法院审判经验的考察与分析》,载《南大法学》2020 年第 1 期;最高人民法院民事裁定书(2020)最高法民申 6153 号。

"抵押物"和"抵押手续"的表述,却不具有抵押合同的构造,只能表明当事人有担保借款合同履行的意图。合同、发票、收据应视为证明双方之间合意(无论是买卖合同还是担保合同)的证据。"如乙偿还借款,抵押手续(合同、发票、收据)退回乙"应解释为若乙偿还借款,则债权人甲不能再主张履行"买卖合同"。

<u>根据当事人的合意内容,债务人乙未能按期履行还款义务时,债权人甲可请求移转房屋所有权,也可继续主张还款请求权。当事人的缔约目的不是让债权人获得双重给付,债务人提出原定给付或他种给付,都会使整体的债权债务关系消灭(暂不考虑清算义务的问题)。</u>[批注21]

[批注21]
这一段与上下文的关系不明确,乍看只是论点的表达,并未显示论证过程。

(1)代物清偿合意(诺成合同说)或代物清偿预约?

有观点认为案涉协议属于代物清偿预约或附停止条件的代物清偿合意。"代物清偿预约"概念似为日本民法所创①,系基于代物清偿要物合同说而产生,目的在于规避要物性的限制,使债权人在未现实受领给付前即可基于此代物清偿预约主张新债的给付。引入代物清偿预约概念的学者亦认为,要物合同的预约并非独立于本约的意思表示,与要物合同本约中的意思表示没有区别,只是可以规避要物性的限制。② 代物清偿预约是在要物的代物清偿合意之外再解释出一个预约,而代物清偿合意(诺成合同说)则是通过否定要物性要件改造要物合同说,两者指代的对象一致,价值目标与法律效果相同,只是解释路径不同。持诺成合同说的学者自然会认为代物清偿预约本质上就是代物清偿合意(诺成合同说)。③

---

① 参见陈自强:《无因债权契约论》,中国政法大学出版社2002年版,第331页。
② 参见高治:《代物清偿预约研究——兼论流担保制度的立法选择》,载《法学论坛》2008年第8期;李运达:《"买卖型担保"法律性质的反思与证成》,载《西部法学评论》2021年第2期。
③ 参见陈自强:《无因债权契约论》,中国政法大学出版社2002年版,第326—327页。

〔批注22〕
　　这一句的出现有些突兀，可能造成读者的理解困难。因为此句的前一句在谈代物清偿基础合意类型的历史变化，之后应简要介绍其概念变化过程再展开对比论述。

〔批注23〕
　　本文观点更明确的表达是，如果不以附代替权的任意之债解释代物清偿合意，则会产生两重后果：其一，期前代物清偿合意将实质等同于担保合同，而丧失独立的概念价值；其二，债务人有代替权的任意之债说之下的代物清偿合意所对应的合意类型，即"债务人有权利但无义务提出他种给付"，则将因"代物清偿合意"的名称被实质上的担保合同"夺走"，而不得不处于"无名"状态。

　　从历史的角度观察，"代物清偿合意（诺成合同说）"和"代物清偿预约"等概念体现了"代物清偿"基础合意类型的变化。债务人有代替权的任意之债说下的代物清偿合意对应"债务人有权利但无义务提出他种给付"合意类型，和担保合同具有本质区别。〔批注22〕诺成合同说下的代物清偿合意却对应"债务人有义务提出他种给付"合意类型，履行期届满前达成的代物清偿合意（诺成合同说）与担保合同并无本质区别。

　　德国法上，代物清偿合意区别于担保，前者的法律效果是赋予债务人提出他种给付的代替权，债务人是否行使代替权全凭自愿，不会面临暴利盘剥的抽象威胁，无须考虑流担保禁止规则的适用。① 债权人承担标的物的变价风险，反而需要特殊保护。因此有疑义时，债务人提出他种给付应认定为新债清偿而不是代物清偿，债权人可继续向债务人主张其债权未获实现的部分。日本法将代物清偿预约视为一种担保合同，需受到流押禁止规则的约束。② 中国法上代物清偿合意是否适用流担保禁止则更多是语词之争。中国法上的代物清偿合意产生债务人提出他种给付的义务，现今司法裁判普遍认为期前的代物清偿协议（预约）具有担保功能，也要受到流担保禁止规则的限制。③ 在此裁判规则下，期前的代物清偿合意（诺成合同说）和代物清偿预约本质上是概念冗余，不具有独立于担保合同的制度价值。〔批注23〕

---

① 参见孙维飞：《定义、定性与法律适用——买卖型担保案型的法律适用问题研究》，载《华东政法大学学报》2021年第6期。
② 参见〔日〕於保不二雄：《日本民法债权总论》，庄胜荣译，五南图书出版公司1998年版，第377页。在介绍日本民法学说演变史的《民法学说百年史》中，椿寿夫教授的《代物清偿预约研究》一书被归入第3章"担保物权"，而非第4章"债权总论"。椿寿夫教授主张代物清偿预约应摆脱作为债务结算的手段而回归作为其本来功能的担保制度领域。参见〔日〕加藤雅信等编：《民法学说百年史》，牟宪魁等译，商务印书馆2017年版，第404页以下。
③ 参见新疆维吾尔自治区高级人民法院民事裁定书（2017）新民申1974号；新疆维吾尔自治区乌鲁木齐市中级人民法院民事判决书（2016）新01民终4079号；河南省焦作市温县人民法院民事判决书（2017）豫0825民初1671号；河南省南阳市卧龙区人民法院民事判决书（2017）豫1303民初第4270号。

总之，法律行为的定性原则上应坚持内容决定论的立场，以法律行为内容确定的权利义务构造对该法律行为进行定性。① <u>案涉协议的权利义务构造符合担保合同</u>[批注24]，应适用担保合同的有关规则，不能通过改造概念术语的方式规避担保合同规则的适用。

[批注24] 这里只有结论，需要论证理由。

(2) 买卖合同？

对案涉协议的另一种解释是"买卖合同附解除条件，交付房屋及移转所有权的请求权附停止条件"。② 但"附条件的请求权"这一术语并不精确。③ "条件"的功能是控制法律行为的效果。"附条件请求权"中的"条件"已非规范意义上作为法律行为偶素的"条件"。本文认为，"附条件请求权"的法律构造实际上描述的是风险合同④，与案涉担保合同具有类似构造的保证合同亦被归为风险合同。⑤ 本文认为这种解释思路与本案合同的担保合同定性并不冲突。

而且，对欠缺从属性的担保物权，通过附条件法律行为在担保权与债权之间建立牵连关系，本就是使担保权与主债权具有同步性的重要途径。⑥ 抵押合同和质押合同不需附加此种条件，是因为法律明确规定了担保物权的从属性。再者，这种解释路径也遮蔽了担保合同的本质，规避了流担保禁止规则是否应扩张适用至担保合同的讨论。

---

① 参见于程远：《论法律行为定性中的"名"与"实"》，载《法学》2021 年第 7 期。
② 参见陆青：《以房抵债协议的法理分析——〈最高人民法院公报〉载"朱俊芳案"评释》，载《法学研究》2015 年第 3 期。
③ 参见庄加园：《"买卖型担保"与流押条款的效力——〈民间借贷规定〉第 24 条的解读》，载《清华法学》2016 年第 3 期。关于"附条件请求权"的研究，参见崔建远：《论法律行为或其条款附条件》，载《法商研究》2015 年第 4 期。
④ 参见袁治杰：《法律行为的条件理论》，载《私法研究》2010 年第 1 期。
⑤ 参见[德]迪特尔·梅迪库斯：《德国债法分论》，杜景林、卢谌译，法律出版社 2007 年版，第 416 页。有观点从立法论出发，认为应在《民法典》合同编"保证合同"一章增设买卖型担保的规定。参见石冠彬：《论民法典对买卖型担保协议的规制路径——以裁判立场的考察为基础》，载《东方法学》2019 年第 6 期。
⑥ 参见李运杨：《担保从属性：本质、功能及发展》，载《澳门法学》2020 年第 2 期。

(3) 担保合同定性再检讨

本文认为,本案中的所有权移转请求权是为了保障还款请求权的实现,应将当事人的合意定性为担保合同。此类担保合同的内容是,债权人可以在主债务不履行后请求移转标的物的所有权。日本法上将此种担保合同称为"权利移转预定型担保"。①[批注25]"权利移转预定型担保"和让与担保的区别是,让与担保中担保物所有权的移转发生在主债务不履行之前;其与担保物权的区别是,"权利移转预定型担保"的担保权人仅在原债务不履行时享有移转担保物所有权的请求权,无对抗其他债权人的优先受偿效力。本案中,当事人虽就案涉《商品房买卖协议》办理备案登记,但商品房预售合同的备案不属于权属登记,亦不同于物权的预告登记,不产生物权变动和公示的排他性效力。②

债权人甲仅享有移转标的物所有权的请求权,并未现实取得标的物所有权,可以排除"让与担保说"③和"后让与担保说"④[批注26]。该请求权与协助设立抵押权的请求权内容不同,也缺乏相应的登记公示手段,"抵押权变形说"⑤也无法适用于本案。《民间借贷案件规定》(2020)实质上亦采担保合同说。⑥

[批注25]
"权利移转预定型担保"与上文提到的日本法上具有担保功能的"代物清偿预约"是什么关系?

[批注26]
需要简要阐明排除"后让与担保说"的理由。

---

① 参见冯洁语:《民法典视野下非典型担保合同的教义学构造——以买卖型担保为例》,载《法学家》2020年第6期。
② 参见最高人民法院民事裁定书(2021)最高法民申4142号;江苏省高级人民法院行政裁定书(2020)苏行赔申58号。
③ 参见梁曙明、刘牧晗:《借贷关系中签订房屋买卖合同并备案登记属于让与担保》,载《人民司法·案例》2014年第16期。有关判决可参见浙江省金华市中级人民法院民事判决书(2014)浙金商终字第1016号。
④ 参见杨立新:《后让与担保:一个正在形成的习惯法担保物权》,载《中国法学》2013年第3期。有关判决可参见河北省石家庄市中级人民法院民事判决书(2014)石民三初字第00221号。
⑤ 参见董学立:《也论"后让与担保"——与杨立新教授商榷》,载《中国法学》2014年第3期。
⑥ 释义书中第23条的条旨采用了"让与担保"的表述。这并不表明当事人之间成立让与担保关系,担保权人取得担保物所有权。本文认为,司法解释或许是受到"后让与担保说"的影响,也将这种交易安排笼统地称为"让与担保"。释义书中明确说明,如未经公示,担保权人不能优先于其他债权人受偿,本质上还是采纳了担保合同说。参见最高人民法院民事审判第一庭编著:《最高人民法院新民间借贷司法解释理解与适用》,人民法院出版社2021年版,第346页。

有观点从债的担保的从属性、补充性和保障债权实现性三个角度质疑买卖型担保的担保属性。① 本文认为,上述反驳理由均可商榷:

第一,担保的从属性并非担保合同的从属性,而是担保物权的从属性。担保物权的从属性来自法律的规定,而非其本质属性。②

第二,在权利移转预定型担保中,债务人提出他种给付就是为了满足债权人的旧债权,具有补充性。债务人无论提出原定给付还是他种给付,都将使债权人的旧债权消灭。

第三,最值得重视的是对买卖型担保"保障债权切实实现性"的怀疑。③ 该观点认为权利移转预定型担保既未增加责任财产,也未对特定责任财产创设优先权,难以保障债权切实实现,实际上并不能发挥担保作用,自然无须适用流担保禁止规则。本文将案涉协议定性为担保合同,但并不认为其具有保障债权实现的优先受偿效力。担保合同作为一种负担行为只能产生请求权,本就不具有"保障债权切实实现性"。"优先其他债权人受偿"不是《民法典》第 388 条所称的"担保功能",而是担保权公示的结果。[批注27] 在未办理抵押登记的抵押合同中,抵押权人可以基于未经登记的抵押合同请求抵押人对抵押物予以变价并以所得价款清偿主债务,债权人逾期不履行时,可申请法院对抵押物进行拍卖并以所得价款清偿债权。④ 案涉协议与未经登记的抵押合同类似,不能否定其担保合同的属性。

[批注 27]
负担行为性质的担保合同也具有担保功能,只是不能产生以公示为前提的物权性的优先受偿效力。

合同发生何种效果是当事人意思自治的结果,如果当事人

---

① 参见崔建远:《"担保"辨——基于担保泛化弊端严重的思考》,载《政治与法律》2015 年第 12 期。
② 参见李运杨:《担保从属性:本质、功能及发展》,载《澳门法学》2020 年第 2 期。
③ 参见崔建远:《"担保"辨——基于担保泛化弊端严重的思考》,载《政治与法律》2015 年第 12 期。
④ 参见杨代雄:《抵押合同作为负担行为的双重效果》,载《中外法学》2019 年第 3 期。

愿意达成仅具有债法效力的担保,只要不违反法律强制性规定或公序良俗,案外人无从置喙[批注28]。某一合同能否被定性为担保合同,本质上是能否适用担保合同规则的问题。① 因而,下文的讨论重心是流担保禁止规则的适用范围。

[批注 28]
合同类型自由。担保物权类型法定不意味着担保合同类型法定。

2. 流担保禁止规则的适用范围

限制或废除流担保禁止规则的讨论一直都很激烈,各国法上流担保禁止规则的适用范围也各不相同。双方的争论焦点是流担保条款是否损害担保人、担保人其他债权人和国家利益,以及是否违反担保物权的本质。②《民法典》第 401 条、第 428 条只是课予期前折价的抵押合同和质押合同以强制清算义务,就文义而言,似乎不能将其扩大解释到权利移转预定型担保之中。但是文义只是解释的起点,并非解释的终点。能否类推适用的前提是通过规范目的的解释探寻有无"违反制定法计划的不完整性",为此,仍需探寻流担保禁止规则的规范目的,以确定其适用范围。

[批注 29]
言简意赅地说明了德国法上流担保禁止的理由在于禁止私人执行。

德国法上禁止流担保的主要原因是私人执行方式违反了担保物权的法定实现形式,有违物权法定原则。因而,担保权的期后折价协议虽不会使债务人面临暴利盘剥的抽象威胁,也一并被禁止。③[批注29] 如果流担保条款不影响担保物权的法定内容,只涉及担保合同,则不受禁止。④ 禁止私人执行的理由

---

① 参见孙维飞:《定义、定性与法律适用——买卖型担保案型的法律适用问题研究》,载《华东政法大学学报》2021 年第 6 期。
② 支持限制或废除流担保禁止规则的观点,可见孙鹏、王勤劳:《流质条款效力论》,载《法学》2008 年第 1 期;高圣平:《论流质契约的相对禁止》,载《政法论丛》2018 年第 1 期。反对观点,可参见李媚:《流质契约解禁之反思——以罗马法为视角》,载《比较法研究》2013 年第 5 期。
③ 参见程啸:《论抵押权的实现程序》,载《中外法学》2012 年第 6 期。
④ 参见〔德〕鲍尔、〔德〕施蒂尔纳:《德国物权法》(下册),申卫星、王洪亮译,法律出版社 2006 年版,第 167—168 页,边码 24—25。德国联邦最高法院在判决中也指出:流押禁止的目的不在于让债务人免受缔结时尚未发生的"抽象的威胁",而只是规范担保物变现方式。参见许德风:《公司融资语境下股与债的界分》,载《法学研究》2019 年第 2 期。不同观点,可参见庄加园:《"买卖型担保"与流押条款的效力——〈民间借贷规定〉第 24 条的解读》,载《清华法学》2016 年第 3 期。

在罗马法中就已存在,其核心思想仍是保护债务人的利益。① 日本法上,当事人达成代物清偿预约就是为了规避流担保禁止规则。但是日本法的主流观点认为有必要对权利移转预定型担保施加清算义务,只不过清算方式由最初的处分清算型发展为现在的归属清算型。②

是否限制乃至废除流担保禁止规则无法通过逻辑推理得出当然结论,仍然摆脱不了价值判断,只能交由立法或司法裁判逐步形成共识。③ 而无论是《民间借贷案件规定》(2020)第23条还是《九民纪要》(2019)第45条,我国司法裁判的一贯立场是扩张流担保禁止规则的适用范围至所有期前折价的担保合同。

3. 处分型清算抑或归属型清算

将流担保禁止规则扩张适用至权利移转预定型担保是司法裁判的共识,但在担保权的实现方式上存在争议。《民间借贷案件规定》(2020)第23条第2款只承认了拍卖标的物的处分型清算实现方式,似显僵化。这种清算方式实际上扼杀了权利移转预定型担保的存在可能。

如果严格依照《民间借贷案件规定》(2020)第23条第2款,权利移转预定型担保的实现方式与无担保债权的实现程序并无区别,即债权人先通过诉讼获得胜诉判决,债务人无法履行到期判决时,通过申请强制执行债务人的责任财产实现其债权。当事人之间仅存在担保合同,债权人并无优先受偿权,无法对抗其他债权人。当事人达成买卖型担保的交易安排是为了规避流担保禁止规则和抵押权实现的繁琐程序。现今裁判规则下,权利移转预定型担保相较于抵押权的制度优势已不复存在。

---

① 参见李媚:《流质契约解禁之反思——以罗马法为视角》,载《比较法研究》2013年第5期;陈永强:《流质条款的效力》,载周江洪、陆青、章程编:《民法判例百选》,法律出版社2020年版,第237页。
② 参见〔日〕加藤雅信等编:《民法学说百年史》,牟宪魁等译,商务印书馆2017年版,第407页;冯洁语:《民法典视野下非典型担保合同的教义学构造——以买卖型担保为例》,载《法学家》2020年第6期。
③ "就规则背后的价值判断达成一致,是后续可检验的、以'说理'为中心的法律推理的前提。而价值共识的确立,不是法教义学的任务,而主要应由立法及司法裁判完成。"参见许德风:《法教义学的应用》,载《中外法学》2013年第5期。

[批注30]
　　归属型清算不违反强制清算义务,与处分型清算相比也更接近买卖型担保当事人的真意。

　　《民法典》第401条将无效的流押条款转化为有效的清算型担保,容纳归属型清算和处分型清算两种清算方式。①[批注30]
归属型清算是指,由债权人取得标的物之所有权,并对标的物价值进行评估,将其超过额部分返还给债务人。归属清算的优点在于建立了"支付正确的清算金与转移标的物同时履行关系",债权人主张移转所有权的同时需要履行清算义务,并将超过债务额部分返还给债务人,始能取得标的物所有权。② 应当承认归属型清算方式,允许担保权人取得担保物的所有权,担保人有权要求返还超出担保债务的剩余部分。债务人对不足部分仍应承担清偿责任。"归属型清算方式"同样可以实现防止债务人面临暴利盘剥的抽象威胁的规范目的。只允许拍卖的清算方式违背了比例原则,变相否定了担保合同的效力。

　　从体系解释与规范目的出发,《民间借贷案件规定》(2020)第23条第2款规定的"出借人可以申请拍卖买卖合同标的物",应解释为出借人有申请拍卖标的物的权利而无申请拍卖标的物的义务。拍卖程序不应是法定或强制性程序。应重新定性"申请拍卖"程序的性质,在拍卖程序规制说、拍卖程序前置说(债务人选择)和拍卖程序选择说(债权人选择)之间采纳拍卖程序选择说,债权人既可以请求移转案涉房屋的所有权,也可以通过拍卖房屋的方式实现其债权。③

　　综上,《民间借贷案件规定》(2020)第23条第2款并不必然使债权人的"交付房屋移转所有权的请求权"变更为"容忍拍卖标的物的请求权",债权人得择一行使这两项请求权。甲

---

① 参见最高人民法院民法典贯彻实施工作领导小组主编:《中华人民共和国民法典物权编理解与适用》(下册),人民法院出版社2020年版,第1071—1072页。
② 参见陈永强:《以买卖合同担保借贷的解释路径与法效果》,载《中国法学》2018年第2期;[日]近江幸治:《担保物权法》,祝娅、王卫军、房兆融译,法律出版社2000年版,第256页。
③ 参见许中缘、夏沁:《民法体系视角下〈民间借贷规定〉第24条的释意——兼论买卖合同担保人民法典》,载《中南大学学报(社会科学版)》2018年第6期。

如选择对乙主张交付房屋移转所有权的请求权,乙并无可主张的权利消灭(变更)抗辩事由。

(三) 权利行使抗辩权

此处债务人乙或可主张同时履行抗辩权,一是基于《买卖合同》中约定的价款支付请求权,二是基于归属型清算后担保物超过担保债权额的差额交还请求权。

1. 基于价款支付请求权的同时履行抗辩权?

本案中,当事人签订了《商品房买卖合同》。如果当事人之间成立买卖合同,则存在与所有权移转义务构成对待给付关系的价款支付义务,甲若向乙主张交付房屋移转所有权的请求权,乙有可能主张同时履行抗辩权。虽然《商品房买卖合同》中存在形式上的价款支付义务,但仍需通过意思表示解释,甲是否负担实质的价款支付义务?以及如果甲负担实质的价款支付义务,那么价款支付义务有无相应的限制?

针对第一个问题,有两种解释:其一,从担保角度解释《商品房买卖合同》的观点认为,当事人的合意中并无实质的价款支付义务,该合同本质上是担保人负有所有权移转义务的单务性担保合同;其二,持买卖合同说的观点则认为,债权人甲负有实质的价款支付义务,但应附有相应的限制。

回到当事人的合意,《商品房买卖合同》确实包含甲的价款支付义务,但是《借款协议》中的有关约定改变了《商品房买卖合同》中的权利义务内容。当事人合意的内容是以房屋所有权抵顶甲的还款请求权。所有权移转义务不是价款支付义务的对价,而是还款义务的担保。如果允许法院作出同时履行判决,就不能实现房屋所有权抵顶还款请求权的效果。债务人履行还款义务后,双方互不支付任何价款,更无独立的价款支付义务。甲仅需支付一次借款,当事人的合意中无法解释出独立的价款支付义务。

支持买卖合同说的观点,则借助"抵销预约"这一构造消灭价款支付义务带来的龃龉。问题是如何解释价款支付义务与还款义务的抵销时间点。如果将抵销时间点解释为还款义务未按期履行时,那么法律效果便类似于"附停止条件的债之更改说",与当事人的真意不符。如果将抵销时间点解释为债务人移转标的物所有权

时,①[批注31]同样不能实现以房屋所有权抵顶还款请求权的效果。[批注32]

因此,乙并无价款支付请求权。

2. 基于差额交还请求权的同时履行抗辩权?

在本案中,案涉商品房的价值为 10354554 元(暂未考虑市场价格的波动),实际上低于借款额 1100 万元,并不存在超过债务额的部分。债务人乙无从主张差额交还请求权。

综上,本案并不存在乙对甲的同时履行抗辩权。

(四)小结

甲可基于担保合同请求乙交付案涉商品房并移转所有权。

四、甲请求乙容忍拍卖标的物

根据前文分析,《民间借贷案件规定》(2020)第 23 条只是承认了债权人拍卖标的物的担保权实现方式,不应将其理解为对交付商品房移转所有权的请求权的限制,债权人可择一行使"交付房屋移转所有权的请求权"和"容忍拍卖标的物的请求权"。

债权人如选择对乙主张容忍拍卖标的物的请求权,该项请求权实际上是交付房屋移转所有权请求权的变形,在审查路径上与前文并无区别,本文不再赘述。

因此,甲可基于担保合同请求乙容忍拍卖案涉 14 套商品房,就拍卖所得价款清偿其还款请求权。如果拍卖所得价款不足以清偿其还款请求权,则甲可继续向乙主张其债权未受清偿部分。如果拍卖所得价款清偿还款请求权后仍有剩余部分,甲负有差额返还义务。

[批注 31]
虽然上文已有论证,但在此仍应简要说明"与当事人真意不符"的理由,以呼应上文,并便于读者理解。

[批注 32]
需要显示论理过程。

---

① 参见章晓英:《"以房抵债"与抵销预约——〈最高人民法院公报〉载"朱俊芳案"评释》,载《西部法学评论》2016 年第 1 期。

五、结论

第一,甲可基于《民法典》第 675 条第 1 句请求乙返还 1100 万元的借款,并基于《民法典》第 676 条请求乙支付自 2021 年 4 月 27 日起参照当时一年期贷款市场报价利率标准计算的逾期利息。

第二,甲亦可基于双方之间的担保合同请求乙交付案涉 14 套商品房并移转所有权或请求容忍拍卖案涉房屋,并以所得价款清偿还款请求权。

案例八：海运货物灭失案

◇ **案情介绍**

甲发给位于 A 国 B 港的侄子乙的货物均委托丙公司进行外贸出口代理，甲自己从未办理过外贸相关登记。

2007 年年初，甲乙两人就一批价值 10000 美元、计 100 公斤重的日用品货物达成口头买卖合同，并约定适用中国法。后甲照例与丙公司达成口头出口代理协议，委托丙将该批货物出口到 A 国，并以集装箱海运方式送交给乙。但甲一直未向丙交纳出口代理费用。接受委托后，丙以自己名义办理出口报关等出口手续，并与承运人丁达成海运协议，约定由丁将装有该批日用品的集装箱从上海港海运至 A 国，在该国 B 港送交收货人乙。但丙一直未将提单等单据交付予甲或乙。

2007 年 3 月，装有该集装箱的货轮从上海港起航，3 日后抵达香港加载货物并调整舱位，丁的工作人员在操作过程中，吊机钢缆折断，该集装箱从高处坠落，致使箱内货物全部毁损。事故发生后，甲乙丙共同出面与丁交涉索赔未果。

2008 年 1 月 15 日，乙向上海海事法院起诉丁，但因未持有提单等单据，不符合立案条件，因此上海海事法院未予立案。6 个月后，丙向宁波海事法院起诉丁，要求丁赔偿货损。宁波海事法院于当日立案，并将传票送达丙。但丙到期未出庭参加诉讼，故宁波海事法院裁定按撤诉处理。

2009 年 9 月，甲欲向国内法院提起诉讼。①

注：甲提起诉讼时，1SDR（特别提款权）按 0.67 美元计算。

问题：若以《民法典》为依据，甲得向何人提出何种请求？乙得向何人提出何种请求？

---

① 根据浙江省金华市中级人民法院民事判决书(2010)浙金商终字第 1037 号改编。

◇ 案情提要

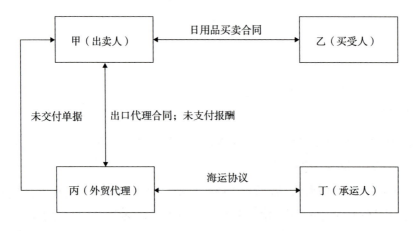

2007年年初	甲乙订立买卖合同、甲丙达成口头外贸代理协议、丙以自己名义与丁达成海运协议
2007年3月	在香港发生货损,甲乙丙共同出面与丁协商
2008年1月15日	乙起诉丁,未予立案
2008年7月15日	丙起诉丁,丁未出庭,按撤诉处理
2009年9月	甲在国内提起诉讼

◇ 解题大纲

一、甲对乙的请求权 ··· 215
  (一)请求权已成立 ··· 215
  (二)权利已消灭的抗辩 ··· 217
    1. 思路一:甲给付不能,乙的价款支付义务作为对待给付是否随之消灭 ··· 217
      (1)规范基础 ··· 217
      (2)乙是否享有权利已消灭的抗辩 ····························· 219
        ①甲陷入给付不能 ······································· 219

②该给付不能不可归责于双方 …… 220
(3) 甲可否对乙的抗辩提出反抗辩 …… 222
2. 思路二:乙可否行使解除权 …… 222
(三) 权利行使抗辩权 …… 223
(四) 中间结论 …… 223
二、甲对丙的请求权 …… 223
(一) 前提问题 …… 223
1. 甲丙间为行纪合同还是委托合同 …… 223
2. 甲丙间是否构成代理 …… 224
(二) 基于《民法典》第927条的单据交付请求权 …… 225
1. 请求权已成立 …… 225
2. 权利已消灭的抗辩 …… 225
3. 权利行使抗辩权 …… 226
(三) 基于《民法典》第929条第1句的损害赔偿请求权 …… 226
(四) 基于《民法典》第933条第2句的损害赔偿请求权 …… 227
(五) 中间结论 …… 228
三、甲对丁的请求权 …… 228
(一) 基于《海商法》(1992)第46条第1款第3句的违约损害赔偿请求权 …… 228
1. 请求权成立要件 …… 228
(1) 甲是否为适格权利主体 …… 228
①思路一:提单作为主张权利的依据 …… 228
②思路二:实际托运人规则 …… 229
③小结 …… 231
(2) 货物毁损灭失(即承运人违约) …… 231
(3) 权利人受有损失 …… 231
(4) 因果关系 …… 232
(5) 可归责于承运人 …… 232
2. 权利未发生的抗辩 …… 233

（1）是否在责任期间内 ································· 233

　　（2）是否存在免责事由 ································· 233

　　（3）是否在责任限额内 ································· 233

　3.权利已消灭的抗辩 ······································ 233

　4.权利行使抗辩权 ·· 233

　5.小结 ·· 234

（二）基于《民法典》第1165条第1款的侵权损害赔偿请求权 ········ 234

（三）中间结论 ·· 235

四、乙对甲的请求权 ·· 235

（一）请求权成立要件 ·· 235

　1.一般情形的讨论 ·· 235

　2.代偿请求权是否可能 ···································· 236

（二）权利未发生的抗辩 ······································ 239

（三）权利已消灭的抗辩 ······································ 239

（四）权利行使抗辩权 ·· 239

（五）中间结论 ·· 239

五、乙对丁的请求权 ·· 240

六、结论 ·· 241

　1.甲的请求权 ·· 241

　2.乙的请求权 ·· 242

就甲的请求而言,可考量的是基于合同关系对乙、丙的请求权。由于货物灭失发生在承运人运输途中,甲对丁有何请求也需要讨论。检视顺序上,甲对乙的请求权(尤其是价金支付请求权)为本案核心争点,应优先检视;其次检视甲对丙的请求权,因为甲丙间关系直接影响到甲对丁的请求权是否成立及其性质;最后检视甲对丁的请求权。

　　就乙的请求而言,可考量的是基于合同关系对甲的请求权,以及是否对丁享有请求权。[批注1]

一、甲对乙的请求权

　　甲乙间存在买卖合同,基于合同的价金请求权需要检视。就解除救济而言,即使承认特定情形下违约方也可主张解除,从案情来看,甲也不会主张,因为解除对他并无利益[批注2]。综上,需要检视的请求权为原合同请求权,即基于《民法典》第626条第1句的价款支付请求权。

(一) 请求权已成立

　　甲乙订立口头买卖合同,合同成立。鉴于该合同为对外贸易合同,须追问甲是否为该买卖合同的适格当事人。若否,则买卖合同效力存疑,乙可就此提出权利未发生的抗辩。

　　《对外贸易法》(2016)第9条第1款第1句主文规定,商个人从事货物出口的,须向国务院对外贸易主管部门或其委托的机构办理备案登记。这说明商个人从事外贸活动并非全无禁止,而是必须履行相应义务。本案中甲并未办理该条所要求的手续,没有资质。

　　由此产生的问题是,合同是否因甲不享有资质而无效?一旦合同归于无效,则甲对乙即不享有原合同请求权。此问题的关键在于,《对外贸易法》(2016)第9条第1款第1句主文是否属于《民法典》第153条第1款的效力性强制性规定。

[批注1]
　　多人关系的请求权基础检视,首先需对当事人两两捉对并排序,每对当事人互相之间的复数请求权也应分别排序。

[批注2]
　　应简要阐明解除甲乙间的合同为何对甲而言并无利益。

效力性强制性规定的根本判断标准是规范目的,而《对外贸易法》(2016)第9条第1款第1句主文与所谓市场准入型管理性强制性规定密切相关,尽管属于管理性规定,但常被认为会对合同效力产生直接影响,属于实质上的效力性强制性规定。因为市场准入常以行政许可为前提,而行政许可与社会公共利益密切相关,如果未取得许可之私主体所为之法律行为有效,则行政许可将形同虚设。① 可见,判断该条是否属于行政许可规范是探讨其是否影响合同效力的前提。

本条规范性质,可从法条的历史演变中明确。[批注3]原《对外贸易法》(1994)第9条第1款规定:"从事……对外贸易经营,必须……经国务院对外经济贸易主管部门许可。"而原《对外贸易法》(2004)将条文中的"许可"改为"备案",可见该条要求的登记属于备案性质而非行政审批,"(备案登记)应是一种程序性登记的方式,备案登记本身不应对外贸经营者取得经营权的获得构成任何障碍,只为政府的监管提供一定的信息基础"②。由此观之,这种备案仅仅是"监督意义的备案"。③ 备案登记与否并不构成当事人取得外贸经营权的障碍,未办理相关登记,并不意味着甲没有外贸经营权,也不会导致合同无效。在原《对外贸易法》(2004)框架下,外贸代理纯粹是商事代理行为,立法者也认为,基于专业性与效率的考虑,国内主体可直接委托外贸代理商代理从事相关业务④,但其不经过代理商直接与外商签订合同的行为并不被禁止。由于该规定被《对外贸易法》(2016)所沿用,可以认为立法者并未改变其规范性质。可见,《对外贸易法》(2016)第9条第1款第1句主文并非效力性

[批注3]
规范检索很细致,《对外贸易法》(2016)第9条第1款第1句主文的规范性质影响本案合同效力的认定。

---

① 参见朱庆育:《〈合同法〉第52条第5项评注》,载《法学家》2016年第3期。
② 马秀红主编:《中华人民共和国对外贸易法释义》,中国商务出版社2004年版,第32—33页。
③ 关于"监督意义的备案"与"行政许可意义上的备案"等划分,可参见朱最新、曹延亮:《行政备案的法理界说》,载《法学杂志》2010年第4期。
④ 参见马秀红主编:《中华人民共和国对外贸易法释义》,中国商务出版社2004年版,第43页。

强制性规定,本案中甲乙直接签订买卖合同并不为立法者所反对。

综上所述,甲乙间的合同有效,且合同中必然包含甲的价款请求权。但案情未显示甲乙双方约定了履行期限,故属于未约定履行期限的合同债权,应先根据《民法典》第510条、第511条确定履行期限。根据案情,本案无法通过第510条确立的"补充协议—合同条款或交易习惯"认定顺序来确定履行期限,根据第511条第4项,债权人可以随时要求履行。因此,在甲向乙提出履行价款支付义务时,履行期届满,该请求权成立。

(二)权利已消灭的抗辩

本案出现了货物灭失,出卖人甲给付不能。须检视乙可否主张甲的价款请求权已经消灭(权利已消灭的抗辩)。乙有两种可能的选择:一是基于双务合同的牵连性,主张自己的对待给付义务(支付价款)因甲陷于给付不能而随之消灭①;二是主张解除合同。

1. 思路一:甲给付不能,乙的价款支付义务作为对待给付是否随之消灭[批注4]

(1)规范基础

现行规范对双务合同中一方给付不能时对待给付的命运问题未予一般规定②,而这一问题在比较法上交由对待给付风险规则解决。在我国法上,即使类推适用《民法典》第525条的同时履行抗辩权,其法律效果也只是,一方给付不能时,对方可拒绝为对待给付。而得拒绝对待给付尚不意味着对待给付义务消灭。③ 据此,有观点认为现行法采纳了解除权一元模式,一方给付不能时,对方只有通过行使《民法典》第563条以下规定

[批注4] 这是本案分析中容易遗漏的难点问题,也是本文的亮点。

---

① 参见王洪亮:《债法总论》,北京大学出版社2016年版,第218页。
② 参见王洪亮:《〈民法典〉中给付障碍类型的创新与评释》,载《西北师大学报(社会科学版)》2020年第6期。
③ 参见王洪亮:《〈合同法〉第66条(同时履行抗辩权)评注》,载《法学家》2017年第2期。

的解除权才能使对待给付义务消灭。①

但是,解除合同是对合同的整体终止,而对待给付因给付不能而随给付义务消灭的规则,仅针对给付与对待给付,不涉及合同的其他权利义务安排,相比之下,解除权一元模式的方案不一定符合当事人利益。例如,由于债权人行使解除权必须以通知债务人为前提,在此过程中,很可能会遇到解除意思表示无法送达等难题。②

细究而言,对待给付风险规则的正当性源于双务合同中给付与对待给付的牵连性,体现了交换正义的追求。换言之,债权人之所以愿意提供对待给付,正是为了获得债务人所提供的给付,二者之间存在交换关系。③ 在此意义上,双方当事人所达成的协议中,隐含着如下合意:如果债务人只能提供部分给付,那么债权人也只须提供部分对待给付;如果债务人无法提供给付,那么债权人就无须提供对待给付。④

因此,就双务合同而言,原则上一方给付不能,对方的对待给付义务也消灭,这一对待给付自动消灭的规则实为双务合同应有之义⑤,其规范基础即合同本身,不必借道解除。⑥ 另外,就买卖合同本身而言,第604条主文第1种情况规定,标的物毁损灭失的风险在交付之前由出卖人承担,换言之,在标的物交付之前,若出卖人陷入给付不能,买受人的对待给付义务亦自动消灭。

---

① 参见韩世远:《合同法总论》(第4版),法律出版社2018年版,第648页以下。
② 参见陈自强:《合同法风险负担初探》,载《北京航空航天大学学报(社会科学版)》2019年第3期。
③ 参见〔德〕海因·克茨:《德国合同法(第2版)》,叶玮昱、张焕然译,中国人民大学出版社2022年版,第263页。
④ 这一解释方法部分借鉴了日本民法上的"合同构成"理论,该理论将合同内容看作当事人对合同未来风险的分配,而当事人的合意又是确定合同内容的关键。关于该理论的详细介绍,可参见亘:《我国合同拘束力理论的重构》,载《法学研究》2011年第2期。不过,本文所得出的结论与该文观点略有不同,在后者看来,由于解除不要求归责事由,而风险负担规则又可能给债务人带来额外不利益,故应采解除权一元模式,参见前引解亘文,第78页。
⑤ 有文献指出,尽管法律没有明确规定,但对待给付自动消灭规则借道减价或损害赔偿的计算等制度,在司法实务中直接体现出来。参见夏平:《对待给付风险与违约救济方式的关系》,载《甘肃政法学院学报》2020年第3期。
⑥ 但"考虑到债权人无从知晓债务人不予给付的详细事由,从而无法明确其究竟该通过合同解除制度还是风险负担规则寻求救济",债权人亦不妨同时享有解除权。参见周江洪:《风险负担规则与合同解除》,载《法学研究》2010年第1期。

出卖人因标的物灭失而给付不能的,买受人不再负担价款支付义务,构成买受人的抗辩。但买卖合同的对待给付风险(价金风险)移转有其特殊规则,价款风险移转后,即使出卖人给付不能,买受人仍应负担价款支付义务。因而,在"请求—抗辩—反抗辩"视角下,出卖人给付不能,原则上构成价款支付义务的消灭事由,买受人得以此对抗出卖人的价款支付请求权;但若价款风险已经移转于买受人,则出卖人得以此排除买受人的抗辩,因而价款风险移转规则系反抗辩规范。① 本案为寄送买卖,反抗辩阶段应予检视的是《民法典》第 607 条第 2 款之货交第一承运人移转价款风险规则。因而,接下来应探讨的是,乙可否以出卖人给付不能主张己方的价款支付义务消灭,以及甲得否以《民法典》第 607 条第 2 款作为抗辩之抗辩。②〔批注5〕

〔批注5〕
"请求—抗辩—反抗辩"的攻防结构梳理准确清晰。

(2)乙是否享有权利已消灭的抗辩

乙主张对待给付消灭的抗辩须满足:其一,出卖人因标的物毁损灭失陷入给付不能;其二,该给付不能不可归责于双方。③

①甲陷入给付不能

本案的日用品货物买卖属于种类之债。种类之债的给付不能与特定化相关。特定化要求债务人完成为给付所必要的一切行为,须依赴偿、往取、送付的类型分别讨论。④ 此三种债之类型的区分,与合同履行地有关。对此,甲乙并无约定,应检视相关的任意性规范。

---

① 参见吴香香:《〈合同法〉第 142 条(交付移转风险)评注》,载《法学家》2019 年第 3 期。
② 《民法典》第 607 条第 2 款将风险移转的时间点提前至货交第一承运人,此处"交付"不宜与第 598 条作同一解释,而仅能理解为控制的移交。参见朱晓喆:《寄送买卖的风险移转与损害赔偿——基于比较法的研究视角》,载《比较法研究》2015 年第 2 期。
③ 严格说来,欲使对待给付消灭,只须满足给付不能非单独或主要可归责于买受人即可。参见〔德〕海因·克茨:《德国合同法(第 2 版)》,叶玮昱、张焕然译,中国人民大学出版社 2022 年版,第 263 页。
④ 参见〔德〕迪尔克·罗歇尔德斯:《德国债法总论(第 7 版)》,沈小军、张金海译,中国人民大学出版社 2014 年版,第 107 页以下。

关于履行地，《民法典》第 603 条第 2 款首先指向第 510 条。案情未显示甲乙间有补充协议，也不宜认定甲乙间存在关于交货地的交易习惯，故争议点在于，可否将运输合同的约定视作甲乙买卖合同中的条款，从而适用第 510 条第 2 分句。但运输合同中出现了两个地点（上海港与 B 港），仅通过第 510 条第 2 分句无法确定交付地。而根据第 511 条第 3 项第 3 分句，通过第 510 条无法确定履行地时，推定履行地为卖方住所地。但此条与第 603 条第 2 款第 1 项之规定，即涉及运输的买卖推定为寄送买卖（送付之债），在适用上可能存在冲突，立法机关与司法实务的观点是，后者优先于前者，故涉及运输的买卖被推定为送付之债（寄送买卖）。①

综上，本案属于送付之债（寄送买卖），特定化于债务人将货物挑出送交承运人时发生②，即至少在货物自上海港发出时发生。因特定化后货物灭失，甲发生给付不能，其给付义务消灭。[批注6]

[批注6]
　　这部分论理层次分明，深入细致。

②该给付不能不可归责于双方

首先需要考虑丁对货物落海是否具有过错，从而可视同为甲的过错。根据《海商法》(1992) 第 48 条，承运人应当妥善地、谨慎地装载、搬移、卸载货物。本案直接造成货物灭失的原因是钢缆折断，此系事件而非行为。但向前追溯，货物灭失系因丁操作吊机所致，则此行为构成对上述第 48 条意义上妥善管货义务的违反。另一种解释是，操作吊机行为与事件发生无关，而与操作前丁的检查义务关联更密切，与之相关的是吊机本身是否具有瑕疵，如此则会涉及《海商法》(1992) 第 47 条意义上船舶（及其上设备）的适航义务违反。但是，由于检查吊

---

① 参见吴香香：《〈合同法〉第 142 条（交付移转风险）评注》，载《法学家》2019 年第 3 期。
② 参见〔德〕迪尔克·罗歇尔德斯：《德国债法总论（第 7 版）》，沈小军、张金海译，中国人民大学出版社 2014 年版，第 107 页。

机、钢缆这一行为的内在目的是妥善管理货物，使得货物在装卸时不发生入海或其他毁损，故其仍应属于第 48 条意义上的管货义务。① 两种进路下，都应认定丁具有过错。

但在这种情形下甲是否存在免责事由？[批注7] 我国对违约责任采严格责任说，法定免责事由仅限《民法典》第 180 条、第 590 条之不可抗力。本案中，丁的过错对甲而言属于通常事变，而通常事变可否使债务人免责，在旧法中存有争议。但在《民法典》第 593 条相对于原《合同法》（1999）第 121 条增加"依法"二字后，基于原《合同法》（1999）第 121 条得出的债务人应对通常事变负责的结论，其说服力可能就有待商榷。另外，根据《民法典》第 584 条但书，超出合理预见范围的损害，债务人不必赔偿。换言之，如果损害无法预见，则债务人免责。在此解释模式下，通常事变可被纳入免责事由的范畴。②

另一种思考进路则是将通常事变纳入现行法"不可抗力"的框架之中。从立法定义可知，在判断不可抗力的"不可预见"要件时，过错因素已经不可避免地被纳入考量，且对债务人可否预见、可否避免、可否克服的判断，与在过错责任下判断债务人是否满足作为过错之客观标准的"一般人之注意义务"，并非泾渭分明。如果三个要件同时满足，则既可以在过错责任下认为债务人不具有过错，也可以在严格责任下认为不可抗力成立。无论是"合理预见"还是"尽到最大努力以避免、克服"，法官在判断时都必须借助过错的理念，因此，如果从宽解释的话，未尝不可将通常事变解释为不可抗力。③ 司法实务中，大量涉

[批注7]
在此如果能明确丁并非甲的履行辅助人，而是合同外的第三人，论理更清晰。

---

① 参见司玉琢等编著：《中国海商法注释》，北京大学出版社 2019 年版，第 90 页。
② 参见吴香香：《〈合同法〉第 142 条（交付移转风险）评注》，载《法学家》2019 年第 3 期。
③ 参见戴孟勇：《违约责任归责原则的解释论》，载王洪亮等主编：《中德私法研究》（2012 年·总第 8 卷），北京大学出版社 2012 年版，第 39 页以下。

及不可抗力的案件均通过援用过错标准进行判断。① 有学者更是进一步认为,现代民法上不可抗力与通常事变(意外事件)的区分仅具有概念上的意义,实质上已经没有差别。②

综上,货物落海导致的给付不能不可归责于甲。至此,乙似乎可据此主张己方的对待给付义务(价金支付义务)消灭,但仍应检视是否存在反抗辩事由。

(3) <u>甲可否对乙的抗辩提出反抗辩</u>[批注8]

〔批注8〕
依序检视"请求—抗辩—反抗辩……",也是请求权基础方法以诉讼攻防为基点的体现。

本案为寄送买卖,《民法典》第607条第2款构成价款支付义务消灭的反抗辩事由(抗辩之抗辩)。

甲主张对乙的价款支付义务消灭抗辩提出反抗辩须满足:出卖人义务尚未履行完毕、属于送付之债、出卖人将标的物交付给第一承运人、标的物毁损灭失、该毁损灭失系不可归责于双方的事由导致。除第三项要件外,其余四项要件在上文均已讨论完毕,且结论均为已满足。依案情,出卖人将标的物交付给第一承运人的要件也满足。此处"交付"的判断,宜理解为只须将货物交给承运人即可,不以买受人取得占有及所有权为必要;"第一承运人"一般仅限于第三方独立承运人。③ 不过,此处无须讨论运输合同的当事人究竟为谁,因为无论托运人是甲还是丙,标的物都已交付承运人丁。

因此,本条要件满足,价款风险移转于乙,甲的价款支付请求权未消灭。

2. 思路二:乙可否行使解除权

以上文结论为前提,检视解除权似已无必要。<u>在价款风险已经转移的前提下,若还允许承担风险的买受人解除合同,从</u>

---

① 参见孙学致:《过错归责原则的回归——客观风险违约案件裁判归责逻辑的整理与检讨》,载《吉林大学社会科学学报》2016年第5期。
② 参见陈帮峰:《论意外事故与不可抗力的趋同——从优士丁尼到现代民法》,载《清华法学》2010年第4期。
③ 原《买卖合同解释》(2012)更是以第11条明文规定之。学说有认为该等规定过于限缩,参见朱晓喆:《寄送买卖的风险转移与损害赔偿——基于比较法的研究视角》,载《比较法研究》2015年第2期。

而免除价款支付义务,实际上是在架空风险规则。为避免这种不公的后果,应认为此时承担风险一方(在本案中即买受人乙)不享有解除权[批注9]。①

综上所述,甲的价款支付请求权未消灭。

(三) 权利行使抗辩权

本案中,乙可能主张的权利行使抗辩权是时效抗辩权。

如上文所述,债权人甲可以随时要求乙履行价款支付义务,因此,根据《诉讼时效规定》(2020)第4条第2分句主文,诉讼时效期间从债权人甲要求债务人乙履行义务的宽限期届满之日起计算。案情未告知甲是否有过《诉讼时效规定》(2020)第4条意义上的"提出要求",故只能认定为自其提起诉讼之日后一定宽限期届满之日起算。

综上,甲的价金请求权尚未罹于时效,乙不得主张时效抗辩权。

(四) 中间结论

甲得基于《民法典》第626条第1句向乙主张原合同请求权要求其支付价款,此时乙不得援引时效抗辩权。

二、甲对丙的请求权

在检视甲对丙的请求权之前,应首先确定甲丙间的合同性质,以及甲丙间是否存在代理关系。

(一) 前提问题[批注10]

1. 甲丙间为行纪合同还是委托合同

本文认为,案涉甲丙间的合同并非行纪合同而系委托合同。根据《民法典》第951条,行纪合同是行纪人"以自己的名

[批注9]
但若认为解除不影响风险移转规则的适用,即买受人负担价额补偿义务,则不必排斥解除权。

只是在此观点下,乙行使解除权并不能达到排除价款支付请求权的目的。

[批注10]
将某一问题单独作为前提问题前置讨论,并非请求权基础分析的常规做法。但在个案的解析中有明显的前提争点时,此种分析思路也可接受。

① 参见周江洪:《风险负担规则与合同解除》,载《法学研究》2010年第1期。

义"为委托人从事"贸易活动"、委托人支付报酬的合同,这里的"贸易活动",应认为限于代销等情形,以买卖为主。而本案中,贸易合同的当事人是甲乙双方,丙并未参与其中;且甲委托丙的目的并非需要后者代销,而是由后者代办运输。另外,立法者也认为,对外贸易代理合同本身也属于委托代理中的委托基础关系。① 因此,案涉合同应属委托合同,甲对丙的原合同请求权的规范基础为《民法典》第 927 条。

2. 甲丙间是否构成代理

此问题与甲丙签订委托合同这一事实紧密相连,同时又将影响甲对丁的请求权,故有必要在此讨论。[批注11]

[批注11]
如果甲丙间是否成立代理关系,主要影响的是甲对丁的请求权,那么,将其置于甲对丁的请求权部分进行检视可能更合理?

尽管代理权由单独的授予行为授予,但基础关系不妨成为解释依据,该基础关系能否解释出授权行为的存在,抑或只是确定债法义务,均属意思表示解释问题。② 若甲丙间有代理授权,须检视代理行为的构成要件:行为的可代理性、代理人为意思表示、显名原则。

此处关键是显名原则。代理人为代理行为,须以本人名义为之。一般认为,显名原则的例外是所谓行为归属理论,即若第三人不在意交易相对人是何人时,显名原则被突破。③ 但是,行为归属理论本身即受到质疑,因为"不在意"只是在无争议时才会出现,相对人在开始时可能根本没有介意与否的想法,这完全取决于合同缔结过程中的瑕疵以及合同履行过程中出现的各种状况。④ 毋宁说其实质是风险分配,针对的问题是,如果代理人不显名,合同产生纠纷后的风险由谁承担。若适用行为归属理论,则应该由相对人承担,此时相对人除了考察代理人

---

① 参见马秀红主编:《中华人民共和国对外贸易法释义》,中国商务出版社 2004 年版,第 43 页。
② 参见朱庆育:《民法总论》(第 2 版),北京大学出版社 2016 年版,第 346 页以下。
③ 参见朱庆育:《民法总论》(第 2 版),北京大学出版社 2016 年版,第 336 页。
④ 参见[德]维尔纳·弗卢梅:《法律行为论》,迟颖译,法律出版社 2013 年版,第 919 页。

状况,还要额外承担其不知晓的本人的破产风险。但问题在于,使用代理的一方,因分工而获得了额外利益,而代理人是否显名,一看代理人行为时是否有意识地显名,二看本人是否要求其显名,这些都是本人所能控制的领域。就此而言,由本人承担风险或更为恰当,亦即,本人应当承担发生争议时其无法通过直接代理方式直接取得权利的风险。在这一风险分配格局下,由于本人并没有直接获得权利,故因合同而取得的利益实际上处于代理人手中,由相对人向代理人主张权利,对于代理人的利益也并不会产生过大影响。另外,结合《民法典》第925条、第926条的规定,若第三人知晓代理关系,则法律关系在第三人与本人间发生。本案中丙以自己名义行为,且并无证据表明丁知晓甲丙间的"代理"关系,丙的行为仅属于间接代理而非真正代理,其行为后果不归属于甲。因而,甲丙间并无代理关系。

根据案情,丙尚未交付单据。因此,甲是否可依外贸代理合同(《民法典》第927条)请求丙交付单据,值得检视。丙可能构成违约,故违约损害赔偿请求权应当检视。又根据《民法典》第933条,甲丙双方享有任意解除权,此权利也应予以检视。因此,此处需要检视的请求权为:原合同请求权之交付单据请求权、次合同请求权之损害赔偿请求权与因解除而生之请求权。

(二)基于《民法典》第927条的单据交付请求权

1. 请求权已成立

甲丙间达成委托合同,该请求权成立,且并无效力瑕疵。

2. 权利已消灭的抗辩

就甲丙间的协议内容而言,丙订立运输合同与甲乙间国际货物买卖合同关系密切,可以说是为履行后一合同而专门订立,故应认为属于丙的主给付义务,丙负有将提单交付给甲或乙的义务。由于交付单据是签订运输合同的必然延伸而非可能延伸,在这个意义上,其构成委托合同的主给付义务。既然丙尚未交付单据,则甲针对该义务的请求权不因清偿而消灭。

但根据《民法典》第933条,丙似可通过行使任意解除权,主张甲的原合同请求权已消灭。然而,基于委托合同的继续性特征,解除的后果应仅向将来发生。从第927条来看,受托人向委托人返还取得的财产的义务,在其取得财产之时即发生,即使合同原给付义务向将来消灭,已经发生的义务仍须履行。因此,丙即使行使解除

[批注12] 解除权对原给付义务的影响,也是容易遗漏的问题点。

[批注13] 这部分论证详略得当,既无赘余,也无缺漏。

权,对甲的此项请求权也没有影响。[批注12]故请求权尚未消灭。

3. 权利行使抗辩权[批注13]

但丙可能享有同时履行抗辩权与时效抗辩权。

就同时履行抗辩权而言,须满足如下要件:有效的双务合同、相互关系、对待债权继续存在、对待给付请求权到期、对待给付没有发生效力、自己遵守合同。检视的关键在于相互关系要件与请求权是否到期。

有偿委托合同的"有偿"即委托人给付的报酬(而非费用),报酬是受托人给付劳务的对价,此二者互为对待给付。①如上所述,丙的单据交付义务构成主给付义务,与甲的报酬支付义务互为对待给付。

同时,案涉合同属于继续性合同,且并未约定每项事务的履行期限,双方嗣后亦未达成补充协议,案情也未显示存在有关合同条款或交易习惯,根据《民法典》第511条第4项,债务人可随时履行。因此,应解释为在起诉时丙的义务立即到期,与此同时,基于同时履行的要求,甲的义务也到期。因此,丙可基于《民法典》第525条第1、2句主张同时履行抗辩权。

由上文分析可知,丙的义务在甲起诉时方才到期,故丙不得援引时效抗辩权。

因此,甲得根据《民法典》第927条请求丙交付运输合同单据,但丙得根据《民法典》第525条第1、2句主张同时履行抗辩权。

(三)基于《民法典》第929条第1句的损害赔偿请求权

该请求权的成立要件为有偿委托合同、受托人违约、委托人受有损失、受托人具有过错、过错与损失具有因果关系。本案中甲丙间系有偿委托,但受托人丙并未违约。

---

① 参见林诚二:《民法债编各论》(中),中国人民大学出版社2007年版,第163页以下。

首先,丙并未迟延履行。理由在于,丙仅剩交付单据的合同义务尚未履行,而甲丙间属于委托合同,并未就每项事务约定履行期限。依前文所述,丙可随时履行,甲亦可随时要求丙履行。在本案中,显然只有在甲提起诉讼一段时间后履行期方告届满,故在该时间点之前,丙不构成迟延履行。

其次,根据《民法典》第 922 条第 2 句第 2 分句[批注14],在情况紧急时,受托人负有妥善处理委托事务的义务。这属于附随义务,是根据委托合同的人身信赖性质,课以受托人妥善保护委托人权益的保护性义务,就该等义务的违反给委托人造成的损失,属于《民法典》第 584 条的范畴。

[批注 14]
法条引用准确,具体到最小单元。

最后,丙是否负有此项义务值得探讨。① 因为案情显示,货损发生后甲乙丙均出面协商,这说明丙履行了《民法典》第 926 条第 1 款的披露义务,此后,其义务不再是保护义务,而更多属于协助性义务,甲的损失应当由甲自己进行追偿,丙只须从旁进行必要的协助即可。然而事实是,甲自己急于行使对丁的权利,故不可苛责于丙。

据此,违约要件不满足,其他要件无须检视。甲不得根据《民法典》第 929 条第 1 句请求丙赔偿损失。

(四)基于《民法典》第 933 条第 2 句的损害赔偿请求权

由上文可知,从解除的效果来看,是委托合同终止履行。根据《民法典》第 933 条第 2 句,甲若行使任意解除权须负担损害赔偿义务,解除合同对甲并无利益,因此甲并不会行使任意

---

① 对此,对外经济贸易部《关于对外贸易代理制的暂行规定》(以下简称《暂行规定》)即便不适用于本案,也具有重要的参考价值。按其内容来看,第 20 条明确规定,因外商不履行其合同义务导致进出口合同不能履行、不能完全履行、迟延履行或履行不符合约定条件的,受托人应按进出口合同及委托协议的有关规定及时对外索赔,或采取其他补救措施。该条也明确了受托人具有此项保护义务。但 1992 年对外经济贸易部对该规定第 24 条作出解释,认为如果委托人拒绝提供仲裁费或诉讼费及其他有关费用,受托人无义务对外提起仲裁或诉讼。该解释作为对部门规章的行政解释,在原《合同法》(1999)于 1999 年颁布后,因与上位法条文相抵触而自动失效(尽管商务部尚未发布正式文件将之废除)。另外,《暂行规定》于 2008 年被废除,与之相关的行政解释自然也应随之失效。

解除权,予以排除[批注15]。

(五) 中间结论

甲得根据《民法典》第 927 条请求丙交付运输合同单据,但丙得根据《民法典》第 525 条第 1、2 句主张同时履行抗辩权。

三、甲对丁的请求权

于此需要检视的是违约损害赔偿请求权与侵权损害赔偿请求权。

(一) 基于《海商法》(1992) 第 46 条第 1 款第 3 句的违约损害赔偿请求权

1. 请求权成立要件

结合《民法典》第 584 条,《海商法》(1992) 第 46 条第 1 款第 3 句的构成要件为:海上货物运输合同关系存在、货物发生灭失或损坏(承运人发生违约)、权利人受有损失、因果关系、可归责于承运人。

(1) 甲是否为适格权利主体[批注16]

①思路一:提单作为主张权利的依据

丙以自己名义与丁订立海上货物运输合同,若当事人为丙而非甲,则甲不能行使海上货物运输合同上的权利,此要件似不满足。

但依上文讨论,甲虽不是丙丁间合同的当事人,且甲丙之间不构成代理,却仍可请求丙交付提单。故可考虑的是甲自丙处受让提单后,可否依据提单向丁主张权利。

有观点认为,提单转让等同于海上货物运输合同转让,因此,提单持有人就是合同当事人。① 但反对者认为,此种观点并无实证法依据,根据《海商法》(1992) 第 71 条,提单仅仅是海上货物运输合同的证明而非海上货物运输合同本身,认为转让提

[批注 15]
这是基于诉讼策略的考量。

[批注 16]
下文区分"提单作为主张权利的依据"与"实际承运人规则"两种思路,论证甲系适格权利主体,论据扎实有力。

---

① 参见司玉琢等编著:《新编海商法学》,大连海事大学出版社 1999 年版,第 170 页。

单就等同于转让合同,只是简单参考英国海上运输实践经验得出的结论。① 本文认为,确如论者所言,实证法并未规定提单就是海上货物运输合同本身,《海商法》(1992)第78条第2款亦为此提供了实证法支持,根据该款规定,托运人的义务并不因提单的转让而免除,可见合同转让说确有漏洞。因此,持有提单并不当然成为海上货物运输合同当事人。

根据《海商法》(1992)第78条第1款,提单持有人与承运人之间的法律关系依提单文义确定,故提单持有人是基于提单而非托运人与承运人间的海上货物运输合同向承运人主张权利。有观点据此认为,基于提单的签发,承运人与提单持有人之间形成了独立于海上货物运输合同但又与之密切相关的债权债务关系,提单上记载的权利义务关系一般与海上货物运输合同相同,这使得提单具有类似设权证券的性质,这种提单之债与海上货物运输合同之间的关系同票据关系与基础关系亦有相似之处。② 正因提单持有人与承运人之间形成了这样的债权债务关系,《无正本提单交付货物案件规定》(2020)第2条规定,正本提单持有人可依据提单向承运人主张违约责任。最高人民法院指导案例111号亦指出,提单持有人享有提单载明的债权请求权,提单是提单持有人请求承运人交付货物的债权请求权凭证。③ 可供参考的是,德国法上亦认为,提单转让并未导致海上货物运输合同当事人的变更,而只是使得提单项下的提货权及包括损害赔偿请求权等在内的相关权利移转给提单受让人。④

可见,甲若持有提单,则可向承运人主张提单项下的权利,其中包括损害赔偿请求权,这些权利根据《无正本提单交付货物案件规定》(2020)第3条应属于合同请求权。故此要件满足。

②思路二:实际托运人规则

从上文分析可知,甲若基于委托合同请求丙交付提单,可能会受到丙对甲基于委托合同之同时履行抗辩权的限制。另一种思路或可解此困境。根据《海商法》(1992)第42条第3项,该法所称"托运人"可以指 "委托他人为本人与承运人订立

---

① 参见郭瑜:《提单转让后托运人对承运人的诉权》,载《中国海商法年刊》2010年第2期。
② 参见郭瑜:《论提单债权关系》,载《中外法学》1999年第2期。
③ 参见最高人民法院指导案例111号,最高人民法院民事判决书(2015)民提字第126号。
④ 参见庄加园:《提单上的请求权移转与货物物权变动——以德国法为视角》,载《东方法学》2015年第1期。

海上货物运输合同的人",即使受托人以自己名义订立合同,委托人也是《海商法》(1992)意义上的"托运人"。《海商法》(1992)的主要参照对象是1978年《汉堡规则》,后者第1条第3项亦规定,"托运人"可以指代本人以及与承运人订立海上货物运输合同的任何人,显然,"显名原则"并非判断托运人时所需考虑的要素。在我国的司法实践中,具有甲这种法律地位的人,被称作"实际托运人"。对此,最高人民法院〔2005〕民四他字第48号复函有如下表述:"……为本案的实际托运人,运单上记载的托运人……仅为接受……委托与承运人……签订合同的人。"①《无正本提单交付货物案件规定》(2020)第12条②也明显表现出对实际托运人的保护倾向,其后半句点明了实际托运人可依照海上货物运输合同要求承运人承担违约责任。在法律适用上,最高人民法院认为《海商法》(1992)第42条承认实际托运人在运输合同中属于运输合同的缔约关系人,因此,"实际托运人虽然没有在提单上载明托运人身份,仅说明其没有处分提单和背书转让提单的权利"③。可见,实际托运人可被视作运输合同关系的当事人。

然而,<u>从最高人民法院的判例来看,即使是实际托运人,在向承运人主张权利时也应持有正本提单,只是对于所持提单的要求有所放低,即仅持有正本记名提单亦可主张权利,而无论该记名提单上记载的托运人是否为实际托运人自己</u>[批注17]。④

[批注17]
判例也是重要的论证资源。

---

① 最高人民法院关于"吕洪斌与浙江象山县荣宁船务公司水路货物运输合同纠纷一案有关适用法律问题的请示"的复函(〔2005〕民四他字第48号)。
② 该条规定,向承运人实际交付货物并持有指示提单的托运人,虽然在正本提单上没有载明其托运人身份,因承运人无正本提单交付货物,要求承运人依照海上货物运输合同承担无正本提单交付货物民事责任的,人民法院应予支持。
③ 参见刘寿杰:《〈关于审理无正本提单交付货物案件适用法律若干问题的规定〉的理解与适用》,载《人民司法·应用》2009年第9期。
④ 可参见最高人民法院民事裁定书(2016)最高法民申2284号;最高人民法院民事判决书(2015)民提字第19号。

故仅通过实际托运人规则无法使甲享有对丁的权利。

③小结

综上,通过行使对丙的原合同请求权(请求交付提单),甲可向承运人丁主张权利。

(2)货物毁损灭失(即承运人违约)

案涉日用品已全部灭失,且丁违反了《海商法》(1992)第48条。此项要件满足。

(3) 权利人受有损失[批注18]

若按照差额说,甲乙双方买卖合同的价款风险已经转移,即使货物毁损灭失,由于甲仍享有与货物价值相当的价款请求权,对丁而言,甲似乎并未受有损失。

但按照修正观点,此时计算甲的损害,应当将乙的损害囊括其中,即所谓"第三人损害清算"理论。① 特定情形下,有赔偿请求权的债权人未受有损害,而受有损害的第三人却并无赔偿请求权,若此时恪守受害人仅能就自己的损害主张赔偿请求权的观念,则加害人可能因这种意外的损害转移而逃脱责任。因此,第三人损害清算理论认为应赋予赔偿权利人针对加害人主张第三人之损害的权利,而依代偿请求权制度,第三人可请求权利人让与该权利。须注意的是,此时仅是损害发生了转移:该理论的目的仅在于避免不正当地免除加害人责任,因而在计算出卖人甲的损害时,将买受人乙的损害纳入甲的损害中,但实际上甲并未受有损害。② 据此,适用此理论的前提是:第一,乙没有独立的损害赔偿请求权;第二,甲没有受到损害;第三,损害的意外移转。

[批注18]
这部分的论理涉及差额说、第三人损害清算、损益相抵、规范损害等制度的体系化分析,论证难度较高,但本文完成得不错。

---

① 参见朱晓喆:《寄送买卖的风险转移与损害赔偿——基于比较法的研究视角》,载《比较法研究》2015年第2期。
② 参见[德]迪尔克·罗歇尔德斯:《德国债法总论(第7版)》,沈小军、张金海译,中国人民大学出版社2014年版,第337页以下。

在德国，此为处理寄送买卖风险转移后损害赔偿的通说，但理论上仍有争议，批评意见主要是，寄送买卖的风险只影响买卖双方，风险事件的发生不影响出卖人（赔偿权利人）与承运人之间的损害计算。[①] 本案中，之所以得出甲未受损害的论断，是因为在计算损害时将其通过买卖合同取得的价款请求权计入其中，从而得出损益相抵的结论。但价款请求权与甲丁之间的运输合同没有必然联系。损益相抵时，利益的扣减必须"符合损害赔偿请求权的目的，另外，其不得不公平地使致害人得以免责，利益和不利益必须在'某种程度上被结合为一个计算单位'"[②]。而价款请求权被扣减显然不符合后两个要件。此外，若采前述德国法上关于提单转让等同于提单项下权利转让的观点，则由于收货人持有提单，可直接基于提单向承运人主张损害赔偿，亦无须借道第三人损害清算理论。[③]

新近的观点通过使用"规范损害"概念来解决这一问题。梅迪库斯引用了德国联邦最高法院的两个典型案例予以说明，一是家庭主妇因受害失去劳动能力，从而免除家务义务，二是雇员因受害而免除劳动义务。尤其是在雇员案中，雇员受害后因法律规定而免除劳动给付义务，其报酬请求权并未减损。但从法政策角度看，该请求权在计算时不应在雇员与加害人之间的关系中予以考虑。[④] 同样地，本案中虽然甲之货物所有权已经灭失，但其交货义务（原给付义务）系《民法典》第580条第1款但书第1项之规定而消灭，甲虽保有价款请求权，但不应在甲丁间的运输合同关系中予以扣减。据此，甲受有货物所有权灭失的损害。此要件满足。

（4）因果关系

货物之灭失系因丁的违约行为导致，此要件满足。

（5）可归责于承运人

承运人丁违反《海商法》（1992）第48条之义务，具有过错。此要件满足。

[①] 参见朱晓喆：《寄送买卖的风险转移与损害赔偿——基于比较法的研究视角》，载《比较法研究》2015年第2期。
[②] 〔德〕迪特尔·梅迪库斯：《德国债法总论》，杜景林、卢谌译，法律出版社2004年版，第455页。
[③] 参见庄加园：《提单上的请求权转移与货物物权变动——以德国法为视角》，载《东方法学》2015年第1期。
[④] 参见〔德〕迪特尔·梅迪库斯：《规范的损害》，徐建刚译，载《私法研究》2017年第1期；朱晓喆：《寄送买卖的风险转移与损害赔偿——基于比较法的研究视角》，载《比较法研究》2015年第2期。

2. 权利未发生的抗辩

甲对丁的请求权成立要件满足,但还须考虑承运人丁处是否存在阻止该请求发生的抗辩。承运人丁欲主张免责,应检视《海商法》(1992)第46条(责任期间)、第51条(免责事由)、第56条(责任限额)。

(1) 是否在责任期间内

根据第46条,承运人对集装箱装运货物的责任期间为从装货港到卸货港、货物处于承运人掌管之下的全部期间。本案装货港为上海港,卸货港为B港,香港发生的货物灭失位于该期间内,责任期间经过的抗辩不成立。[批注19]

[批注19]
可能的疑问是:责任期间抗辩是权利未发生的抗辩,还是权利已消灭的抗辩?

(2) 是否存在免责事由

根据第51条第1项,承运人就其受雇人在船舶管理中的过失免责,但此处承运人是就管货义务发生违约,不应适用此项。此抗辩不成立。

(3) 是否在责任限额内

根据第56条第1、2款,由于本案仅有1个集装箱,故丁的责任限额为 $1×666.67\ SDR = 1×666.67×0.67 = 446.6689$(美元)。根据该条第1款第1句,还可以货物毛重×2 SDR计算责任限额,并以两者中较高的为准,即 $100×2×0.67 = 134$(美元)。显然此时应按446.6689美元计算。另依《海商法》(1992)第59条第2款,如果丁的受雇人为直接故意或者间接故意的,不得援用第56条的限额规定,但案情未显示此点,故此处不予考虑。

综上,甲对丁之基于《海商法》(1992)第46条第1款第3句的违约损害赔偿请求权成立,限额为446.6689美元。

3. 权利已消灭的抗辩

本案并无相应事由,请求权未消灭。

4. 权利行使抗辩权

于此须检视的是时效抗辩权。根据《海商法》(1992)第

257条第1款,向丁要求赔偿的时效期间为一年,自承运人交付或者应当交付货物之日起计算。案情显示,事故发生后,甲乙丙共同出面与丁交涉索赔未果,则此时时效中断并重新起算。另外,丙提起过诉讼,时效中断,但嗣后因丙未出席参与诉讼,宁波海事法院按撤诉处理,依《海商法》(1992)第267条第1款第2句,时效不中断。据此,至甲起诉时,显然已经经过一年时效期间,丁可主张时效抗辩权。

5. 小结

甲得根据《海商法》(1992)第46条第1款第3句请求丁赔偿损失446.6689美元,但丁得根据《海商法》(1992)第257条第1款主张时效抗辩权。

(二)基于《民法典》第1165条第1款的侵权损害赔偿请求权[批注20]

[批注20]
娴熟掌握请求权基础方法之后,对于争议不大的非关键问题可择要论述,但建议初学者不要跳步,依检视程式一步一步分析。

过错侵权损害赔偿请求权的要件为侵权法保护的权益被侵、侵害行为、责任成立因果关系、责任能力、过错、损害、责任范围因果关系。于此,应特别检视甲是否仍为案涉日用品货物的所有权人。甲在订立委托合同时并未移转所有权,因为办理运输并不以托运人为所有权人为前提,此时转移所有权并无必要。甲即便有所有权转移的意思,指向的也是买受人乙而非受托人丙。而货物落海时,提单尚未交付,甲乙间买卖合同并未履行完毕,故甲仍是所有权人,权益受侵害要件满足。根据上文,其余要件亦均满足。

另外,根据《海商法》(1992)第58条,侵权系承运人之受雇人的过错行为导致的,承运人仍可援引《海商法》(1992)第四章的抗辩。由此,上文结论亦可在此援用,丁在446.6689美元范围内承担责任。

因此,该请求权成立,限额为446.6689美元。按照上文讨论,该请求权虽尚未消灭,但已罹于时效。

(三) 中间结论

甲得根据《海商法》(1992)第46条第1款第3句或《民法典》第1165条第1款请求丁赔偿损失446.6689美元,但丁得根据《海商法》(1992)第257条第1款第1分句主张时效抗辩。

四、乙对甲的请求权

就本案买卖合同之目的而言,乙对甲的首要诉求为取得案涉日用品,其次为取得该日用品之价值。本案中甲尚未交付提单,仍须检视乙能否请求甲交付提单从而主张提单项下的损害赔偿请求权。

(一) 请求权成立要件

《民法典》第598条规定了买受人对出卖人的单证交付请求权。

1. 一般情形的讨论

此请求权仅需买卖合同成立即可,但需存在提取标的物的单证及履行尚属可能。在本案中,标的物已经灭失。一般而言,由于此处甲的原给付义务消灭,提单已经不再是提取标的物的单证,而是主张赔偿权利的单证,似乎不能被包含进该条之中。因此,根据该条,在标的物已经灭失的情形下,出卖人似乎并无继续交付单证的义务。

但如此解释对买受人乙似有不公。可考虑的是此种情形下乙是否享有代偿请求权。若认为乙对甲享有代偿请求权,即可请求甲向其让与对丁的请求权。由于甲请求丁进行损害赔偿的前提是取得提单,同理,乙也应在取得提单后方可向丁主张权利。如果细究乙之请求权的内容,所谓行使代偿请求权,实为请求甲交付提单。而提单上所附的此项权利并不能被剥离而单独移转,因为提单具有票据性质。[①] 那么,至少在本案中,乙的代偿请求权与乙请求甲交付提单的原合同请求权(《民法典》第598条)同一。乙的合同权利(请求交付提单)实与代偿请求权别无二致,而代偿请求权属于原给付义务的转化,因此,该义务将仍属于出卖人甲的主给付义务。

---

① 参见郭瑜:《论提单债权关系》,载《中外法学》1999年第2期。另参见陈芳、郑景元:《论提单的法律性质》,载《法学评论》2011年第4期。

2. 代偿请求权是否可能[批注21]

代偿请求权基于原来债之关系产生，其性质非属损害赔偿，而是使债务人返还其所得代替利益①，故其本质在于以代偿利益替代原本的给付标的物②，代偿利益与陷于不能之原给付须具有同一性③。《德国民法典》第 285 条对代偿请求权的成立，未有可归责性的要求，体现了其与损害赔偿请求权的差异。④ 但我国实证法并未规定该制度，就类推适用而言，可首先考虑能否从现有制度推导出代偿与原给付的同一性特质。

理论上对其规范基础有多种学说，主要为不当得利说、损益相抵说、风险与利益一致说三种。⑤

不当得利说主张，标的物的经济价值已经归属于买受人，故而从权益归属上，出卖人构成不当得利。反对观点认为，从实证法来看，《民法典》第 630 条明确规定了标的物经济上的归属于交付后方才转移给买受人，并且，代替利益既然与原标的物具有同一性，则原则上应依物权关系决定[批注22]，故就法益归属而言，该利益本就应归债务人，出卖人受领该利益，非无法律上之原因。⑥

损益相抵说认为，因同一违约事实使得债权人受益时应当适用损益相抵说扣减债权人之损害，在代偿请求权情形中是债务人获益，为避免其不当获利，自然也应使利益转移给债权人。

[批注 21]
代偿请求权问题也是本案的论证难点，尤其是代偿请求权与给付风险、价款风险的关系。

[批注 22]
需要注意的是：《民法典》第 630 条的"交付"与买卖标的物的物权移转并不必然相关。

---

① 参见王泽鉴：《出卖之土地于移转登记前被征收时，买受人向出卖人主张交付受领补偿费之请求权基础》，载王泽鉴：《民法学说与判例研究》，北京大学出版社 2015 年版，第 1278 页。
② 参见杜景林、卢谌：《给付不能的基本问题及体系建构》，载《现代法学》2005 年第 6 期。
③ 参见朱晓喆：《买卖之房屋因地震灭失的政府补偿金归属——刘国秀诉杨丽群房屋买卖合同纠纷案评释》，载《交大法学》2013 年第 2 期；[德]迪尔克·罗歇尔德斯：《德国债法总论（第 7 版）》，沈小军、张金海译，中国人民大学出版社 2014 年版，第 247 页。
④ 与此相反，我国台湾地区"民法"第 225 条将代偿请求权限于不可归责于债务人的情形。
⑤ 关于此三种立场及其相应的反对意见，可参见纪海龙：《买卖合同中的风险负担》，载王洪亮等主编：《中德私法研究（11）：占有的基本理论》，北京大学出版社 2015 年版，第 312 页以下。
⑥ 参见王泽鉴：《出售之土地被征收时之危险负担、不当得利及代偿请求权》，载王泽鉴：《民法学说与判例研究》，北京大学出版社 2015 年版，第 1013、1016 页。

反对观点则认为,其无法划定请求权的判断标准,不能说明代偿请求权的内在根据。

风险与利益一致说则基于与交付移转价款风险之理由的一贯性,认为既然买受人因交付取得经济利益之归属、从而应当承担价款风险,自然也应使其获有代偿请求权的救济。① 反对观点则认为,若采此说,则价款风险不移转时不能主张代偿请求权,这一结论难谓合理。为规避这一缺陷,亦有人主张以给付风险和代偿利益由同一人承担来代替价款风险说(即给付风险说)。②

可见,不当得利说与损益相抵说都有相应的缺陷。较为妥当的或为风险与利益一致说,相较而言,其中的给付风险说更能紧扣代偿请求权制度"同一性"特征。这种观点下,代偿请求权实为对债权人承担给付风险的补偿,因此,这种观点也被称为给付风险补偿说。③ 就买卖合同领域代偿与风险的关系,本文认为可区分三个阶段:其一,给付风险未移转的,不发生给付不能问题,也发不生代偿让与问题④;其二,给付风险移转后价款风险移转前,买受人若主张代偿让与,则仍应为对待给付,但代偿利益低于对待给付的,对待给付按比例减少;其三,价款风险移转后,买受人主张代偿让与的,仍应全额支付价款。原因在于,价款风险由出卖人承担时,原则上他不能获得对待给付,只享有对第三人的损害赔偿请求权,若买受人主张代偿请求权,此时将其应支付的价款减少至所获赔偿的范围,对出卖人并无不利,也符合风险制度的本旨。但是,若价款风险已经转移还照此处理,则实际上是使得价款风险仍由出卖人承担。此时可以清晰地看出代偿请求权作为原给付义务之替代的特征,因为代偿请求权与对待给付的关系,同给付与对待给付的关系一致。若以违约责任救济进路的视角观之,则代偿请求权在

---

① 参见朱晓喆:《买卖之房屋因地震灭失的政府补偿金归属——刘国秀诉杨丽群房屋买卖合同纠纷案评释》,载《交大法学》2013年第2期。
② 参见纪海龙:《买卖合同中的风险负担》,载王洪亮主编:《中德私法研究(11):占有的基本理论》,第312页以下。
③ 参见时军燕:《德国代偿请求权的基本思想》,载梁慧星主编:《民商法论丛》(第1期),社会科学文献出版社2020年版,第40—41页。
④ 如种类之债特定化前债务人尚负有购置义务,原则上不发生给付不能,此时获得之赔偿与原给付恐怕并不具有同一性,只有在特定化后,债务人之给付义务被限定于特定化之种类物下,此后获得的赔偿,才具有同一性,债权人享有代偿请求权方谓正当。参见〔德〕迪尔克·罗歇尔德斯:《德国债法总论(第7版)》,沈小军、张金海译,中国人民大学出版社2014年版,第105页以下。

功能上与解除权、风险负担规则相同,都是债权人在面对给付不能时的可选方案。

关于代偿请求权的规范基础,《民法典》第461条第1分句看似规定了无权占有人损害赔偿情形的代偿请求权。该句规定的损害赔偿义务以占有人过错为前提,此时赔偿金、补偿金、保险金与原物价值具有同一性,"在客观上为占有物上所有权之利益归属内容所涵盖"①,但由于无权占有人对赔偿金、补偿金、保险金并无受领权限,即使受领也系表见清偿,应适用权益侵害不当得利规则(而非代偿让与)返还所有权人。② 就此而言,该项规范并不能被视作代偿请求权规范。但在《九民纪要》(2019)第33条的框架下,代偿请求权仍可类推适用《民法典》第157条第1分句,因为《九民纪要》(2019)第33条将合同不成立、无效或被撤销后因标的物灭失而返还不能的价值补偿,解释为包括"保险金或者其他赔偿金"在内,实质是承认了代偿请求权。③

具体到本案,通过类推适用《民法典》第157条第1分句并结合《九民纪要》(2019)

---

① 参见张双根:《"占有人与回复请求人关系"规则的基本问题》,载张双根:《物权法释论》,北京大学出版社2018年版,第233页;张双根:《〈物权法〉第十九章"占有"释义》,载张双根:《物权法释论》,北京大学出版社2018年版,第284页。
② 保险金是否成立代偿,取决于无权占有人是否有权受领保险金,而这又与无权占有人对占有物是否享有保险利益相关。关于保险利益的判断标准,理论上有多种学说,从《保险法解释(四)》(2020)第1条来看,应当认为最高人民法院采纳了所谓"经济性保险利益说"。该学说的立论基点正在于风险与利益相一致原则,详言之,若投保人对保险标的享有实际经济利益,基于风险与利益相一致原则,投保人应当对此承担风险,其损害值得救济,故应认为投保人对保险标的具有保险利益,参见张力毅:《困境与出路:财产保险合同中的保险利益判断——兼评〈保险法司法解释四〉及其征求意见稿相关规定》,载《上海财经大学学报》2020年第3期。在我国《民法典》框架下,仅有权占有人才可基于占有本权享有收益权,也即仅有权占有人才对标的物具有实际经济利益,参见吴香香:《论侵害占有的损害赔偿》,载《中外法学》2013年第3期。这意味着仅有权占有人才对标的物具有保险利益,才有权受领保险金。
③ 《九民纪要》(2019)第33条与上文论述略有不同。在该条规定的情形下,合同不成立、被撤销或无效之前,返还义务人受领赔偿金、补偿金、保险金,均属于有权受领。因此,该条从某种程度上承认了代偿请求权制度。《九民纪要》(2019)并非司法解释,仅能作为法院判决的说理,第33条适用情形为"合同不成立、无效或者被撤销后",可见其系对原《合同法》(1999)第58条第1句(《民法典》第157条第1分句)的解释,因此,在法律适用上,应适用原《合同法》(1999)第58条第1句(《民法典》第157条第1分句)。

第33条,乙可请求甲让与对丁的损害赔偿请求权。[批注23]

还须注意的是,如上文所述,因价款风险已经移转于乙,如果乙行使代偿请求权,仍应全额支付价款。

综上,应承认乙的代偿请求权。正如前文所述,基于提单的票据性质,若乙享有代偿请求权,则其要求甲交付单证的主张理应得到支持,两项权利实为同一,其中,请求交付单证仅属于行使代偿请求权的手段。

故请求权成立。

(二)权利未发生的抗辩

此处并无权利未发生的抗辩。

(三)权利已消灭的抗辩

依据前文的讨论,在价款风险移转的前提下,乙解除合同的权利被否定,故乙无法行使解除权,请求权不消灭。

(四)权利行使抗辩权

首先,须检视同时履行抗辩权。依《民法典》第525条第1、2句,其适用前提为:有效的双务合同、相互关系、对待债权继续存在、对待给付请求权到期、对待给付没有发生效力、自己遵守合同。乙请求交付提单之权利的性质属于代偿请求权,系原给付义务的转化,与乙的价款给付义务存在对待关系,故应当认为相互关系要件满足。其余要件根据上文分析,可知均已满足。因此,甲可行使同时履行抗辩权。

时效抗辩权则无法主张,如上文所述。

(五)中间结论

类推适用《民法典》第157条第1分句并结合《九民纪要》(2019)第33条,可支持乙的代偿请求权,从而乙得根据《民法典》第598条向甲主张交付提单,但甲可主张《民法典》第525条第1、2句的同时履行抗辩权。

[批注23]
关于代偿请求权类推基础的论证,也体现了请求权基础方法与规范解释、规范续造的互动。

五、乙对丁的请求权

运输合同具有利益第三人的性质，所以乙仍有可能基于该海上货物运输合同对丁主张权利，该请求权应予检视。[批注24]此处应只考虑违约损害赔偿请求权，因继续履行已不可能。另须说明的是，乙并非货物所有权人，不享有侵权损害赔偿请求权。即使认为乙可通过请求甲交付提单取得所有权，由于货物已经不存在，甲之所有权亦归于消灭。交付提单还可能代表着甲让与了对丁的侵权损害赔偿请求权，故此时乙的请求权是否成立等情况取决于甲的权利状况，甲的该请求权已于前文检视，此处从略。

另须检视的是基于《海商法》(1992)第46条第1款第3句的违约损害赔偿请求权。结合《民法典》第584条主文，《海商法》(1992)第46条第1款第3句之违约损害赔偿请求权的要件为：海上货物运输合同关系存在（权利主体适格）、货物发生灭失或损坏、权利人受有损失、因果关系、可归责于承运人。其中，可归责要件属于权利未发生的抗辩。

根据上文，乙对丁的请求权实际上是乙行使代偿请求权后，从甲处受让而来，故该请求权与甲的请求权相同，已经成立。但值得考虑的是海上货物运输合同关系存在（权利主体适格）这一要件，对于此要件的检视须考虑两种可能：

其一，正如前述，在甲未行使同时履行抗辩权的前提下，乙可请求甲交付提单。一旦提单完成交付，则此要件满足。

其二，若甲行使了同时履行抗辩权，乙未能取得提单，则他不是合同当事人。但此时乙仍有主张权利的可能，该可能的基础在于利益第三人合同理论[批注25]。

《海商法》(1992)第46条、第50条等条文，在解释上存在赋予收货人损害赔偿请求权的可能；第87条对承运人行使留

[批注24]
此处需要论证与《民法典》第522条的适用关系。

[批注25]
同上。

置权前提条件的规定,亦可解释为收货人可能对承运人负有债务。那么,在收货人对承运人负有相应债务(主要是运费)时,理应赋予收货人损害赔偿请求权,否则利益有所失衡。同时,《海商法》(1992)第58条第1款规定就海上货物运输合同提起的诉讼,"不论海事请求人是否合同的一方"都适用该章规定,并未对此种解释关上大门。就此而言,似乎可以解释为我国将海上货物运输合同作为利益第三人合同。

但在海上货物运输合同关系中,必须考虑提单的特殊性。《无正本提单交付货物案件规定》(2020)第2条明确规定了承运人不得无正本提单放货,这意味着,只有有提单才能交货,即使是收货人也应凭单取货,否则承运人不得放货。在海上货物运输合同关系中,对承运人的请求权不能脱离提单独立存在。[①] 故此处不必适用利益第三人合同理论。

因此,乙对丁的请求权成立的前提是甲向乙交付了提单。此外,根据前文,此请求权限额为446.6689美元,虽未消灭但已经罹于时效。

综上,乙得根据《海商法》(1992)第46条第1款第3句请求丁赔偿损失446.6689美元,前提是甲向其交付提单,但丁可根据《海商法》(1992)第257条第1款第1句主张时效抗辩权。

六、结论

1. 甲的请求权

第一,甲得根据《民法典》第626条第1句向乙主张原合同请求权,要求乙支付价款,因为价款风险已经随货交承运人而移转。此时乙不得援引时效抗辩权,因为合同并未约定履行期限,时效自甲向乙主张权利时起算。

第二,甲得根据《民法典》第927条请求丙交付运输合同单据(提单),但丙得根据《民法典》第525条第1、2句主张同时履行抗辩权,因为交付此等单据构成两者间委托合同的主给付义务。

第三,甲得根据《海商法》(1992)第46条第1款第3句、《民法典》第1165条第1款请求丁赔偿损失,基于《海商法》(1992)责任限额的规定,赔偿额限于446.6689

[①] 法院典型判例认为,根据《海商法》(1992)第71条,即使是记名提单,承运人也须凭单交货。参见司玉琢等编著:《中国海商法注释》,北京大学出版社2019年版,第132页。

美元。但丁得根据《海商法》(1992)第257条第1款第1句主张时效抗辩权。

2.乙的请求权

第一,乙得根据《民法典》第598条向甲主张交付提单,因为通过类推适用《民法典》第157条第1句并结合《九民纪要》(2019)第33条(代偿请求权),乙可请求甲让与对丁的损害赔偿请求权,而该权利体现为提单权利。以承认代偿请求权为前提,《民法典》第598条规定的提单交付义务并不因货物灭失而消灭。但甲可主张《民法典》第525条第1、2句的同时履行抗辩权。

第二,乙得根据《海商法》(1992)第46条第1款第3句请求丁赔偿损失446.6689美元,前提是甲向其交付提单。但丁可根据《海商法》(1992)第257条第1款第1句主张时效抗辩权。

案例九：房屋善意取得案

◇ **案情介绍**

甲拥有上海市浦东新区房屋一套，所有权登记在甲名下，一直由甲及家人居住使用。2021年1月，甲听说在担保公司工作的好友乙有赚钱门路，便在其陪同下去该担保公司签署了一些材料，换取相应报酬。这些材料包括一份《委托书》，内容为：

> 我（甲）名下有坐落在上海市浦东新区周浦镇瑞安路××弄××号102室［上海市房地产权证编号：沪房地××字（2008）第019781号］房屋一套，现委托担保公司代为办理上述房屋的如下事宜：代为办理上述房地产抵押登记手续；代为归还上述房地产中的银行及其他债权人的借款，并办理注销抵押登记手续；代为签订上述房地产的买卖合同、领取房地产转让价款，并协助买方办理按揭贷款及其他相关手续；代为办理上述房地产的交易、过户登记手续；代为办理维修基金的交割、物业进出户手续……对于受托人为此签署的一切相关文件、合同，委托人都予以承认，并愿意承担由此产生的一切责任。委托期限：自2021年1月起至2022年1月止。

在签署文件前，担保公司向甲解释，今后可能需要用甲的房屋对外抵押，但在抵押前一定会取得甲的书面同意，所签材料就是将来取得甲的同意后要办的一些手续。由于担保公司的催促，以及出于对好友乙的信任，甲没有看清材料内容就在文件上签了字，并授权担保公司就《委托书》在上海市嘉定公证处办理了公证。担保公司还收走了甲携带的不动产权证原件。

2021年2月，担保公司以甲之代理人的身份将系争房屋出卖与乙。同日，担保公司以《委托书》、不动产权证为申请材料，办理了房屋所有权转移登记。

2021年3月1日，乙将系争房屋以市场价出卖与丙，双方约定乙应于3月15日前交付房屋。后丙如约支付了价款,但乙未按期交付房屋,双方经协商后签订补充协议,将交房日期推迟至 4 月 15 日。4 月 1 日,乙、丙办理了系争房屋所有权移转登记。4 月 15 日,乙仍未向丙交付系争房屋。直到此时,丙才发现事态不对劲,前去查看房屋占有,这才发现了居住在其中的甲一家人。①

问题:现丙请求甲向自己交付房屋,有无权利?

◇ **案情提要**

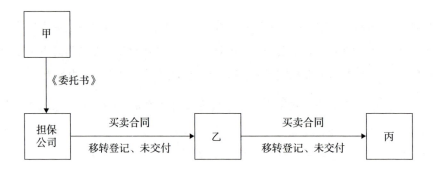

2021 年:

1 月　　　　甲在担保公司签署《委托书》,并办理了公证

2 月　　　　担保公司代理甲将房屋出卖与乙,并办理移转登记

3 月 1 日　　乙将房屋出卖与丙

4 月 1 日　　乙、丙办理房屋移转登记

4 月 15 日　丙发现甲一家人占有房屋

---

① 本案改编自著名的连成贤诉臧树林排除妨害纠纷案,参见上海市浦东新区人民法院民事判决书(2013)浦民一(民)初字第 36805 号(一审)、上海市第一中级人民法院民事判决书(2014)沪一中民二(民)终字第 433 号(二审)、上海市高级人民法院民事裁定书(2014)沪高民一(民)申字第 1312 号(申请再审);以及连成贤诉谢伟忠房屋买卖合同纠纷案,参见上海市浦东新区人民法院民事判决书(2012)浦民一(民)初字第 21647 号。连成贤诉臧树林排除妨害案的二审判决曾刊载于《最高人民法院公报》2015 年第 10 期,但经过了大幅修改。另须提及的是,上海法院将臧树林案的案由确定为"排除妨害纠纷",似可商榷。"妨害"指占有侵夺或占有扣留之外的干涉,本案中连成贤请求的是"迁出案涉房屋"(即返还占有),一审法院支持连成贤依据的也是原《民法通则》(2009)第 117 条 1 款,因此本案似应归入"返还原物纠纷"。

◇ 解题大纲

一、请求权基础预选 ··································· 247
二、丙依据《民法典》第 235 条请求甲返还系争房屋占有？ ·········· 248
 （一）请求权已成立 ······································ 248
  1. 丙是所有人 ·· 248
   （1）自权利人处取得：甲—乙—丙 ······················· 250
    ①买卖合同 ······································ 250
     A. 有权代理 ···································· 250
      a）代理的允许性 ···························· 250
      b）有代理权 ································ 250
     B. 表见代理 ···································· 252
    ②小结 ·· 252
   （2）自无权利人处取得：甲—丙 ························· 252
    ①满足从权利人处取得的各项要件 ····················· 253
    ②交易行为？ ···································· 253
    ③合理价格 ······································ 254
    ④权利外观 ······································ 255
    ⑤排除事由：取得人对权利外观之恶意 ················· 255
     A. "重大过失"之含义 ···························· 256
     B. "重大过失"之具体化 ·························· 257
      a）授权漏洞的操作方法 ······················ 257
      b）一般性占有查看义务？ ···················· 258
       aa）经济效率 ···························· 258
       bb）分配正义 ···························· 267
       cc）小结 ································ 268
      c）其他展开方向 ···························· 268
     C. 小结 ·· 269
    ⑥排除事由：存在异议登记、预告登记、查封登记等 ······ 269
    ⑦所有人对权利外观形成之可归责性？ ················· 270
  2. 甲是占有人 ·· 271
  3. 权利未发生的抗辩：甲之占有为有权占有 ··············· 271

　　　　（1）费用偿还请求权 ·· 272
　　　　（2）同时履行抗辩权？ ·· 272
　　（二）请求权未消灭 ·· 273
　　（三）请求权可行使 ·· 273
　　　1. 同时履行抗辩权 ··· 273
　　　　（1）双务合同中的对待债权 ·· 273
　　　　（2）没有先后履行顺序 ·· 274
　　　　（3）反对请求权可行使 ·· 275
　　　2. 小结 ·· 275
　　（四）小结 ·· 275
三、丙依据《民法典》第1165条第1款请求甲返还系争房屋占有？ ······ 275
　　（一）请求权已产生 ·· 275
　　　1. 绝对权被侵害 ··· 276
　　　2. 行为 ·· 276
　　　3. 责任成立因果关系 ·· 277
　　　4. 权利未发生的抗辩：不法性 ··· 277
　　　5. 权利未发生的抗辩：责任能力 ······································ 277
　　　6. 过错 ·· 277
　　　7. 损害 ·· 277
　　　8. 责任范围因果关系 ·· 277
　　（二）请求权未消灭 ·· 277
　　（三）请求权可行使 ·· 277
　　（四）小结 ·· 278
四、丙依据《民法典》第985条请求甲返还系争房屋占有？ ·············· 278
　　（一）请求权已产生 ·· 278
　　　1. 受有利益 ··· 278
　　　2. 该利益应归属于他人 ··· 278
　　　3. 权利未发生的抗辩：有法律上之原因 ······························ 278
　　（二）请求权未消灭 ·· 278
　　（三）请求权可行使 ·· 278
　　（四）小结 ·· 279
五、结论 ·· 279

一、请求权基础预选

第一，甲丙间并无契约关系，也未进入缔约磋商阶段，显然不存在契约请求权或类契约请求权。

第二，甲显然无管理意思，不构成真正无因管理，只可能成立不真正无因管理。不过依据《民法典》第983条第2句"转交管理事务取得的财产"之规定请求甲返还占有，要求甲之占有系取得自管理事务。本案中，甲自始即享有占有，不属于因处理他人事务而取得占有。即便甲在受丙请求前后或许经历了"善意占有—恶意占有"之转化，甲之恶意占有也不能算作因处理他人事务而取得，因为从善意占有转变为恶意占有仅是占有人主观状态发生变化，占有这一事实管领状态本身并无改变；此外，恶意占有人的地位比善意占有人更低，也谈不上管理人因管理事务而取得了利益。**因此，丙无法依据无因管理规定请求甲返还占有**。〔批注1〕

第三，丙可能享有所有物返还请求权。丙从未取得系争房屋之占有（包括间接占有），因此不存在占有保护请求权。

第四，甲丙间或许可以成立所有人—占有人间的法定之债，但《民法典》第460条前半句所谓"返还原物"并非独立的请求权基础，而系所有物返还、不当得利返还等的指示参照规定，因为所有人—占有人关系涉及的是所有物返还请求权的从请求权规范群，是对占有返还之外损害赔偿、费用偿还与用益返还等问题作的特别规定，认为所有人—占有人关系也包括占有返还，将导致无意义的请求权竞合。

第五，甲扣留占有可能构成对丙所有权的侵害，丙可能享有侵权请求权。〔批注2〕

第六，甲丙间无给付关系，可以考虑权益侵害型不当得利。〔批注3〕

〔批注1〕
请求权基础预选任务有二：其一，排除明显不成立或简要论证即可一击否定的请求权基础（如本案的无因管理请求权）；其二，找出可能成立的请求权基础并排序。

〔批注2〕
能注意到"所有人—占有人关系"的检视值得鼓励，对"所有人—占有人关系"属于所有物返还请求权之从属请求权的认识也很准确。

〔批注3〕
就不当得利请求权与侵权请求权的检视排序而言，也有观点认为，请求返还者先检视不当得利，请求损害赔偿者先检视侵权请求权。本案中丙请求返还房屋占有，在此观点之下，不当得利请求权的检视顺序在侵权请求权之前。

因此，下文将依次检视所有物返还、侵权、权益侵害型不当得利等请求权基础。

二、丙依据《民法典》第 235 条请求甲返还系争房屋占有？

(一) 请求权已成立

《民法典》第 235 条的文义要求请求人为"权利人"、请求相对人为"无权占有人"。本文认为，请求权真正的成立要件仅包括以下 2 项：请求人为具有占有权能的物权人、请求相对人为占有人。请求相对人享有占有本权，并非成立要件，而乃权利未发生的抗辩(rechtshindernde Einwendung)。如此区分的意义在于证明责任分配，之所以将占有本权的证明责任分配给请求相对人，正当性在于，占有系所有权最重要的权能之一，所有人有权回复占有乃所有权的当然之义，在此意义上，以有权占有对抗所有人本身已是基于诚实信用原则的例外规定①，若要求所有人负担举证责任，将过于严苛，有违所有权自由理念。② 比较法上，《德国民法典》第 985 条先规定所有人可以请求"占有人"返还原物，再以第 986 条规定占有人的本权抗辩，证明责任之分配十分清晰，可资借鉴。此外，占有本权之所以是一项权利未发生的抗辩，而非权利行使抗辩权(Einrede)，是因为凭借占有本权拒绝返还之利益不应专属于占有人，而应可为第三人主张，例如当占有人将物出借或出租给第三人时，应允许该第三人在所有人与占有人的诉讼中主张占有人具有占有本权，防止由于占有人缺席或不主张抗辩导致自己丧失占有。③

1. 丙是所有人

确定所有权归属，应以历史的方法加以探究④，即从根据案情可直接确定的最初所有人(甲)开始，逐一审查所有权变动链条，直至此处的请求人(丙)。

---

① 参见[德]鲍尔、[德]施蒂尔纳：《德国物权法》(上册)，张双根译，法律出版社 2004 年版，第 187 页。
② 此为我国多数学说观点，相关梳理参见高旭：《证明责任视角下〈民法典〉第 235 条的要件解释和学理澄清》，载《交大法学》2022 年第 3 期。
③ 参见[德]鲍尔、[德]施蒂尔纳：《德国物权法》(上册)，张双根译，法律出版社 2004 年版，第 198—199 页。
④ 参见王泽鉴：《民法思维：请求权基础理论体系》(2022 年重排版)，北京大学出版社 2009 年版，第 55—60 页。

我国多数学说对物权变动模式采债权形式主义。① 但本文认为,债权形式主义对采所有权构造②的所有权保留、物权变动中的意思瑕疵救济、种类物/未来物买卖③、异种物交付和更换时的所有权变动④等问题无法为融贯的说明。而且那种认为一个合同中同时包含负担和处分两种效果意思的观点,与有因的物权形式主义没有实际区别,无非是两个效果意思放在一个行为之中,还是分别构成两个行为(在语词上表现为"合同部分无效"与"物权行为无效"的区别)。最后,《民法典》第226 条也更倾向于物权形式主义:如果以债权形式主义解释该条,那么其中所谓"民事法律行为"即指合同行为,这意味着,第 226 条仅能适用于受让人在合同订立时已取得占有的情形,而无法适用于受让人于合同订立后、约定物权变动时点之前取得占有的情形,在此方面存在法律漏洞,还需要复杂的法律续造⑤。如果以物权形式主义解释该条,"民事法律行为"即指物权行为,前述两种情形都能适用第 226条,相较之下显然更加简单。因此在采纳多数观点所持价值判断的基础之上,物权形式主义+有因性是更为融贯的解释方案。

此外,尽管《物权编解释一》(2020)第 20 条似乎倾向于物权变动的有因性,但若将该条中的"转让合同"解释为物权合意,则抽象原则在我国法上也有生存空间。⑥

---

① 有观点将我国的"债权形式主义"进一步区分为"纯粹的债权形式主义"(买卖合同仅包含负担性的效果意思、物权变动来自于法律规定)与"修正的债权形式主义"(买卖合同内同时包含负担和处分性的效果意思)。参见茅少伟:《民法典编纂视野下物权变动的解释论》,载《南京大学学报(哲学·人文科学·社会科学)》2020 年第 2 期。
② 所有权保留采担保权构造时,所有权在合同缔结时已移转至买受人处,逻辑一秒钟后,买受人又在标的物上为出卖人设定动产抵押权,嗣后价款支付完毕后,抵押自动消灭,无须借助条件制度。
③ 参见朱庆育:《民法总论》(第 2 版),北京大学出版社 2016 年版,第 171、173 页。
④ 例如,买卖双方约定买卖 A 物,出卖人误交 B 物,债权形式主义无法解释 B 物的所有权何以发生移转,更无法解释,买受人请求更换时,B 物的所有权是如何回转给出卖人的。
⑤ 无法简单类推第 226 条,因第 226 条的效果恰是物权"自民事法律行为生效时"发生效力。
⑥ 有观点认为,《破产法》(2006)第 42 条第 3 项规定,只有破产申请受理后发生的不当得利债务才是共益债务,这意味着破产开始前的不当得利仅是破产债权,不当得利请求权人无法优先受偿;而根据物权行为有因性的价值立场,无法律原因的物权变动无效,这意味着法律特别保护出让人,将其地位由不当得利债权人提升为享有破产取回权的所有权人,将这一价值判断推广(不应区别对待例如出卖人和提供劳务之人),所有不当得利债权人都应享有取回权,这与第 42 条第 3 项的规定是矛盾的,根据归谬法,物权行为有因性的前提存在错误,因而无因性即得到证立。参见〔德〕乌尔里希·胡贝尔:《萨维尼和物权法抽象原则》,田士永译,载张双根等主编:《中德私法研究》(总第 5 卷),北京大学出版社 2009 年版,第 85—86 页。

[批注4]
物权变动模式是本案所有权归属分析的前提问题。上文对我国物权变动模式的检视简要清晰，有理有据。

因此，下文将首先根据有因的物权形式主义进行讨论，然后再补充基于无因的物权形式主义的分析。[批注4]

（1）自权利人处取得：甲—乙—丙

依据《民法典》第209条第1款、第597条第1款，自权利人处取得不动产所有权的要件包括：有效的买卖合同、有效的物权合意、出让人有处分权、移转登记、买卖合同/物权合意与登记内容三者一致。

①买卖合同

本案中，甲从未自己作出过出卖房屋的意思表示。可以考虑的是，甲通过代理人担保公司与乙缔结了买卖合同。

A.有权代理

依据《民法典》第161条第2款、第162条，有权代理的要件为：代理的允许性、有代理权、以本人之名义、实施法律行为。

a）代理的允许性

有观点认为，不动产交易不允许代理。① 本文认为该说有谬，须排除可代理性的仅为高度人身性行为，对于财产行为，在无特别法或约定禁止的情况下，不能仅以价值巨大而禁止代理，否则有悖于意思自治。在现实中，很多大宗商事交易也并不因为标的价值巨大就禁止代理。实证法上，《不动产登记暂行条例》（2019）等亦完全允许登记申请的代理。②

b）有代理权

本案中可能的授权行为是甲签订的《委托书》，对此需要通过解释确定甲之意思表示的内容。依《民法典》第142条第1款，有相对人的意思表示，应按照所使用的词句，结合相关条

---

① 参见董学立：《论"不动产的善意取得与无权占有"——兼评"连成贤诉臧树林排除妨害纠纷案"》，载《法学论坛》2016年第6期。
② 参见《不动产登记暂行条例》（2019）第15条第1款、《不动产登记暂行条例实施细则》（2019）第12条第1款、《不动产登记操作规范（试行）》（2021）第1.9条。

款、行为的性质和目的、习惯以及诚实信用原则,确定其含义。该款列举了解释时所应考量的各项因素,但缺乏可操作的判断标准,有待进一步具体化。

当表意人之真意与表意相对人之理解一致时,意思表示之内容显然应按双方共同理解确定。<mark>当真意与理解不一致时,意思表示之解释实际上发挥了分配理解偏差风险的功能</mark>[批注5]。对此,民法上存在过错归责、风险归责、惹起归责(Veranlassungsprinzip)三种风险分配方式。过错原则将风险分配给有过错之一方,在双方都无过错的情形中无法适用;惹起原则将风险分配给偶然引起风险之一方,过于偏重保护另一方当事人,在引起一方为何必须承受不利益的问题上正当性说明不足;因此,更值得采纳的中间道路是以风险控制思想为中心的风险归责原则。按此思想,由于意思表示的表达符号由表意人选择并发出,其具有更大的控制力;当意思表示进入受领人的控制范围后,受领人将如何理解,则与其自身情事有关,此时其对意思表示理解分歧也具有一定的控制力。① 因此综合而言,意思表示之解释应采"理性受领人"标准②:当受领人明知或按照理性受领人标准应知表意人之真意时,应按表意人之真意确定意思表示内容;反之应按受领人之理解确定意思表示内容。

在本案中,从文义上看,"代为签订不动产的买卖合同"在一般人理解中即指代为决定,而非事务协助;更关键的是,《委托书》约定"对于受托人为此签署的一切相关文件、合同,委托人都予以承认,并愿意承担由此产生的一切责任",这明确表达出了代理的效果承受之意;此外,"授权委托期限"中的所谓"授权",除代理权外也别无他种解释。因此,《委托书》之内容

> [批注5]
> 简明扼要地阐明了意思表示解释与风险分配的关系。

---

① 参见纪海龙:《走下神坛的"意思"——论意思表示与风险归责》,载《中外法学》2016 年第 3 期。
② 参见朱庆育:《民法总论》(第 2 版),北京大学出版社 2016 年版,第 223—225 页;杨代雄:《法律行为论》,北京大学出版社 2021 年版,第 210—231 页。

在客观上看来应为代理权授予。不过,甲系受担保公司欺骗,内心真意其实仅是授权担保公司在得到自己同意后协助办理相关手续,并无授予其代为决定出卖或处分之权力的意思,担保公司对此也为明知,因而,本案应按甲之真意确定意思表示内容。是故,甲并未授予担保公司订立买卖合同之代理权,也未嗣后表示追认,因此不能成立有权代理。甲无须以受欺诈为由撤销《委托书》。

B. 表见代理

或许可以成立表见代理。依据《民法典》第 172 条、《总则编解释》(2022)第 28 条,表见代理的要件为:无权代理、存在代理权外观。① <u>根据《总则编解释》(2022)第 28 条第 2 款后半句,被代理人应当证明相对人为恶意,因此表见代理并非以相对人善意为要件,而是以相对人恶意为排除事由。</u>[批注6]

[批注6] 举证责任影响要件与抗辩的识别。

本案中,十分显然的是,相对人乙系担保公司的工作人员,参与对甲的欺骗,应知晓甲之真意并非授予代理权,非属善意,因此不成立表见代理,担保公司代理甲与乙订立的买卖合同归于无效。

② 小结

甲乙间不存在有效的买卖合同,甲之所有权并未移转至乙处。无因的物权形式主义下,物权合意同样会因无权代理未受追认而无效,结论相同。

(2)自无权利人处取得:甲—丙

乙未取得所有权,丙只可能从无权利人处取得所有权,即依据《民法典》第 311 条第 1 款后半句善意取得甲之所有权。

---

① 《总则编解释》(2022)起草者认为被代理人对代理权外观的可归责性并非要件,也正因如此,才有必要将相对人善意之标准从"无重大过失"提升到"无过失"的程度。参见郭锋等:《〈关于适用民法典总则编若干问题的解释〉的理解与适用》,载《人民司法·应用》2022 年第 10 期。由于本案在此方面不存在争议,对此理论问题的探讨此处从略。

①满足从权利人处取得的各项要件

善意取得系以取得人之善意补正出让人欠缺的处分权,不应使取得人之地位高于从权利人处取得时的地位,因此须满足有权处分的各项要件(处分权要件除外)。基于此,《民法典》第311条第1款第3项要求"转让的不动产……依照法律规定应当登记的已经登记",《物权编解释一》(2020)第20条要求"转让合同"有效。

本案中,乙丙间买卖合同不存在任何效力瑕疵事由;2021年4月1日双方已办理移转登记;该登记与买卖合同和物权合意的内容均一致。从权利人处取得的要件显然均符合。

②交易行为?

交易行为(Verkehrsgeschäft)并非《民法典》第311条第1款明文要求,而是一个比较法上的概念。我国法是否要经由目的性限缩引入这一要件,有待讨论。

德国法下,交易行为要求善意取得中的"出让方和受让方分别属于不同的人",即双方不得具有"法律上或经济上同一性"(Identität)。不满足交易行为要求的典型案例为:一人公司的经理甲为公司购买了一处不动产,但出卖人以欺诈撤销了物权合意,后甲又以公司名义将该不动产转让给不知交易存在问题的股东乙,该一人公司与唯一的股东乙存在经济上的同一性。排除非交易行为适用善意取得的正当性在于,如果实质上只存在一个主体,那么物权变动不过是同一个人的左手倒右手而已,与公信原则便捷交易、降低交易成本的初衷也就无关了。在前述案例中,股东乙不能主张自己可以信赖土地登记簿的登记,作为股东乙应当了解公司的情况。①

我国有学者认为,由于《民法典》第311条第1款"分别规定了'无权处分人'与'受让人'这两个不同的主体,所以也应当采取与德国法相同的解释"②。**本文认为,未必须作相同解释。德国法之所以特别需要"交易行为"要件,与其不动产善意**

---

① 参见〔德〕M. 沃尔夫:《物权法》(第20版),吴越、李大雪译,法律出版社2004年版,第225页。
② 程啸:《论不动产善意取得之构成要件——〈中华人民共和国物权法〉第106条释义》,载《法商研究》2010年第5期。相同观点,参见姚明斌:《善意取得之规范与法理》,载微信公众号"JunnyLaw"2016年4月13日。

取得的"善意"标准极为宽松有关。德国法下,取得人仅当明知时才构成恶意(《德国民法典》第 892 条第 1 款第 2 句),不负担任何调查义务①,然而这一标准在个案中未必公平,因此还须借助交易行为要件与禁止权利滥用原则②进行矫正。而在我国,善意标准已被设定为不知且非因重大过失不知[《物权编解释一》(2020)第 14 条第 1 款],因此德国法上借助"交易行为"处理的很多案例,在我国可以直接通过"善意"要件解决。例如,前述案例在我国法下即可认为,既然股东应当了解公司的情况,那么不妨直接认定乙具有重大过失。质言之,所谓"经济上之同一性"其实也代表着,处于与无权处分人紧密关系中的取得人更应当知道登记簿存在错误。因此,我国善意取得的要件无须包括"交易行为"。[批注7]

③合理价格[批注8]

《民法典》第 311 条第 1 款第 2 项要求合理价格。"合理"价格首先系善意要件的判断指标之一,若出卖人的报价大幅低于市价,达到一般人都应对此警觉的程度,受让人就应要求出让人就其享有所有权进行说明或出示证据,否则可能构成重大过失。③

其次,作为一项独立的要件,合理"价格"的意义更在于,即使取得人系善意,也要将无偿行为排除出善意取得的保护范围。相比于德国法和我国台湾地区"民法"上无偿行为不妨碍善意取得成立的规则,合理价格要件具有一定的本土特色④,体现出我国立法者区分对待有偿行为和无偿行为的价值判断。

[批注7]
分析到位,有创见。

[批注8]
清晰地阐明"合理价格"的两重功能:其一,作为善意判断因素;其二,排除无偿行为善意取得。

---

① Vgl. Wieling, Sachenrecht, 5. Aufl., Berlin: Spring-Verlag, 2007, S. 298.
② 参见〔德〕鲍尔、〔德〕施蒂尔纳:《德国物权法》(上册),张双根译,法律出版社 2004 年版,第 500 页。
③ 参见梁慧星、陈华彬:《物权法》(第 7 版),法律出版社 2020 年版,第 250 页;刘家安:《物权法论》(第 2 版),中国政法大学出版社 2015 年版,第 108 页。
④ 其实《德国民法典》制定时,立法委员会也对无偿行为能否适用善意取得存在极大的争议,第二委员会最终以 9∶9 加上主席的一票才确定无偿行为也可发生善意取得。参见〔德〕汉斯·约瑟夫·威灵:《德国不当得利法(第 4 版)》,薛启明译,中国法制出版社 2021 年版,第 70 页。

与前述两点规范意旨相适应,合理价格要件并不要求受让人于善意判断时点已实际支付价款,而仅要求合同约定的价款数额合理即可,因为价款支付与否与取得人的主观状态或交易的有偿性均无关。①

本案中,乙丙间交易价格系市场正常价格,因此该要件符合。

④权利外观

本文认为,不动产善意取得的权利外观为,出让人是登记簿上的登记名义人。或有观点认为,不动产的权利外观应为出让人享有登记名义+占有。这一观点与在善意要件中主张取得人负有一般性的占有查看义务的观点,实质上相似。[批注9] 本文认为,即便认同此种主张背后的价值判断,也不应将占有问题放在权利外观要件中讨论,而应置入善意要件之中,因为不满足权利外观要件者将直接不成立善意取得,而处分人享有登记名义、但欠缺占有时,多数观点并不直接就此否定成立善意取得的可能,若处分人能合理说明自己为何会丧失占有,取得人仍然可以构成善意取得。②

本案中,乙丙交易时,乙一直是登记簿上系争房屋的所有人,因此该要件符合。

⑤排除事由:取得人对权利外观之恶意

根据《物权编解释一》(2020)第 14 条第 2 款,取得人之善意是被推定的,真实权利人负有证明取得人为恶意之责任,因此取得人恶意是善意取得的排除事由,而非要件。[批注10] 根据《物权编解释一》(2020)第 14 条第 1 款,取得人善意之标准为"不知道转让人无处分权,且无重大过失";第 15 条第 1 款列举

[批注9]
"权利外观"在很大程度上解决的是善意取得之"善意"的对象问题。在此意义上,二者实为一体两面?

[批注10]
从举证分配出发,与其说善意是善意取得的要件,不如说非善意是善意取得的抗辩事由。

---

① 参见崔建远:《物权:规范与学说——以中国物权法的解释论为中心》(上册),清华大学出版社 2011 年版,第 217—218 页。不同观点,参见梁慧星、陈华彬:《物权法》(第 7 版),法律出版社 2020 年版,第 250 页。
② 参见下文善意要件中的 B.b)aa)部分。

了取得人"知道"的若干情形,第 2 款规定"重大过失"的标准是取得人"应当知道"转让人无处分权①;依据第 17 条第 1 款,善意认定的基准时为"完成不动产物权移转登记"时。

本案中,并无事实表明丙明知乙欠缺处分权。存在疑问的是,直至 2021 年 4 月 1 日完成房屋移转登记时,乙是否存在"重大过失"。

A."重大过失"之含义

《物权编解释一》(2020)没有对"重大过失"(或"应当知道")进行具体界定。在学理上,"过失"的一般含义是未尽交易上必要之注意,要与过失严格区别的是"义务违反"(Pflichtverletzung)。后者乃完全不考虑行为人因素的客观判断,例如只要契约确定的给付内容未被实现,或实施了绝对权所禁止的行为,无论事出何因,均构成义务违反。而在前者,虽然存在所谓"过失客观化"的现象,但其指的只是放弃以案件中特定人主观心理作为判断标准,而仍然要求根据交易类型、人身给付能力等确定行为人所处的圈子,并以这一圈层中的典型人物形象为标准进行判断,当不可期待这一典型人物形象采取措施避免义务违反时,即无过失。因此,作为有责性表现形式的过失,并没有改变其主观责任的本质,义务违反—过失的二元构造仍然不可放弃。

陈自强教授认为,在不真正义务情形中也存在(不真正)义务违反与过失的区分。陈教授举出我国台湾地区"民法"上表意人之过失排除错误撤销权(第 88 条第 1 款第 2 句)的例子,"表意人就陷于错误有过失,虽不至于如同契约违反时之债务人或侵权行为之加害人须负赔偿责任,但其撤销权因而受排除,其受一定之不利益,又无不同";"不为法所期待之一定行为致意思表示陷于错误"可以构成义务违反,"表意人主观上欠缺注意"可以构成过失,二者可以分别判断。②

本文认为,发生损害赔偿之债与排除善意取得,同属不利益,因此都须行为人主观上的应当负责,这一点当属正确。但不真正义务与真正义务仍然存在根本区别,不真正义务固然是一种行为要求,但不存在契约或绝对权保护范围那样的客观

---

① 严格说来,第 15 条第 2 款存在逻辑谬误,因为"应当知道"比"重大过失"更为抽象,一般都是以"轻过失"或"重大过失"去界定"应当"的含义,无法反过来以"应当知道"界定"重大过失"。

② 参见陈自强:《意思表示错误之基本问题》,载《政大法学评论》1994 年第 52 期。

标准,只能个案衡量,这就势必需要考虑交易类型与行为人所处具体环境,综合考虑所有情事,才能在个案中为取得人设定行为要求,因此强行维持义务违反与过失的二分并无实益。在契约法中,维持义务违反与过失的二分,具有独特的意义:义务违反影响牵连性、对待给付是否要继续提出,过失影响的是损害赔偿这一次给付义务是否发生,二者功能不同,不能混淆。若以债务人尽到了合理注意认定其未违反义务,那么债权人就要继续提出对待给付,这显然是荒谬的。在侵权法中,采取结果不法说时,义务违反与过失的区分,彰显出法律对于绝对权更高强度的保护;采取行为不法说时,义务违反与过失的区分并无实益。在此处的善意取得中,情况与间接侵权类似,义务违反与过失并无区别必要。[批注11]

[批注11]
区分情形探讨义务违反与过失的关系,论证有力。

因此,在善意取得中,义务违反与有责性的判断应当合二为一:第 14 条第 1 款所谓"过失",就是指取得人未尽到法秩序在个案中对其的行为要求,而这一行为要求的内容应根据善意取得的制度目的设定。在此基础上,过失之"重大性"也不再指行为人主观可责性的程度,而是提示法官,考虑到不动产登记簿作为权利外观的高度可信性,应对取得人设定一项较弱的行为要求。

B. "重大过失"之具体化

a) 授权漏洞的操作方法

"重大过失"系典型的不确定法律概念(unbestimmter Rechtsbegriff),属于法律内的漏洞(intra legem)或者授权漏洞。此种漏洞填补方法,与超越法律的漏洞(praeter legem)的填补方法无异,均须法官如同立法者般进行法律续造,但应受到法秩序两重拘束:其一,须遵循立法的形式性基本原则,如一般性(不是为特定个案设计规则)、平等原则、方法论忠诚(公开自己采纳的所有法内、法外实质考量);其二,在内容上,须尽可能地以可讨论的客观性观点为导向,从先例、学理、一般法律原则、比较法、法外论证(如法和经济学)等寻找素材论证,遵循可论证性的要求。①

b) **一般性占有查看义务**?[批注12]

[批注12] 房屋买受人是否负担占有调查义务,是本案的关键。

在本案中,重大过失具体化中存在的一个核心问题是:买受人购买住宅,未实地查看房屋的占有情况,是否当然构成重大过失?换言之,买受人是否一般性地负有查看占有的义务?若存在该项义务,丙完成移转登记时未实地查看占有,即存在重大过失。

不少学者乃至原《物权法解释一》(2016)的起草者都认为,实践中普通人都会实地查看房屋占有,因此没有查看占有便构成重大过失。② 本文认为,此种从实然现象推至应然结论的论证方式值得商榷。法律的要求往往仅是底线性的,大多数交易在此底线之上作出更多的安排十分正常,例如不动产买卖或租赁通常以书面形式缔结,不能由此推出法律上它们就只能采用书面形式。过失的概念乃未尽交易上"必要"之注意,本身蕴含评价性因素,不能完全以事实习惯为准。

在规范评价层面,实质论证可以从以下两个角度展开,一为经济效率(efficiency),一为分配正义(distribution)。③

aa) **经济效率**[批注13]

[批注13] 文献梳理细致全面。

肯定占有查看义务的立场在学说判例(最高人民法院④、北京市高级人民法院⑤、上海市高级人民法院⑥、广东省高级人

---

① 参见〔奥〕恩斯特·A. 克莱默:《法律方法论》,周万里译,法律出版社2019年版,第151、161、204、213—243页。
② 参见杜万华主编:《最高人民法院物权法司法解释(一)理解与适用》,人民法院出版社2016年版,第388—389、554页;董学立:《论"不动产的善意取得与无权占有"——兼评"连成贤诉臧树林排除妨害纠纷案"》,载《法学论坛》2016年第6期;叶金强:《公信力的法律构造》,北京大学出版社2004年版,第225页。
③ 两项思考方向,参见 Guido Calabresi & A. Douglas Melamed, Property Rules, Liability Rules, and Inalienability: One View of the Cathedral, 85 *Harvard Law Review* 1089, 1089-1128 (1972).
④ 参见最高人民法院民事裁定书(2015)民申字第419号。
⑤ 参见《北京市高级人民法院关于审理房屋买卖合同纠纷案件适用法律若干问题的指导意见(试行)》(京高法发〔2010〕458号)第19条第3款第2句,另参见北京市高级人民法院民事裁定书(2021)京民申5362号。
⑥ 参见上海市高级人民法院民事裁定书(2015)沪高民一(民)申字第1573号。

民法院①、浙江省高级人民法院②、江苏省高级人民法院③、湖南省高级人民法院④、湖北省高级人民法院⑤、四川省高级人民法院⑥、河南省高级人民法院⑦、河北省高级人民法院⑧、辽宁省高级人民法院⑨、内蒙古自治区高级人民法院⑩、贵州省高级人民法院⑪、中国银行业监督管理委员会和国家林业局⑫)中支持者众多。肯定说又可细分为两种不同的论证:第一种观点认为,以登记簿为主、查看占有为辅的公示方式,是最有效率的模式[原《物权法解释一》(2016)起草者⑬、叶金强⑭、陈永强⑮]。第二种观点认为,理想的公示方式应当仅是登记簿,但是因为目前登记制度不完善,课与取得人查看占有义务在现阶段是有效率的(李昊⑯、姚明斌⑰)。

否定占有查看义务的立场,与肯定说的第二种观点共享相同的前提,但具体思路有别:正是因为仅以登记簿为准是最应追求的理想,才更应当免除取得人调查占有的义务,让善意取得更容易发生,以此倒逼所有权人重视登记,促进登记簿正确

---

① 参见广东省高级人民法院民事裁定书(2020)粤民申 6495 号。
② 参见浙江省高级人民法院民事裁定书(2012)浙民申字第 556 号。
③ 参见江苏省高级人民法院民事裁定书(2014)苏审三民申字第 0411 号。
④ 参见湖南省高级人民法院民事判决书(2017)湘民再 229 号。
⑤ 参见湖北省高级人民法院民事判决书(2017)鄂民终 633 号。
⑥ 参见四川省高级人民法院民事裁定书(2019)川民申 5071 号。
⑦ 参见河南省高级人民法院民事判决书(2019)豫民再 366 号。
⑧ 参见河北省高级人民法院民事裁定书(2018)冀民申 3994 号。
⑨ 参见辽宁省高级人民法院民事裁定书(2019)辽民申 6623 号。
⑩ 参见内蒙古自治区高级人民法院民事判决书(2019)内民再 131 号。
⑪ 参见贵州省高级人民法院民事判决书(2014)黔高民终字第 12 号。
⑫ 《中国银行业监督管理委员会、林业局关于林权抵押贷款的实施意见》(银监发〔2013〕32 号)第 5 条。引用该条的判例,参见广西壮族自治区高级人民法院行政判决书(2019)桂行终 1400 号。
⑬ 参见杜万华主编:《最高人民法院物权法司法解释(一)理解与适用》,人民法院出版社 2016 年版,第389 页。
⑭ 参见叶金强:《公信力的法律构造》,北京大学出版社 2004 年版,第 224 页。
⑮ 参见陈永强:《论中间型物权变动之多元要素解释方法》,载《法商研究》2016 年第 2 期。
⑯ 参见李昊、张岩雯:《不动产善意取得制度中"善意"的认定——"连成贤诉臧树林排除妨害纠纷案"评析》,载《判解研究》2016 年第 2 辑。
⑰ 参见姚明斌:《不动产善意取得构成要件检讨——以〈物权法〉第 106 条之适用为中心》,中国法学会民法学研究会 2010 年年会论文,第 421 页。

率不断提升(学说参见王利明①、许德风②、程啸③、张静④；判例参见广西壮族自治区高级人民法院⑤、四川省高级人民法院⑥)。

总结而言，两大立场、三种观点间的核心分歧有二：<u>其一，什么是理想的不动产公示方式？</u>[批注14] 其二，考虑当下现实，我国不动产登记制度是否健全？如果尚不健全，又应当采纳何种公示方式？

〔批注14〕
对此问题的讨论，是否也意味着"占有查看义务"与"占有能否作为不动产物权的权利外观"密切相关？

对前一问题，本文认为，如果取得人仅信赖登记簿即可善意取得，那么所有人就须时刻关注登记簿防止错误，不妨假设所有人每年要查询 m 次登记簿，每次成本为 A，每年申请更正登记的成本为 B。如果取得人有义务查看占有，那么所有人只须维持占有即可阻却善意取得，因此可节省 mA+B 成本，但取得人因查看占有成本会增大，不妨假设该不动产每年有 n 个潜在受让人，每次查询占有的成本为 C，即成本会增加 nC。

故而，肯定说下的第一种观点其实是在声称：(mA+B) > nC。叶金强教授特别指出取得人查看占有的成本低廉，就是在强调不等式的右边更小：其一，不动产位置固定，考察方便，通过所有人、用益权人或邻居都可轻易获知权属状况；其二，由于买卖不破租赁制度⑦的存在，不动产买受人"本来就需要考察

---

① 参见王利明：《不动产善意取得的构成要件研究》，载《政治与法律》2008年第10期。
② 参见许德风：《不动产一物二卖问题研究》，载《法学研究》2012年第3期。
③ 参见程啸：《不动产登记簿的权利事项错误与不动产善意取得》，载《法学家》2017年第2期；程啸：《论不动产善意取得之构成要件——〈中华人民共和国物权法〉第106条释义》，载《法商研究》2010年第5期。
④ 参见张静：《不动产占有公示效力否定论——"连成贤诉臧树林"案的批判性分析》，载《苏州大学学报(法学版)》2017年第3期。
⑤ 参见广西壮族自治区高级人民法院民事裁定书(2020)桂民申3097号。
⑥ 参见四川省高级人民法院民事裁定书(2016)川民申3762号。
⑦ 叶金强认为承租人先买权也会发生占有查看义务，这一论证在今天看来显然不成立。承租人先买权不具有对抗力、不会影响所有权变动[参见朱晓喆：《论房屋承租人先买权的对抗力与损害赔偿——基于德国民法的比较视角》，载张谷等主编：《中德私法研究》(总第9卷)，北京大学出版社2013年版，第78—83页]，更不会影响出租人与第三人买卖合同的效力(《民法典》第728条第2句)，因此买受人在交易时无须关心先买权。

占有状态,在善意取得构成中要求考察占有状态,肯定不是一项不合理的负担。"①

本文并不赞同上述判断,理由在于:其一,在登记制度健全的前提下,登记簿发生错误的概率相对较小,所有人时刻关注登记簿的需求也就较低,因此 m、B 就会比较小;同时,发达的登记制度会促进交易频率的提高,那些原本被高昂交易成本阻却的交易现在都可以发生了,从而 n 会较大。因此总体说来,不等式未必右侧更小。其二,肯定说从不动产租赁债权中推出一般性的占有查看义务,未必充分。买卖不破租赁的效果,仅使取得人承受剩余租期内的租赁契约,并不阻却所有权取得,因而那些甘冒继受租赁契约风险的取得人并不应被期待查看占有。其三,更为关键的是,当取得人前去查看占有时,若发现占有人非出让人,其应如何处理?肯定说的支持者宣称,此时只要取得人进行了"适当的调查",例如要求出让人进行"解释并提交相应证明文书",即不影响善意之成立。② 但问题是,究竟什么是"适当的"调查?就此存在一系列难以回答的问题:取得人是否应与占有人确认?占有人如果拒绝怎么办?是否应要求出让人提供前手联系方式确认?前手拒绝又怎么办?如果出让人拿出一堆证据(如与前手的买卖合同、与占有人的租赁合同等),取得人是否需要阅读这些冗长的文件?如果合同内的某个细节显著异常,取得人是否又要进一步调查?③ 由于生活事实的复杂性,一方面,司法实践很难为所有场景都确立稳定的行为标准,并做到全国统一;另一方面,取得人要在事前了解这些司法标准也存在高昂的成本。当登记簿作为封闭性证据的能力被否定时,性质各异的证据效力带来的种种疑问将令取得人背负高昂的调查成本。④ 对此,张双根教授有精妙的说明:"多多益善,虽为事理之常,但似乎并不能适用于物权公示手段的设计。一物之上若并行两种公示手段,则更真实的情况往往是,这两种公示手段之间所产生的并非互补效应,而可能彼此龃龉,使公示呈递减效应。"⑤

---

① 叶金强:《公信力的法律构造》,北京大学出版社 2004 年版,第 226 页。这一观点随后被最高人民法院采纳。参见杜万华主编:《最高人民法院物权法司法解释(一)理解与适用》,人民法院出版社 2016 年版,第 389 页。
② 参见叶金强:《公信力的法律构造》,北京大学出版社 2004 年版,第 203、225 页。
③ 这一问题在司法实践中的表现,参见甘肃省高级人民法院民事裁定书(2019)甘民申 1708 号。
④ 参见张静:《不动产占有公示效力否定论——"连成贤诉臧树林"案的批判性分析》,载《苏州大学学报(法学版)》2017 年第 3 期。
⑤ 张双根:《物权公示原则的理论构成——以制度正当性为重心》,载《法学》2019 年第 1 期。

（mA+B）>nC 究竟是否成立，是一项复杂的定量研究。例如，该不等式中的任一变量，可能会因地域而异：m 取决于不动产对所有人的价值，价值越大所有人才越会关心登记簿，而不同的不动产在不同的生活场景和不同的行业中，对所有人的价值恰恰是不同的；n 同样取决于行业和地域等。这一问题非社科法学不能弄清，教义学方法内的肯定说、否定说都未能给出精确的回答。本文同样无法给出终局回答，而只能基于上述理由倾向于认为，在理想状态下，不应课与取得人一般性的占有查看义务。因此，肯定说的第一种观点不可取。[批注15]

[批注15]
虽然是初步的经济分析尝试，但仍有将利益衡量具象化的新意。

反面言之，当登记制度尚未健全时，要求取得人查看占有便是有效率的，因此肯定说的第二种观点似乎是有道理的。但本文认为，第二种观点所依据的前提可能仍然不满足。随着 2014 年开始的统一不动产登记改革不断深入，至 2021 年，我国的登记制度已经十分健全，不能再简单套用多年前的论断。① 此外，肯定说的第二种观点，还面临否定说的攻击：就算当下登记制度仍不完善，从长期利益大于短期利益考虑，否定说仍然更可取。对这一批评，肯定说可能会给出如下回应：否定说描述的"倒逼"根本不会发生，因为"倒逼"的前提是登记簿错误源于所有人之懈怠，而如果错误的发生乃是所有人无法控制的制度弊病，那么再怎么放宽善意取得标准也都无法发生"倒逼"，反而会增大所有人维护静的安全的成本，此时实现理想模式的真正路径应是构建更加合理的登记程序以及强化登记机关义务。②

可见，问题的关键在于，当下我国不动产登记簿质量如何？

---

① 参见程啸：《不动产登记簿的权利事项错误与不动产善意取得》，载《法学家》2017 年第 2 期。
② 有学者主张，不动产登记公信力的强化应是通过对真正权利人归责性的弱化来完成，而不是通过对第三人谨慎程度要求的降低来实现。参见叶金强：《公信力的法律构造》，北京大学出版社 2004 年版，第 207 页；李昊、张岩雯：《不动产善意取得制度中"善意"的认定——"连成贤诉臧树林排除妨害纠纷案"评析》，载《判解研究》2016 年第 2 辑。

如果质量够高，那么即应采否定说。如果质量不够高，那么具体原因又为何？如果质量不高的原因是所有人一端的登记习惯，那么"倒逼"的论证可以成立，应当采否定说，反之则应采肯定说。

  我国的登记簿质量如何，可与以发达的登记体系闻名于世的德国进行比较。在实体不动产法方面：其一，德国法上，房屋系土地之重要成分，只存在一个土地登记簿（Grundbuch），而我国法上，土地与房屋系独立的不动产，在过去很长一段时间内曾分别登记、互无沟通，当其中一者让与导致另一者之权属相应发生法定移转时，在后者的登记簿更正前，势必存在一个登记错误的时间差。① 其二，德国奉行物权行为的独立性与无因性，而在我国通说所采债权形式主义或者本文所采物权行为独立+有因构造的情况下，物权变动会因债权合同多样的效力瑕疵而无效，从而导致登记簿错误。其三，依《德国民法典》第311b条第1款第1句，土地转让的原因行为须以最严格的公证证书（notarielle Beurkundung）形式作成，相关程序包括咨询公证人意见、在公证人面前作出意思表示、记录、公证人逐条朗读、当事人签字、公证人签字②，不仅能够保证法律行为真实存在，还可通过公证人咨询尽量避免法律行为效力瑕疵；德国《土地登记条例》（GBO）第20条和第29条第1款第1句还要求土地所有权让与合意（Auflassung）也采公证证书（öffentliche Beglaubigung）形式③。而我国并无任何实体法上的形式要求，更加容易导致登记错误。看起来，我国土地登记簿的正确性已因实体法构造大打折扣。不过，我们不能忽视法律在现实世界中的运作。〔批注16〕就第一点而言，我国自2014年推动不动产统一登记

〔批注16〕分析结合现实，论据扎实。

---

① 参见王洪亮：《论登记公信力的相对化》，载《比较法研究》2009年第5期。
② 参见〔德〕汉斯·布洛克斯、〔德〕沃尔夫·迪特里希·瓦尔克：《德国民法总论》（第33版），张艳译，中国人民大学出版社2014年版，第201页。
③ Vgl. BeckOK GBO/Hügel, 47. Ed. 30. 9. 2022, GBO § 20 Rn. 46.

开始,至 2017 年年底,已经全面实现了不动产登记机构、登记簿册、登记依据和信息平台"四统一"的改革目标①;至 2018 年,全国统一的不动产登记信息管理基础平台已实现全国联网②,借助信息技术,房地一体移转登记已不再困难;至 2021 年,各省在办理时长、电子查询、与其他部门联网等方面取得了长足进展③。就第二、三点而言,实践中,根据住建部《房屋交易合同网签备案业务规范(试行)》(建房规〔2019〕5 号)第 1 条、第 2 条第 3 款、第 5 条的规定,"城市规划区国有土地范围内"的"新建商品房和存量房买卖合同"都要进行网签备案,且"应使用统一的交易合同示范文本",对当事人主体资格和房屋情况也会进行审核;《不动产登记暂行条例实施细则》(2019)第 38 条第 2 款也配套以"提交经备案的买卖合同"作为登记之前提。在这样的制度环境中,示范文本及网签审核有助于减少债权形式主义下买卖合同无效的可能性,如错误、行为能力欠缺、格式条款效力瑕疵、违法无效等情形;而剩余网签制度无法避免的情形,如欺诈、胁迫、暴利行为等,德国公证程序中的物权行为可能也无法避免。因此,本文以为,由于交易实践模式,<u>在实体法方面,中德两国并无太大的差异</u>[批注17]。

在程序不动产法上,其一,就审查对象而言,德国对土地所有权转让要求审查实体法上的物权合意[此时采例外的实体合意原则(materielles Konsensprinzip)],我国审查的也是实体法上的合同,在此点上一致。其二,就审查标准而言,德国对土地

[批注 17]
需要注意的是,德国采物权行为无因性,物权变动不受原因行为效力的影响,而本文将我国的物权变动模式解释为"物权形式主义+有因性",在此意义上,物权变动仍受原因行为效力的影响。我国物权登记与真实权利状态一致的概率可能比德国低。

---

① 参见杨泽坤:《自然资源部:2019 年全国不动产登记时间将进一步缩短》,载中国日报网(https://cn.chinadaily.com.cn/a/201903/25/WS5c987b66a310e7f8b1572a6c.html),访问日期:2019 年 3 月 25 日。
② 参见《自然资源部:不动产登记信息管理基础平台已实现全国联网》,载人民网(http://politics.people.com.cn/n1/2018/0616/c1001-30063419.html),访问日期:2022 年 10 月 25 日。
③ 参见《山东不动产登记改革创新 将实现跨省通办、全省通办》,载新华网(http://sd.news.cn/news/2021-10/01/c_1127923269.htm),访问日期:2021 年 10 月 1 日;《河北省不动产登记跑出为民"加速度"》,载新华网(http://www.he.xinhuanet.com/xinwen/2021-09/15/c_1127858644.htm),访问日期:2021 年 9 月 15 日。

所有权转让采有限的实体法审查义务[例外的合法原则（Legalitätsprinzip）]，若审查法官明知且确信物权合意存在效力瑕疵，则应拒绝登记，对其他不明显的效力瑕疵并无审查义务。我国法下，登记机构的审查标准并无法律明文规定，学界亦存在形式审查为主实质审查为辅说、实质审查说等争议。① 本文认为，抽象讨论意义不大②，应结合具体规定以及不动产登记实务进行判断。一般认为，我国不动产登记机关的职权包括三项：查验书面材料（《民法典》第212条第1款第1项和第2项）、实地查看不动产（《民法典》第212条第2款）、公告调查[《不动产登记暂行条例》(2019)第19条第2款]。而依据《不动产登记暂行条例》(2019)第19条第1款，实地查看一般限于首次登记、在建建筑物抵押权登记、注销登记等与房屋事实情况紧密相关的情形；依《不动产登记暂行条例实施细则》(2019)第17条第1款，公告调查一般限于农村不动产登记和依职权登记，因此，对于本案中的国有建设用地使用权及房屋所有权的移转登记，登记机构一般仅须查验书面材料。在查验程序中，除核对申请人和不动产是否为登记簿所载、是否存在查封登记或与登记簿冲突等、买卖合同与申请登记内容是否一致、完税缴费凭证是否齐全等③可较无争议地归入形式审查外，有两处规定需要特别注意：《不动产登记暂行条例》(2019)第18条第3项要求登记机构审查"登记申请是否违反法律、行政法规规定"；《不动产登记操作规范(试行)》(2021)第9.3.4条第1款第1项要求审查"原因文件是否有效"。有学者认为这仅是"兜底性规定"④，似乎偏向德国法仅在瑕疵明显时方有审查义务的立场。本文赞成这一观点，认为应当限缩解释这两条规定，因为确保原因行为合法有效，几乎可谓不可能之事，为彻底探究有效性，登记机构势必需要深入调查交易动机等方方面面，公权力将过分介入私人关系。⑤ 从实务做法来看，登记机构一般也不会要求申请人提交证据彻查交易的有效性；各地为优化营商环境也在不断压

---

① 参见程啸、尹飞、常鹏翱：《不动产登记暂行条例及其实施细则的理解和适用》（第2版），法律出版社2017年版，第159页。
② 相同观点参见程啸：《不动产登记法研究》（第2版），法律出版社2018年版，第445页。
③ 参见《不动产登记操作规范(试行)》(2021)第4.3条第2款、第8.3.4条第1款，《不动产登记暂行条例实施细则》(2019)第15条。
④ 参见程啸、尹飞、常鹏翱：《不动产登记暂行条例及其实施细则的理解和适用》（第2版），法律出版社2017年版，第163页。
⑤ 参见程啸：《不动产登记法研究》（第2版），法律出版社2018年版，第445—448页。

缩登记时限,2019年3月,我国东部地区的办理时间已压缩至10个工作日以内,中西部地区也在15个工作日以内①,不少地方的办理时间甚至已压缩至3日②,这表明实务中登记机构基本不会主动探究原因行为的有效性,而只会对材料进行表面核对。因此,在审查标准上,我国与德国也基本相似。其三,从登记正确率的结果上看,德国以其高度准确的登记质量世界闻名,而在我国,有学者在十年前认为不动产登记名义人与真实物权人不一致的情况不在少数。③ 但本文认为这一论断缺乏实证数据支持。事实上,早在2006年常鹏翱教授所引地方资料即表明,城镇不动产登记正确率已较高,个别地方如牡丹江市甚至达到了100%。④ 随着近年来不动产登记统一化、信息化的大力推进,2020年我国在世界银行集团《营商环境报告》(Doing Business 2020)中"土地管理系统的质量指数"一分项的分数已达到24(北京24.5/上海23.5),而德国仅为23。⑤

综上所述,无论是在实体法还是程序法上,单就国有土地上房屋所有权让与而言,结合具体实务操作,本文认为,我国的不动产登记簿已具备较高的质量,剩下的制约登记簿质量提升的因素多为实践中的家庭共有⑥、借名买房等民众交易习惯,影响我国当下登记簿质量的已非制度性因素。在此种高质量登记的基础上,取得人不负占有查询义务会更有效率;退一步言,即使认为目前我国登记簿质量仍然不够高,为倒逼民众形成登记的习惯,推动形成高度准确登记簿的理想早日实现,令取得人不负占有查询义务,从长期来看也是更有效率的。

---

① 杨泽坤:《自然资源部:2019年全国不动产登记时间将进一步缩短》,载中国日报网(https://cn.chinadaily.com.cn/a/201903/25/WS5c987b66a310e7f8b1572a6c.html),访问日期:2019年3月25日。
② 张颖:《福建省一般不动产登记压缩至3个工作日内完成》,载经济参考报网站(http://www.jjckb.cn/2021-03/05/c_139785219.htm),访问日期:2021年3月5日。
③ 参见王洪亮:《论登记公信力的相对化》,载《比较法研究》2009年第5期。
④ 参见常鹏翱:《善意取得的中国问题——基于物权法草案的初步分析》,载王洪亮等主编:《中德私法研究》(总第2卷),北京大学出版社2007年版,第7—8页。
⑤ 参见世界银行全球营商环境报告项目网站(https://chinese.doingbusiness.org/zh/data/exploretopics/registering-property),访问日期:2020年1月2日。
⑥ 参见王洪亮:《论登记公信力的相对化》,载《比较法研究》2009年第5期。

bb) **分配正义**[批注18]

在分配正义的角度①,有学者提出以下因素需要考虑:其一,上述效率分析可能同时具有分配正义上的正当性,因为诚实信用原则要求生活在共同体中之人适当照顾彼此的利益,若一人付出很小的成本即可极大改善他人处境,该人即应负有此种义务。其二,不动产在人类财富中具有特殊地位,不仅因其价值巨大,往往构成个人所有财产之大部②,而且不动产的功能多在于居住,对个人的生活安宁和长远发展意义重大,因此,强调不动产的使用利益,重视保护静的安全,是值得认真对待的主张。其三,需要结合社会现实,具体化所谓静的安全和动的安全在特定社会中表现为哪些人的什么利益。前者,毫无疑问是全体国民共享的利益,而后者,则突出表现为银行等有频繁交易需求(如抵押)的金融业者的利益。在此二者之间,如何取舍,似应虑及共同体的分配取向。③

本文认为,第一点理由当然正确。就第二点理由而言,一方面,自2016年开始,国家倡导"房子是用来住的,不是用来炒的",这句宣言的深入人心,反映了我国人多地少的社会现实,住房在中国人心目中具有特别的重要性。学者间多谓"重大过失也是善意,(对于真实权利人)过于严苛"④,实质上也蕴含着此种价值倾向。但另一方面,住房不仅仅对真实权利人具有重要性,对于购买房屋用来居住的取得人而言,住房也具有重要的价值⑤,特别是当无权处分人收受价款挥霍一空后,善意取得

[批注18] "分配正义"的探究在案例分析中通常并不是必要的,但作者有能力在此层面展开说理,增加了论证的厚度。

---

① 重大过失从分配正义维度展开的必要性,参见姚明斌:《不动产善意取得构成要件检讨——以〈物权法〉第106条之适用为中心》,中国法学会民法学研究会2010年年会论文,第421页。
② 参见叶金强:《公信力的法律构造》,北京大学出版社2004年版,第225页。
③ 参见〔日〕我妻荣、〔日〕有泉亨:《新订物权法》,罗丽译,中国法制出版社2008年版,第254页;顾祝轩:《论不动产物权变动"公信原则"的立法模式——"绝对的公信"与"相对的公信"之选择》,载孙宪忠主编:《制定科学的民法典:中德民法典立法研讨会文集》,法律出版社2003年版,第359页。
④ 崔建远:《物权法》(第3版),中国人民大学出版社2014年版,第80页。
⑤ 但真实权利人居住已久,以房屋为中心发生的生活关系不被破坏这一利益,是取得人所不具有的。

甚至是满足取得人居住利益的唯一途径。此外,保护真实权利人静的安全,未必唯有在私法上课与取得人更重的义务这一条保护路径,通过课与登记机关更重的责任(乃至建立无过错的赔偿基金)也能减少善意取得的发生。① 而这一目的究竟应通过私渠道抑或公渠道实现,也有赖于更细致的不同制度成本比较和民众的公共选择。就第三点理由而言,金融机构确实资力雄厚,完全有能力将查看占有的成本内化,偏惠其殊有不当;但问题是,当前金融市场系卖方(资金供方)市场,民营企业普遍存在融资难问题,要求银行必须查看占有,相关的成本最终将转嫁到资金使用方头上,因此价值衡量的两端主体其实是,需要从金融机构贷入资金之人,与全体国民。倘若普通国民或中小企业基本都有利用银行资金的需求,则该点理由的说服力已几近于无。总体而言,本文认为,分配角度上的考量偏向于所有人一方,但偏向的程度并不大。

cc) 小结

重大过失之标准应综合以上两方面理由,权衡比重进行判断。综合决断之下,本文更多地偏向经济效率角度,认为取得人并不一般性地负有占有查看义务。

c) 其他展开方向

如果如本文认为的那样,取得人并不负有一般性的占有查看义务,那么法条所谓"重大过失"还可以指什么?可能的其他不真正义务是查询登记簿。但事实上,取得人也不应负担查询登记簿的义务,不应仅因未查询登记簿即被认定具有重大过失。这是因为不真正义务的设定应有助于实现降低交易成本的功能,而查询登记簿对此功能的实现并无帮助:登记簿记载错误时,**取得人不可能通过查询发现错误**[批注19];②登记簿记载

[批注 19]
　　但可能通过查询发现异议登记等。

---

① 参见程啸:《不动产登记簿的权利事项错误与不动产善意取得》,载《法学家》2017 年第 2 期。
② 出让人根本不是登记名义人的情形,在此前根据权利外观要件即已排除,不会留到取得人善意这里讨论。

正确时,查询更是多余之举。德国法正是据此认为,"善意之成立,不以取得人事实上确已查阅登记簿为前提。只要土地登记簿之登记状态,对其权利取得为支持时,即可成立其善意。"① 因此,对"重大过失"的合理解释只能是,取得人不负任何一般性地查看占有、查询登记簿等调查义务,仅当其偶然知道某些情事,而这些情事在一般理性人看来会导向出让人欠缺所有权的明显怀疑时,才产生进一步的调查义务,未尽到该义务,才具有重大过失。②[批注20]

本案中,乙、丙原定于 2021 年 3 月 15 日交付房屋,后乙陷入迟延,双方补充约定将交付日期变更为 4 月 15 日。从双方补充约定可以推测,当时乙很可能提供了一套说辞,打消了丙的疑虑而同意延后交房;一时延后交房,在交易中也并不少见。此外,双方于 2021 年 4 月 1 日办理了移转登记,乙能够成功办理移转登记的事实,也表明其具有房屋所有权,这更加深了丙的信任。从这些事实中尚无法令人产生重大怀疑,因此丙不应负有调查义务。

C. 小结

初步而言(还须结合下文分析),丙不构成重大过失。

⑥排除事由:存在异议登记、预告登记、查封登记等

如前讨论,取得人并无义务查询登记簿,这意味着,取得人不知道登记簿上存在异议登记等,并不妨碍其仍然成立善意取得,因此,有必要在恶意这一排除事由之外,再设定一重善意取得排除事由[批注21]。尽管《物权编解释一》(2020)第 15 条第 1 款将这些事项确定为判断取得人"知道"转让人无处分权的标准,但这种做法有违"知道"通常的定义(取得人因未查询登记

[批注20]
可能的疑问是:《德国民法典》第 892 条以"异议登记或取得人明知"作为不动产善意取得的排除事由,而我国《物权编解释一》(2020)第 15 条以受让人"知道"或"应当知道"作为不动产善意取得的排除事由,能否与德国法作相同解释?

[批注21]
同上。

---

① 〔德〕鲍尔、〔德〕施蒂尔纳:《德国物权法》(上册),张双根译,法律出版社 2004 年版,第 502 页。
② 参见常鹏翱:《物权法的基础与进阶》,中国社会科学出版社 2016 年版,第 291 页;李昊、张岩雯:《不动产善意取得制度中"善意"的认定——"连成贤诉臧树林排除妨害纠纷案"评析》,载《判解研究》2016 年第 2 辑。

簿而"不知"异议登记等,显然不是"知道"[批注22]),有必要在解释上对第 15 条第 1 款第 1 项至第 3 项进行重新定位。此外,异议登记等也不能融入权利外观要件,因为应由出让人承担证明责任。

[批注 22]
是否有可能构成"应当知道"?

本案中,系争房屋上并不存在异议登记、预告登记、查封登记等,不存在该排除事由。

⑦所有人对权利外观形成之可归责性?

《民法典》第 311 条第 1 款所列要件并未包含任何所有人端因素,但第 312 条规定了"遗失物"之例外(有学者以举轻以明重论证"盗赃物"亦可类推适用该条①)。就不动产善意取得而言,是否可类推适用第 312 条考量所有人的可归责性?[批注23]因不动产不存在遗失,有待检验的是,不动产可否构成"盗赃物",例如,B 伪造材料取得 A 所有房屋之登记,后又处分给善意之 C,如果认为 C 可构成善意取得,则 B 将构成盗窃罪,该不动产构成赃物。

[批注 23]
动产善意取得中,考量所有人对权利外观的形成是否具有可归责性,意义在于不可归责时排除或限制善意取得的适用。
此与下文将不动产善意取得中的所有人可归责性作为降低受让人"重大过失"的因素,并不完全是同一层面的问题。

学说对此存在可归责性需要说(叶金强②)与可归责性不问说(程啸③)二说。前者认为,在上述案例中,A 对权利外观之形成无任何可归咎之处,令其丧失所有权,缺乏正当性;后者认为,相比占有,不动产登记簿的权利外观与真实权属高度一致,其制度构建已相当完善,所有人之可归责性已内化于登记制度本身,即在所有人享有更正/异议登记、国家赔偿等充分的制度工具时,任何登记簿之错误都被看作可归咎于所有人。由于伪造材料取得登记者可能在登记后极短时间内将不动产处分与他人,二说的实质差异可以转化为:所有人是否有义务时刻关注登记簿之状态,并及时申请更正/异议登记。如果认为

---

① 参见刘家安:《民法物权》,中国政法大学出版社 2023 年版,第 197 页。
② 参见叶金强:《公信力的法律构造》,北京大学出版社 2004 年版,第 207 页。
③ 参见程啸:《不动产登记簿的权利事项错误与不动产善意取得》,载《法学家》2017 年第 2 期。

有义务,则所有人须为登记簿错误负责,此即可归责性不问说;如果认为无义务,则为需要说。

本文认为,从前述效率不等式而言,要求所有人时刻关注登记簿,确实会推高不等式左端成本。不过,令善意取得之发生取决于取得人很难获知的所有人端因素,也会模糊取得人端本就不明晰的事前行为标准,推高不等式右端的成本——当两个取得人所尽调查完全一样,仅因所有人端因素不同而发生不同的效果,这意味着取得人要调查所有人可归责的所有情况,这样的成本比单纯查看不动产占有义务更加漫无边际。① 因此综合而言,本文反对可归责性需要说。

不过,反对可归责性需要说不代表本文即完全接受可归责性不问说。本文只是主张,当所有人无可归责性时(如伪造材料),不应以所有人无可归责性而拔高取得人一端的注意标准;本文并不反对,如果所有人端具有可归责性,可以相应降低取得人端的注意标准,因为这并不会模糊取得人的行为标准、增加其调查成本。

综上所述,不应将可归责性作为不动产善意取得的一个独立要件,而应当将"所有人具有可归责性"作为降低"重大过失"标准的因素。②

在本案中,乙所具有的登记外观,系来自甲随意交出房产证原件、在不阅读内容的情况下随意签署《委托书》等材料,使得担保公司和乙有机会违反约定办理移转登记,具有很高的可归责性。在此情形下,即使上文认为丙负有一般性的查看占有义务,因甲具有可归责性,该义务也应进行相应缩减。

因此,总体结论上,丙构成善意,符合善意取得的所有要件,可自无权利人乙处取得系争房屋的所有权。

2. 甲是占有人

甲一直占有系争房产(与家人共同占有)。

3. 权利未发生的抗辩:甲之占有为有权占有

占有本权包括,有占有权能之物权、债权、因其他法律关系所生之权利如亲权。

---

① 就算将证明责任分配给所有人,推定所有人总是可归责的,问题也只是得到了缓解,并未根本解决,因为所有人不少时候是可以成功证明自己无可归责性的,例如上例中B通过伪造材料取得登记。
② 相同观点参见叶金强:《公信力的法律构造》,北京大学出版社2004年版,第224—225页。

(1) 费用偿还请求权

本案中，甲丧失了系争房屋的所有权，并无任何物权性的占有本权。根据《民法典》第460条后半句，善意占有人得请求所有人偿还其为标的物付出的必要费用。在丙善意取得房屋所有权后，甲若对房屋有所修缮等，即可对丙享有该费用偿还请求权。不过，该请求权的内容仅是请求丙返还必要费用，并不能据此占有标的物，对抗丙的所有物返还请求权。

(2) 同时履行抗辩权？

值得讨论的是，甲或许可以基于费用偿还请求权，享有对丙的同时履行抗辩权。抗辩权能否作为占有本权，存在争议。[批注24]本文认为，同时履行抗辩权或留置抗辩权无法作为占有本权，理由在于：其一，若同时履行抗辩权可以构成占有本权，则甲系有权占有，进而丙对甲无所有物返还请求权，这又会反过来导致同时履行抗辩权本身的构成要件（存在两项交互请求权）不满足，由此导致逻辑悖论[批注25]。① 其二，更重要的是，在价值判断上，若认可同时履行抗辩权构成占有本权，那么丙必须先清偿对甲之债务后，才得请求甲返还占有，否则直接请求甲返还占有将导致败诉（请求权未发生）；若同时履行抗辩权不构成占有本权，而只是作为一项抗辩权影响请求权的可实现性，那么丙对甲可以取得一项同时履行判决（属于胜诉判决），仅须待执行时再提出自己的给付（费用偿还）。两相比较，二者差异在于，在丙提起诉讼到申请执行的时间段内，是否应允许甲先取得丙之给付。[批注26]从规范目的出发，同时履行抗辩权仅欲赋予甲拒绝先履行的权利、防止丙受领给付后不为自己之给付，并不要求丙先给付、给甲受领丙之给付后携物潜逃的机会。如果同时履行抗辩权构成占有本权，那么欲提起诉讼者必须承

[批注24] 同时履行抗辩权能否作为占有本权，是很难关注到的论证难点。

[批注25] 分析有力。

[批注26] 一针见血。

---

① Vgl. Wieling, Sachenrecht, 5. Aufl., Berlin: Springer-Verlag, 2007, S. 189.

受先给付之风险,这会消解双方通过诉讼程序促进交易清结的动力,有违同时履行抗辩权的履约压力功能。① 因此,同时履行抗辩权不作为占有本权更加合理,甲之占有应系无权占有。故而此处无须对甲是否享有同时履行抗辩权进行实体检验。

此外,有观点认为,甲自始"居住在系争房屋内,并占有、使用该房屋至今具有合法依据",其"占有具有合法性、正当性",因此丙无权请求甲返还房屋占有。② 这显然错误。占有之正当性即体现为本权,必须指明具体之本权为何,而如前文讨论,甲丧失所有权后并不享有任何占有本权,因此欠缺占有之正当性或保有占有之法律依据。

(二) 请求权未消灭

本案中,甲仍为系争房屋的现实占有人,丙之请求权并未消灭。亦不存在其他消灭事由。

(三) 请求权可行使

甲可能享有同时履行抗辩权。根据《民法典》第460条后半句,在丙善意取得房屋所有权后,甲若对房屋有所维修等,可对丙享有必要费用偿还请求权,甲或许可以据此抗辩丙的返还请求。

1. 同时履行抗辩权

依《民法典》第525条,同时履行抗辩权的构成要件为:双务合同中两项债权具有对待性;没有先后履行顺序;抗辩权人之债权(反对债权)须可行使,特别是已到期。

(1) 双务合同中的对待债权

本案中,甲丙间并不存在合同关系。但是,甲、丙的两个请求权,分别发生于甲无权占有、甲为占有物付出费用的事实,此二者系内在关联的统一生活事实。正是因为甲付出了必要费用,才避免物之毁损或价值减少,使得原物返还成为可能,如果允许丙请求返还价值完整的物,而让甲承担无法回复费用的风险,这无异于以甲之代价使丙不当获利,有违诚实信用原则。对此种情形,比较法上如德国通过留置

---

① 参见韩世远:《合同法总论》(第4版),法律出版社2018年版,第382页。
② 参见上海市高级人民法院民事判决书(2014)沪一中民二(民)终字第433号。

抗辩权(《德国民法典》第1000条的占有人特别留置抗辩权)予以处理。① 我国缺乏留置抗辩权的规定,结合以上理由应认为存在法律漏洞②,并可通过类推具有同源性③的同时履行抗辩权填补该漏洞。本案中的所有人—占有人关系,虽非对待给付,但依上述诚实信用原则,两请求权具有内在关联,且物权请求权可类推适用债权请求权的一般规则④,故本案可以通过类推适用的方式充分该要件。

(2)没有先后履行顺序

首先需要讨论的是,两请求权履行期何时届满。丙之所有物返还请求权,无特别规定,应自产生时即到期。问题在于,甲之费用偿还请求权是否已到期。提出该项疑问,乃因德国法规定该项请求权仅当所有人取得占有或其对费用支出同意后,方才到期(《德国民法典》第1001条第1句)。该项规定之意旨在于保护所有人免受可能过度的费用追索⑤,使占有人不享有向所有人进攻的机会。⑥ **本文认为,第1001条第1句的规定并无意义,因为其一,对于应予偿还之费用范围法律已进行了控制("必要"费用),所有人本来就不会负担过重,保护所有人的必要性值得怀疑。其二,为平衡占有人利益,《德国民法典》又取消了一般留置抗辩权所需的反对权利已到期的要件(《德国民法典》第1000条)⑦,以使占有人可以享有防御性的留置抗辩权。因此,德国模式下,仅所有人可请求,占有人以留置权抗辩防御。若认为费用请求权按一般规则立即到期(《德国民法典》第271条第1款),那么所有人/占有人双方均可请求,亦均可防御。比较而言,德国模式所谓保护所有人的功能,实际上仅体现在所有人未防御的情形(如缺席审判)中,使所有人免受占有人的进攻,但此种情形相当少见,所有人自己不防御也不值得保护。因此我国法不应参照德国**

---

① 参见〔德〕迪尔克·罗歇尔德斯:《德国债法总论(第7版)》,罗小军、张金海译,中国人民大学出版社2014年版,第122页。
② 不同观点参见王泽鉴:《民法物权》,北京大学出版社2009年版,第514页。此种价值判断是否妥当,不可不深思。
③ 参见张谷:《从"留置抗辩权"谈体系整合的科学性问题》,载微信公众号"浙大民商法"2019年7月2日。
④ 参见〔德〕鲍尔、〔德〕施蒂尔纳:《德国物权法》(上册),张双根译,法律出版社2004年版,第210页。
⑤ Vgl. Wellenhofer, Sachenrecht, 36. Aufl., München: C. H. Beck, 2021, § 23 Rn. 13.
⑥ Vgl. Wieling, Sachenrecht, 5. Aufl., Berlin: Springer-Verlag, 2007, S. 198. 换言之,费用偿还请求作为单独的诉讼标的的可能性被限制。
⑦ 参见〔德〕迪尔克·罗歇尔德斯:《德国债法总论(第7版)》,沈小军、张金海译,中国人民大学出版社2014年版,第123页。

法进行类似解释，而应类推适用《民法典》第 511 条第 4 项，甲之费用偿还请求权于甲催告合理期限后即已到期。[批注27]

[批注27] 德国法与中国法的对比分析精巧周延。

由此可见，丙之返还请求权于取得所有权后到期，甲之请求权于嗣后支付费用、催告合理期限后才到期，前者可能先于后者到期，履行顺序上似乎存在先后顺序。不过应认为《民法典》第 525 条存在法律漏洞。当两请求权履行期不同，但均已到期后，在后到期者享有《民法典》第 526 条的先履行抗辩权，若否认在先到期者享有同时履行抗辩权，将厚此薄彼，有违平等原则。只要两请求权间不存在固定的先后履行顺序(beständige Vorleistungspflicht)，而只是履行期限上有偶然的先后，那么不应让先到期者承担先给付风险。① 因此，本案应当通过类推满足该要件。

(3) 反对请求权可行使

甲之费用偿还请求权已到期，且不受其他抗辩权阻止。

2. 小结

丙之所有物返还请求权受有甲之同时履行抗辩权的阻止。

(四) 小结

丙在偿还甲为系争房屋付出的必要费用后，得依据《民法典》第 235 条请求甲返还房屋占有。

三、丙依据《民法典》第 1165 条第 1 款请求甲返还系争房屋占有？

(一) 请求权已产生

首先，丙被侵害之权益仅可能是其善意取得之所有权，应按绝对权侵权格式检视。其次，还应确定本案系作为侵权或不作为侵权。作为与不作为的区分重点不在于有无积极的身体

---

① 详细论证，参见韩世远：《合同法总论》(第 4 版)，法律出版社 2018 年版，第 388—392 页。

行动(甲无任何积极举动,换种表述亦可说,甲一直在以其力量积极维持占有),真正的区分毋宁在于,违反的是不得侵害他人法益之不作为义务(禁止命令),还是对他人应为的作为义务(强行命令)。① 本案中,甲可能负有的义务,唯有丙之所有权课与的不侵犯义务,因此应按作为侵权格式检验。

作为方式侵犯绝对权的构成要件为:绝对权被侵害、行为、行为与绝对权被侵害间的责任成立因果关系、过错、损害、绝对权被侵害与损害间的责任范围因果关系。欠缺不法性和欠缺责任能力系权利未发生的抗辩[批注28],应由被告负担证明责任。

[批注 28]
准确识别抗辩。

1. 绝对权被侵害

绝对权被侵害是指,行为人违反了绝对权施加于一切人的消极不作为义务。依《民法典》第 240 条,所有权的权能包括占有、使用、收益和处分。大致而言,所有权的受控行为可分为三大类:其一,干涉所有人的权利归属,如使他人善意取得、强制执行、征收;其二,物的物理侵害;其三,物之用途侵害(具体范围有争议)。其中第二类物理侵害,无争议的典型情形包括:毁损、所有物返还请求权意义上的侵夺或扣留占有②、妨害请求权意义上的一切妨害。③ 换言之,侵权法中所有权被"侵害"(Verletzung)在外延上包含物上请求权制度中广义的"妨害"(Beeinträchtigung)。

上文已论证丙成立所有物返还请求权,因而此处所有权被侵害之要件亦当然充分。

2. 行为

甲扣留占有系有意识的、受自我控制的人之行为。

---

① 参见程啸:《侵权责任法》(第三版),法律出版社 2021 年版,第 77 页。
② 参见史尚宽:《债法总论》,中国政法大学出版社 2000 年版,第 136 页。
③ Vgl. Larenz/Canaris, Lehrbuch des Schuldrechts, 2. Band, 2. Halbband, 13. Aufl., München: C. H. Beck, 1994, S. 387.

3. 责任成立因果关系

甲扣留占有之行为与绝对权被侵害之间显然具有相当因果关系。

4. 权利未发生的抗辩：不法性

本案中不存在不法阻却事由。

5. 权利未发生的抗辩：责任能力

甲具有完全责任能力。

6. 过错

在丙向甲请求返还房屋之前，甲不知丙善意取得所有权，其不具有故意或过失。但在丙请求之后，甲应对自己具有所有权产生怀疑，仍然拒绝返还，至少具有过失。

7. 损害

"损害"是指一切利益的非自愿减少，在财产损害中即表现为，可被金钱衡量的财产价值的减少。在本案中，占有是一种事实上的处分可能性与使用可能性，具有金钱价值①，因此丙无法取得占有，即为其所受损害。

8. 责任范围因果关系

丙所有权被侵害与占有被扣留之损害间显然具有责任范围因果关系。[批注29]

[批注29]
本案的特殊之处在于，"绝对权被侵害"与"损害"同一，均体现为"占有扣留"，因而责任成立因果关系也与责任范围因果关系同一。

对于所有物返还请求权与侵权请求权的关系，学理上素有争议：所有权人的原物返还请求权本可基于绝对权请求权（物权请求权）而产生，是否同样可基于侵权而产生？

(二) 请求权未消灭

本案中，不存在请求权消灭事由。

(三) 请求权可行使

类似上文分析，此处同样应受同时履行抗辩权的阻止。

---

① 参见〔德〕汉斯·约瑟夫·威灵：《德国不当得利法（第4版）》，薛启明译，中国法制出版社2021年版，第8页。

(四) 小结

丙在偿还甲为系争房屋付出的必要费用后,得依据《民法典》第 1165 条第 1 款请求甲返还系争房屋占有。

四、丙依据《民法典》第 985 条请求甲返还系争房屋占有?

(一) 请求权已产生

权益侵害型不当得利的构成要件为:受有利益、该利益应归属于他人(Zuweisungstheorie)。无法律上原因乃权利未发生的抗辩,满足利益归属要件后即推定无法律上原因,被告须证明自己得利具有特别法许可或原告同意。直接因果关系(得利直接来源于受损人之责任财产)并非要件或抗辩,因为不当得利旨在去除得利,而非损害填平①,在不关注丙之财产减少的情况下,损失与得利间的直接因果关系自然也就不需要了。

1. 受有利益

本案中,甲享有对系争房屋之占有。

2. 该利益应归属于他人

可以根据绝对权的各项权能确定利益专属内容。本案中,系争房屋所有权由丙善意取得,占有利益应当归属于所有人丙。

3. 权利未发生的抗辩:有法律上之原因

本案中,甲最初具有所有权,但嗣后丧失,又无其他法律特别规定或所有人许可,故甲之得利欠缺法律上原因。

(二) 请求权未消灭

本案中,不存在请求权消灭事由。

(三) 请求权可行使

如上文,此处丙的请求权同样应受同时履行抗辩权的阻止。

---

① 参见〔德〕汉斯·约瑟夫·威灵:《德国不当得利法(第 4 版)》,薛启明译,中国法制出版社 2021 年版,第 1—2 页。

(四) 小结

丙在偿还甲为系争房屋付出的必要费用后,得依据《民法典》第 985 条请求甲返还系争房屋占有。

五、结论

丙在偿还甲为系争房屋付出的必要费用后,得依据《民法典》第 235 条,或第 1165 条第 1 款,或第 985 条请求甲返还房屋占有。

附录：批注回复

《电梯劝烟案》批注回复

〔批注1〕"继承说"之下，第1181条第1款第1句为隐藏的参引规范。

〔批注4〕侵害健康权的，难谓存在近亲属的财产损失。近亲属代为支出的医疗费、营养费、误工费等属于规范损害，不应当通过损益相抵规则扣减。被侵权人死亡时与之类似，若支持对生存利益的丧失进行赔偿，那么近亲属的财产损失自然会被包含在对死者生存利益的赔偿中。笔者所反对的是"继承说"和"固有说"思路在财产损害赔偿中并存的观点。

〔批注5〕有学者认为损害、违法性、因果关系和过错的四要件说为德国法上侵权责任的一般构成要件[1]，此说为我国部分学者所采纳。[2] 也有学者认为，一般过错侵权的构成要件为加害行为、损害结果、因果关系与过错。[3] 在此四要件说中，"加害行为"本身包含了不法性（即违法性）的评价。[4]

〔批注12〕以规范保护范围为依据肯定因果关系的理由主要有两点，一是受害人更值得同情；二是行为人通常有保险。该进路的理由较为笼统；受害人是否更值得同情需要更细致的、通盘的价值考量；行为人是否通常具有保险不能成为一般性地肯定因果关系的理由。因此，以规范保护目的将特殊体质纳入一般过错侵权责任的保护范围确实值得商榷。

〔批注14〕笔者同样反对上文提及的认定特殊体质因果关系比例的减轻方案。

---

[1] 参见张新宝：《侵权责任法》，中国人民大学出版社2013年版，第22页；王利明：《我国〈侵权责任法〉采纳了违法性要件吗？》，载《中外法学》2012年第1期。
[2] 参见杨立新：《侵权责任法》，复旦大学出版社2010年版，第86页。
[3] 参见张新宝：《侵权责任法》，中国人民大学出版社2013年版，第23页。
[4] 参见张新宝：《侵权责任法》，中国人民大学出版社2013年版，第24页。

在侵权法体系内,能够按比例确定因果关系的,仅有共同侵权行为和过失相抵。而这二者实际上都要求行为人满足侵权行为的其他构成要件。若在特殊体质问题上采因果关系按比例减轻方案,其本质与认为受害人自身存在防免义务的类推过失相抵方案并无区别。

〔批注15〕不可抗力规则并非责任减轻规范,即使类推适用也不能达到目的。不可抗力的法律效果是给付不能时的给付义务免除,在合同中当事人是否需要损害赔偿取决于可归责性。

〔批注16〕①兹举一例以供理解。甲想通过投毒杀害乙,遂备好一席鱼翅海参宴,并藏毒于酒杯中,不料乙失手打翻菜肴,由于自身体质对鱼翅严重过敏,接触鱼翅汤汁时引发过敏症而死。投毒行为并不能大概率引发过敏症发作,故因果关系不成立。

②在行为创设了法益所不允许的风险的前提下,还需要该行为对于触发特殊体质的风险并非难得一见。更为准确的表达是,事件 A 大概率导致事件 B(触发特殊体质)的发生,事件 B 的发生又大概率引发 C 损害结果。

〔批注17〕前文所列举的四项"蛋壳脑袋"规则的限缩条件,存在一定的递进关系。前两项限缩了对特殊体质因果关系的正面判断,后两项则是对已成立的因果关系进行反面否定。由于本案从正面检视之结果即因果关系不成立,因此并未向下检视。

余论:以请求权基础方法分析案例,将规范的构成要件拆解罗列,是对体系重新理解的过程。在本案的写作中,我最大的感受就是,原本十分清晰的各构成要件之间的界限,在具体分析的过程中反而模糊不清了,如本案中因果关系、违法性和过错的区分,由于这些要件都存在价值判断的空间,功能的重叠造成了区分上的困难。本案中甲不承担侵权责任的结论是一个价值上的共识,但是在教义学上如何得出这个结论则颇有争议。例如,也可能存在肯定因果关系但否认违法性和过错的论证进路。在整个论证过程中,需要不断重新审视自己的教义学基础知识,追问各要件区分的意义,其在体系中所发挥的功能,再根据这些理解和思考在要件之间划出一条新的界限。拆解要件和依步骤检视的过程,迫使我不得不反复反刍、消化基础知识,直至在写作中感受到进步。

《喂猴被伤案》批注回复

〔批注 1〕 安全保障义务包括针对潜在被害人法益的保护义务和对危险源的控制义务。动物作为危险源,对其管理的义务属于对危险源的控制义务。在此基础上,若不将第 1248 条理解为特别法,则不能体现危险责任的举证责任分配。

〔批注 2〕 例如,《德国民法典》通过第 311 条第 2 款、第 3 款,在无合同关系的当事人之间产生第 241 条第 2 款的诚实信用义务。

〔批注 3、4〕 应改为"存在甲之健康权受损的结果,故满足该要件。"

〔批注 8〕 依据为"请求权相互影响说",参见叶名怡:《〈合同法〉第 122 条(责任竞合)评注》,载《法学家》2019 年第 2 期。

〔批注 9、10〕 本文也认为,当事人只对特定的第三人负责。然而,合同编中缺少可以被参引的规范。因此,第 593 第 1 句的"依法"或许可以指向第 1191 条,区别对待雇员与其他第三人。但须考虑违约与侵权的构造与强度的不同。

〔批注 11、23〕 本案原型案件审理法院认为由于该花费尚未支出,故应当嗣后另行起诉。从《人身损害赔偿解释》(2022)第 20 条第 1 句可以看出,辅助器具费应以一次性全部赔偿为原则。

〔批注 12〕 德国法在处理侵权与合同的责任限制时,都采用了相当因果关系,英美法都采用了可预见性原则。我国在法律继受过程中,于合同法采用了可预见性原则,于侵权法采用了相当因果关系。二者都是参酌合同与侵权中不同的价值因素,对损害赔偿进行限制的方式。① 可预见性原则立足于订立合同时,在于解释合同对于责任和风险的分配;相当性因果关系则以损害发生时为基点,排除当事人无法预见的因果关系。

〔批注 13〕 本文认为,只要承认合同关系产生特殊的不真正义务,那么此不真正义务的违反就应与违约具有对称的结构。

〔批注 14〕 参见王泽鉴:《损害赔偿》,北京大学出版社 2017 年版,第 310 页;

---

① 参见叶金强:《可预见性之判断标准的具体化——〈合同法〉第 113 条第 1 款但书之解释路径》,载《法律科学》2013 年第 3 期。

〔德〕迪尔克·罗歇尔德斯:《德国债法总论(第 7 版)》,沈小军、张金海译,中国人民大学出版社 2014 年版,第 367 页。

〔批注 16、17、18〕当第 592 条第 2 款的"对方"不仅限于合同主体本人时,其范围仍然需要确定。而与有过失的对称性要求,从违约时当事人负责的范围出发,此时就须参考第 593 条第 1 句的法律思想。当然,"依法"说明其最终指向其他规范,故类推还须斟酌。

〔批注 19、20、26、31、32〕先依照《民法典》第 1172 条将责任分为动物园负责与第三人负责的部分:动物园直接承担 40% 的按份责任,其余 60% 的责任先推定由动物园承担,再在"请求权可行使"处讨论责任顺位抗辩。

〔批注 21〕从损益相抵减少损害范围的观点出发,似乎也是可行的。

〔批注 22〕本文认为在进行过错推定侵权检视时,将无过错作为抗辩检视即可。

〔批注 27〕不作为侵权的检视上,应至少在"行为"要件下考虑"作为义务存在+违反作为义务"。

《合同失败返还案》批注回复

〔批注 3、7〕具体化规范是对一般法的内容推衍，本身和一般法的内容并不冲突，而特别法则与一般法的内容存在冲突之处。① 笔者认为，《民法典》第 157 条是第 985 条内容中的一种具体类型，确实与具体化规范有契合之处。但是从《民法典》的不当得利规定来看，第 986—988 条针对一般不当得利请求权（第 985 条）的抗辩内容都无法适用于双务合同的返还，这表明第 157 条与第 985 条会存在一定的内容冲突，与具体化规范的含义有所抵触。在这个基础上，第 157 条与第 985 条的相似之处是目的均为调整利益的不当移转，但具体的调整规则已经有所变化，还是将第 157 条认定为特别法更合适一些。

〔批注 9〕买卖合同的结构并不会因为标的物是完整的所有权还是所有权份额而发生变化，即使买卖的是标的物的份额，在合同成立后即转变为对标的物的共有状态。此时乙作为标的物共有人而有权对标的物进行使用收益，标的物的性质瑕疵依旧会影响乙通过购买标的物所欲实现的合同目的。在这基础上，对甲欺诈行为的认定，不会受到合同标的的影响。

〔批注 11〕债法中的给付是债之关系的指称②，而回复原状请求权要件中考虑的是具体财产有无移转的问题，此处的给付是动产交付、不动产登记过户等众多财产移转行为的上位概念。

〔批注 14〕支持吴老师的意见，"风险回跳"规则属于风险分配的特殊情况，但本质上仍是风险承担问题，以"抗辩—反抗辩—再抗辩"模式进行论证，能够更好地呈现风险负担与回跳的关系。

〔批注 20〕"可得使用"在不当得利返还中的意义，更多在于明确标的物的使用权归属于请求权人。只要请求权人对标的物的使用权受到妨碍，权益受到侵害

---

① 参见吴香香：《请求权基础视角下〈民法典〉的规范类型》，载《南京大学学报（哲学·人文科学·社会科学）》2021 年第 4 期。
② 参见王洪亮：《债法总论》，北京大学出版社 2016 年版，第 19 页。

这一要件即满足,而无须请求权人有使用的计划。①

〔批注 27〕此处涉及的问题是合同解除时违约损害赔偿的请求权基础选择问题。吴老师认为《民法典》第 566 条第 2 款一方面明确了适用前提,另一方面参引了第 577 条的适用前提和法律后果,属于有独立构成要件的请求权基础。② 这一见解确实有力,也得到许多学者支持,但本文还是更偏向于将第 577 条作为解除合同时违约赔偿的请求权基础,主要原因是:首先,合同解除权的产生不以可归责性为要件,而违约损害赔偿则可能因合同类型不同而适用不同的归责原则,此时《民法典》第 566 条第 2 款的请求权基础与有名合同中的请求权基础(如第 929 条)是何关系就需要论证。其次,履行障碍的原因也各种各样,若迟延给付、加害给付、履行不能等情形都因合同被解除而以第 566 条第 2 款作为请求权基础,反而可能使违约损害赔偿的适用失去了精确性。

余论:相比于财产返还中的细节问题,请求权基础的选择反而成了贯穿全报告的难题。请求权基础的选择很大程度上决定了本文的论证逻辑,若是不把《民法典》第 157 条视为独立的请求权基础,那么合同无效的物权返还请求权与不当得利返还请求权之间的竞合关系、善意得利丧失抗辩规则、同时履行抗辩权能否适用等问题,都将采取不一样的论证路径。

而在法律适用上,目前《九民纪要》(2019)针对双务合同无效的财产返还已作出了不少规定,这一定程度上减少了法院裁判论证的难度,但规则本身仍有不少可斟酌的余地。折价补偿及使用收益的计算采取主观标准在特殊案件中未必合适,而得利丧失抗辩在一些特别情形下又可能在无效双务合同中适用,这些都需要法律适用者结合规范目的,以法律解释的方法对规则进一步续造。

---

① 参见王泽鉴:《不当得利》,北京大学出版社 2009 年版,第 139 页。
② 参见吴香香:《请求权基础视角下〈民法典〉的规范类型》,载《南京大学学报(哲学·人文科学·社会科学)》2021 年第 4 期。

《违约方解除案》批注回复

〔批注2〕依全国人民代表大会常务委员会法律工作委员会在释义书中的解读，此处的法律后果可以依据合同解除的规定予以确定。① 由此，似乎可以看出全国人民代表大会常务委员会法律工作委员会对解除与终止的认知是清晰的，但问题在于作出如此清晰的认知是否利于法律适用。若对本规定中的终止作狭义理解，则本规定的适用对象便主要为继续性合同。而对非继续性合同的适用，却要以参照适用的方式来进行，徒增法律漏洞。而若对终止作广义理解，尚能接受。但存在一个问题，即《民法典》在法定解除权部分用的是广义的解除，而在此又用广义的终止，仍非一贯。

〔批注5〕同意吴老师在批注中的观点。从一般规范与特殊规范的角度来说，本文在此更为精准的表述应该为：《民法典》在处理给付与对待给付关系时以解除消灭对待给付为原则，仅在例外情形下采取了自动消灭模式。

〔批注6〕通常情形下，债权人确实会更有动力以解除的方式来消灭自己的对待给付义务，但是在类似本案的情形中却恰恰相反。债权人出于某种特殊考量反而更加愿意履行自己的义务来换取对方的给付，因此不愿主张解除。而债务人虽然可通过给付不能制度来消灭自己的原给付义务，但是仅消灭原给付义务无法实现自己的目的，因为债权人对待给付义务一直存在，债务人还是无法摆脱合同关系，可能会负担附随义务等，所以反而是债务人愿意放弃对待给付，主张解除合同，以求从中解脱。如本案原型案例中的新宇公司不仅愿意放弃冯玉梅已支付的价款，甚至还愿再为补偿，从而换取合同的解除，其动力之强无法被忽视。换言之，确认自己原给付义务消灭并非违约方申请解除最大的动力，其真正的动力在于通过放弃对待给付（或者说是确认债权人的对待给付义务消灭）来换取脱离合同的机会。或许此种情形与强迫得利有相似之处，即表面上的得利可能带来实质上的损害，放弃对方给付反而更加利于己方。

---

① 参见黄薇主编：《中华人民共和国民法典合同编解读》（上册），中国法制出版社2020年版，第419页。

〔批注9〕此处之表述确有问题,本文意在以《民法典》第 580 条第 1 款第 1 项来涵盖所有能导致法律上或事实上不能履行的事由。但吴老师在批注 7 中所述的观点十分有论证力,更为妥当。

〔批注13〕其确与减损义务的法理有共通之处,诚实信用原则可为二者共同的理论支撑。本案与诚实信用原则纠缠甚多,如还可以从净手原则的角度去审视违约方解除制度。

〔批注16〕本文认为,给付不能的法律效果确为消灭原给付义务。但履行费用过高规则有其独特性,因为典型的给付不能免责与债务人的意思无关,而履行费用过高却要考察债务人的意思。① 在该种情形下,债务人实际上获得的是一种抗辩权。② 然而,该抗辩权又有特殊之处。通说观点认为,抗辩权是针对请求权的可实现性,而非该权利本身。③ 而在履行费用过高情形中,债务人获得的抗辩权却是直接针对请求权本身,或者说行使该抗辩权的法律效果是消除原给付义务。④ 本文推测,造成这一不同的原因可能在于,履行费用过高抗辩权和其他抗辩权的着眼点不同。前者之所以被认为是抗辩权是因为要给予债务人以选择空间,故须借道于权利的概念,令债务人得根据自身情况判断是否使用履行不能的规则来消灭原给付义务。而后者则是着眼于请求与抗辩之间的对应性,即抗辩事由若针对提出请求的权利地位可令权利不发生或消灭,而抗辩权却是针对请求权主张。但该推测有多大确信力实须深入论证。另外可供思考的是,在霍菲尔德理论的视角下,抗辩权被认为是一方权利人通过"抗辩"的形式来否定对方权利、肯定己方无权利(无义务)的权力。⑤ 抗辩权的效果被放宽至消灭请求权或许也并非没有可能。

也正是由于履行费用过高规则在给付不能体系中的特殊性,导致本文在不当得利请求权部分的论证中混用"给付义务消灭"与"永久性抗辩权"两个概念。但其实如此混用不会影响论证结果,因为本文认为永久性抗辩权并非此种不当得利成

---

① 参见〔德〕迪特尔·梅迪库斯:《德国债法总论》,杜景林、卢谌译,法律出版社 2004 年版,第 285 页。
② 参见黄薇主编:《中华人民共和国民法典合同编解读》(上册),中国法制出版社 2020 年版,第 416 页。
③ 参见申海恩:《抗辩权效力的体系构成》,载《环球法律评论》2020 年第 4 期。
④ 参见杜景林、卢谌:《是死亡还是二次勃兴——〈德国民法典〉新债法中的给付不能制度研究》,载《法商研究》2005 年第 2 期。
⑤ 参见王涌:《私权的分析与建构:民法的分析法学基础》,北京大学出版社 2019 年版,第 175 页。

立的必要前提。虽然《德国民法典》第813条第1款明文规定,该种情形的不当得利必须以债务人享有永久性抗辩权为前提。但我国并无类似条文,可以有其他解释可能。本文更加偏向于采用史尚宽先生的观点,①直接从无给付义务出发来解释此种情形下债务人的给付目的落空。如此一来,即便将履行费用过高规则的法律效果确定为消灭给付义务,也不妨碍不当得利请求权的成立。而借用永久性抗辩权的概念来证成此种情形的不当得利也只是暗度陈仓之举,读者更应重视的是无给付义务在不当得利制度中的重要作用。

---

① 参见史尚宽:《债法总论》,中国政法大学出版社2000年版,第84—85页。

《画家村案》批注回复

〔批注1、7〕请求权基础的预选与适用要件的拆解体现了请求权基础方法的体系性，是适用该方法分析案例的优势所在。

〔批注2〕登记问题涉及公法与私法的交叉。行政机关的登记行为除应受到公法之依法行政原则的约束外，还须尊重私法对法律行为效力的判断。在此意义上，民法上的公序良俗原则亦会对登记行为的合法性产生影响。将有关讨论置于公序良俗的判断之后更合逻辑。

〔批注4〕无效法律行为的转换系在尊重当事人目的之前提下，对法律行为要素的变更。① 买卖合同的交易目的在于取得标的物之所有权，在因所有权移转悖俗否定买卖合同效力的情形中，难以适用无效法律行为转换规则。

〔批注5、6、16〕"房地一体"规范是否只作用在处分行为（物权变动效力）的层面，殊值讨论。基于"使合同有效"的合同解释原则，即使承认"房地一体"规范在负担行为层面的意义，能够伴随房屋买卖合同默示成立的，也仅是宅基地租赁合同，而非宅基地使用权买卖合同。在规范解释的意义上，宅基地租赁权系为保持对其上房屋的所有权而设立的，因房地交易中的负担行为与处分行为通常存在较大的时间间隔，将宅基地租赁合同的成立时点提前至负担行为成立之时的解释立场，属于对当事人意思的不当推定，令房屋买受人额外负担了部分土地租金。另外，作为"房地一体"规范的实证法依据《民法典》第356、357、397条被规定在物权编中，基于"物债二分"的规范逻辑，难以解释出其具有负担行为层面的意义。

〔批注14〕案例报告中有关"承租人享有不受限制的转租权"的论断，忽视了转租合同是纯粹负担行为性质的租赁合同。转租合同的成立，仅使次承租人取得可对抗转租人的"租赁权"。"处分原租赁权"意义上的"转租权"意味着可以对抗上级出租人，这一权能的取得仍须"上级出租人的同意"。② 在此意义上，本案中甲

---

① 参见殷秋实：《无效行为转换与法律行为解释——兼论转换制度的必要性与正当性》，载《法学》2018年第2期。
② 参见吴香香：《请求权基础：方法、体系与实例》，北京大学出版社2021年版，第249页。

与乙之间的法定租赁权仍须取得农村集体经济组织的同意才得对抗该土地所有权人,但仍有《民法典》第718条"同意转租的推定规则"的适用空间。

〔批注21、22〕对于期待权的问题,吴老师在批注中已经进行了非常精彩的论证。所有权保留买卖中的"条件"为"意定条件",不动产处分中的"条件"为"法定条件"。所有权保留中的出卖人"拒绝受领价款"能够适用《民法典》第159条的条件拟制规则,不动产买卖中的出卖人"拒绝办理登记"不能适用该规则。① 就法教义学而论,难以将"所有权保留"与"不动产买卖"进行直接的类比。《八民纪要民事部分》(2016)第24条、《查扣冻规定》(2020)第15条后段、《执行异议规定》(2020)第28条等规定,更多的是基于法政策上的考量。以《民法典》第209条第1款中的"但书"规定进行解释,或许更具有合理性。②

余论:最后,笔者希望进行说明的是,本文对宅基地房屋买卖交易的教义学建构,系立足于尊重意思自治的解释论立场,以尽可能地保证当事人间房屋买卖合同的有效性及物权移转的可实现性作为法律解释的目标。但在我国的法律实践中,受到相关政策性文件及登记规则的影响,行政、司法等公权力机关更加强调对宅基地房屋买卖的公法规制,倾向于为实现宅基地制度的居住保障目标而否定房屋买卖合同的效力及物权移转的可能。在上述宅基地制度的实然与应然间,私人自治与国家管制不断地发生着冲突与权衡。

然而,现实中宅基地闲置和隐性流转的现象广泛存在,以居住保障为目标的现行宅基地政策亟须变革,以回应宅基地"居住保障"和"流转放活"的双重现实诉求。在此意义上,以农户不因宅基地流转而失去居住保障、受让人可以稳定利用宅基地作为政策目标的宅基地"三权分置改革",具有明显的合理性。以《民法典》新规定的"土地经营权"为典型,在我国,有关土地制度的改革总是经历"先以政策形式在局部试点,后以法律形式在全国推行"的过程。然而,作为"软法"的政策变动,难以给公民以如"硬法"般的合理预期,无法实现法在社会治理中的安定性。故笔者以为,在对"硬法"性质的实证法律进行解释与适用的过程中,应将政策的影响限制在立法论的层面。如此,方能在解释论上免受不合理的土地政

---

① 参见冯洁语:《论法定条件的教义学构造》,载《华东政法大学学报》2018年第5期。
② 参见袁野:《论非因自身过错未办理登记的不动产买受人之实体法地位》,载《法学家》2022年第2期。

策的干预,平衡宅基地的私法权利性质与公法管制目的,实现宅基地制度应然的教义学建构。

纵观全文,对于宅基地制度这一极具本土特色的财产法制度的教义学知识建构与请求权基础分析,也体现了作为方法的法教义学与请求权基础的科学性,及在我国本土化应用的可能性。

《以房抵债案》批注回复

〔批注6〕笔者认为,应对"提前到期"的约定进行解释之后再作判断。可以设想,即使当事人从未签订借款合同,也仍有可能通过两次商品房买卖的价款实现借款目的,在两次买卖之间,商品房所有权在贷款人处,该所有权实质上仍然发挥担保作用(让与担保)。

〔批注7、11〕在笔者看来,本案(也许是所有案例分析)的核心并非证明"当事人的意思不是什么",而是要探寻"当事人的意思是什么",反过来,如果能说明"当事人的意思是什么",也就无须花费笔墨在"当事人的意思不是什么"之上了。"名为买卖、实为担保"只是进行意思表示解释、判断双方是否通谋虚伪的一个切入点。

〔批注9〕因为在这一问题上的学说较多,所以在讨论时有所取舍。

〔批注15〕首先,偏向于债权人的正当性本身就存疑;其次,如果认可违约责任与旧债经济价值相当,多一种选择也未必对债权人更有利。

〔批注16〕首先,利益瑕疵不消灭的更改在某些情形下确能更好地拟合当事人的意思;其次,对于旧债之上的担保问题,尤其是事关第三人或事关登记的情形,可能需要类型化讨论,并不能泛泛地得出结论。

〔批注18〕当事人具有消灭旧合同的意思是前文意思表示解释工作得出的结论,此处为重申。

〔批注19〕这两者在表面上确实存在矛盾,此处有行文不够清晰的问题。文章强调的是,在意思层面,当事人约定提前到期具有消灭旧合同的意味;而在管制层面,提前到期的约定不能真的使履行期提前届满,否则相关的管制性规则很容易被架空。

〔批注21〕同意吴老师的意见,可能比较好的安排是,把价格规制的讨论放在效力性强制性规定部分,然后论证该规定不是效力性强制性规定即可。之所以如此安排,是因为笔者对流担保所涉规范群把握不足,因此如果不对以履行期为界规制的方法进行检视,难以定位到担保实现程序的价格规制条款。

〔批注22〕前文有所提及,在管制层面,不应使履行期随当事人的约定任意变化。

〔批注 23〕"清算型"和"归属型"的区分是根据流担保规制条款的规范意旨得出的,但只是形式性地看是否有清算约定,评价矛盾就无可避免,正是因为归属型可以被清算型所包含,笔者才主张在解释论上用是否参照市场价格作反面的排除。实际上,在笔者看来,更简单的解决问题的办法是一般性地架空流担保规制条款。

《买卖型担保案》批注回复

关于本案交易安排的定性大致可分为三种思路:买卖合同、清偿合同和担保合同。

1. 买卖合同的解释路径

本案原型案例终审判决认为买卖合同与借款合同是并立而又有联系的两个合同。双方以买卖合同为借款合同提供担保,借款合同为买卖合同的履行附设解除条件。①

有观点认为这一解释未能涵盖当事人的全部真意,遂修正买卖合同说。

观点①:买卖合同附设解除条件,同时出卖人交付房屋的履行行为附加停止条件。②

观点②:"附停止条件的买卖合同+抵销预约"。当事人在履行房屋所有权移转义务的同时,还须达成买卖合同中的价金支付义务和借款合同中的还款义务的抵销合意。③

2. 清偿合同的解释路径

债务人提出不符合原债务本旨的他种给付,可能构成清偿之特殊样态:代物清偿、新债清偿或债之更改。

观点③:代物清偿合意(要物合同说)。该观点认为,若债务人未现实为他种给付,代物清偿合意不发生效力,债权人不享有主张他种给付的请求权。

反对观点认为要物合同说损害债权人的利益,遂突破要物性的限制,创设了代物清偿(诺成合同说)、代物清偿预约和附停止条件的代物清偿合意三种解释路径。

观点④:代物清偿(诺成合同说)。该观点将代物清偿合意改造为诺成合同,代

---

① 参见最高人民法院民事判决书(2011)民提字第344号。
② 参见陆青:《以房抵债协议的法理分析——〈最高人民法院公报〉载"朱俊芳案"评释》,载《法学研究》2015年第3期。
③ 参见章晓英:《"以房抵债"与抵销预约——〈最高人民法院公报〉载"朱俊芳案"评释》,载《西部法学评论》2016年第1期。

物清偿合意成立后,债权人即得请求债务人为他种给付。①

观点⑤:代物清偿预约。卖方转移标的物所有权的目的并非履行买卖合同,而是以物抵债。案涉买卖合同实质是不履行债务则以物抵债的预先约定,属于代物清偿预约。②

观点⑥:附停止条件的代物清偿合意。当事人之间不仅就履行借款合同达成附停止条件(债务人届期未履行还款义务)的代物清偿合意,同时还就买卖合同约定了解除条件,即当事人一旦履行代物清偿合意下的房屋交付义务,买卖合同的解除条件也一并成就。③

观点⑦:附停止条件的债之更改。该观点认为,债务到期前债务人可选择履行或不履行,若到期仍不履行,"归还借款义务"更改为"移转房屋所有权义务";债务到期不履行时,债权人和债务人皆无"代替权"或"选择权"。债务的更改以债务人届期未履行还款义务为停止条件。④

观点⑧:附有选择权的清偿合意说。该观点认为案涉协议是附有选择权的清偿合意。债务人有履行还款义务或履行交付标的物义务的选择权。债务人择一履行之后,将使两项义务同时消灭。债务人可以根据客观情势的变化选择最有利于自己的清偿方式。⑤

观点⑨:事先约定的新债清偿合意。在债务人无法清偿到期债务时,债权人有权要求债务人先履行新债清偿协议,还款债务在新债未履行完毕前仍然存在。⑥

3. 担保合同的解释路径

有学者从担保合同的角度解释案涉交易安排,但在其是否具有对抗第三人的

---

① 参见陆青:《以房抵债协议的法理分析——以〈最高人民法院公报〉载"朱俊芳案"评释》,载《法学研究》2015年第3期;王洪亮:《债法总论》,北京大学出版社2016年版,第169页。
② 参见高治:《担保型买卖合同纠纷的法理辨析与裁判对策》,载《人民司法》2014年第23期。
③ 参见陆青:《以房抵债协议的法理分析——〈最高人民法院公报〉载"朱俊芳案"评释》,载《法学研究》2015年第3期。陆青教授主张同时存在附解除条件之买卖合同与附停止条件之代物清偿合意。反对观点参见孙维飞:《定义、定性与法律适用——买卖型担保案型的法律适用问题研究》,载《华东政法大学学报》2021年第6期。
④ 参见孙维飞:《定义、定性与法律适用——买卖型担保案型的法律适用问题研究》,载《华东政法大学学报》2021年第6期。
⑤ 参见张素华、吴亦伟:《担保型买卖合同意思表示之辨》,载《河北法学》2018年第5期。
⑥ 参见贾章范:《买卖型担保的理论廓清、效力分析与裁判路径——以最高人民法院的裁判观点为研究对象》,载郭春镇主编:《厦门大学法律评论》第32辑,厦门大学出版社2021年版。

物权效力等问题上存在分歧。

观点⑩：让与担保说。该观点认为当事人签订房屋买卖合同以保障借款债务履行，并办理了相应的备案登记，是以所有权移转为手段实现债权担保之目的，构成让与担保。①

观点⑪：后让与担保说。房屋的所有权移转对借贷合同的债权发生担保作用。商品房买卖合同作为借贷合同债权的担保属于物保，产生的是习惯法上的担保物权。②

观点⑫：抵押权变形说。该观点认为"后让与担保"本质上是一个"未经登记"的未来物上的抵押权。其担保作用为债权人得依房屋买卖合同请求移转担保物的所有权，以其变价或折价冲抵债务。此类担保行为虽未登记，但不影响其作为担保物权的担保作用，只是不能对抗第三人而已。③

观点⑬：担保合同说。该观点认为当事人之间成立担保合同，债权人尚未取得所有权或担保物权，仅能产生标的物所有权移转请求权。④

观点⑭：买卖合意和担保合意并存说。以上学说并非呈互斥关系，也有学者认为案涉协议同时具有担保合意和买卖合意，通过买卖合同消灭债权债务关系可被理解为担保权的实现方式，两者并不冲突。⑤

〔批注9〕若以新债清偿合意（要物合同说）解释案涉协议，将面临与代物清偿合意（要物合同说）相同的批评。新债清偿合意同样不具有"标的物一来一还"的特殊构造，也不具有无偿性，不能被归入要物合同。"要物性"阻却抵债物所有权移转请求权的成立，损害债权人利益。实际上，新债清偿的"要物性"只是表明债权人负担变价义务以其受领他种给付为前提，与他种给付的提出义务无关。

---

① 参见梁曙明、刘牧晗：《借贷关系中签订房屋买卖合同并备案登记属于让与担保》，载《人民司法（案例）》2014年第16期。有关判决可参见浙江省金华市中级人民法院民事判决书（2014）浙金商终字第1016号。
② 参见杨立新：《后让与担保：一个正在形成的习惯法担保物权》，载《中国法学》2013年第3期。有关判决可参见河北省石家庄市中级人民法院民事判决书（2014）石民三初字第00221号。
③ 参见董学立：《也论"后让与担保"——与杨立新教授商榷》，载《中国法学》2014年第3期。
④ 参见庄加园：《"买卖型担保"与流押条款的效力——〈民间借贷规定〉第24条的解读》，载《清华法学》2016年第3期。
⑤ 参见石冠彬：《论民法典对买卖型担保协议的规制路径——以裁判立场的考察为基础》，载《东方法学》2019年第6期；陈永强：《以买卖合同担保借贷的解释路径与法效果》，载《中国法学》2018年第2期。

〔批注 11〕第一种要物性系定义性规范,不具有法律适用意义。第二种要物性影响合同的成立或生效。基于两种要物性的区分,该文认为代物清偿是否属于要物合同系语词之争,对法律适用没有意义。我国法未规定"代物清偿"是以"物之交付"作为成立或生效要件的要物合同。"代物清偿"的要物性系定义性规范,不影响合同成立或生效。

笔者认为,如果区分描述合同内容和限制合同内容的合同学说,某合同是否具有第一种要物性将构成不同的合同类型,某合同是否具有"影响合同成立或生效的要物性"则对应同一合同类型上的不同价值判断。如果认为"代物清偿"的要物性系定义性规范,合同内容为债务人有权利但无义务提出他种给付,与案涉协议内容不同,应排除代物清偿的解释路径。如果认为"代物清偿"的要物性可能影响合同成立或生效,应进一步检讨该规则的正当性。若"代物清偿"的要物性不具有正当性,该规则即可质疑。

〔批注 16〕梳理代物清偿的概念就是为了论证能否以代物清偿合意解释《借款协议》。如果在这一部分一开始便揭示论证目标,确实更方便读者理解。

〔批注 25〕日本法上常见的权利移转预定型担保形式包括附条件的代物清偿、代物清偿预约和买卖预约。代物清偿预约和买卖预约,与我国法中的买卖型担保类似。①

〔批注 26〕"后让与担保说"认为,对借贷合同发生担保作用的是商品房买卖合同的标的物,而不是该合同的债权。商品房买卖合同作为借贷合同债权的担保,并不是债权担保,而是不动产所有权的担保。后让与担保合同成立,即产生后让与担保物权的效果,债权人取得担保物权。②

笔者认为,担保物和担保权的物权效力是两个不同的问题。担保物是不动产,并不等于担保权具有对抗第三人的物权效力。无论担保物是不动产还是债权,未经公示即不具有优先受偿效力。

〔批注 27〕"担保功能"一词或有不同解释可能。传统观点将担保功能理解为

---

① 参见冯洁语:《民法典视野下非典型担保合同的教义学构造——以买卖型担保为例》,载《法学家》2020 年第 6 期。
② 参见杨立新:《后让与担保:一个正在形成的习惯法担保物权》,载《中国法学》2013 年第 3 期。

保障债权的切实实现性,包含优先受偿效力。①《民法典》第388条规定:"担保合同包括抵押合同、质押合同和其他具有担保功能的合同。"若坚持区分原则,该条的"担保功能"并非指优先受偿效力。此外,功能主义担保观适用于动产交易,而第388条的"担保合同"包括买卖型担保合同在内的不动产担保合同,"担保功能"的解释能否全面继受美国法上的功能主义担保观,也有待商榷。

〔批注31、32〕如果将抵销时间点解释为未按时履行还款义务时,那么还款义务自其履行期届满时消灭,与前文意思表示解释的结果不符。如果将抵销时间点解释为房屋所有权移转时,债务人可针对房屋所有权移转请求权主张支付价款的同时履行抗辩权,无法实现抵顶还款债务的目的。

---

① 参见崔建远:《"担保"辨——基于担保泛化弊端严重的思考》,载《政治与法律》2015年第12期。

《海运货物灭失案》批注回复

〔批注1〕笔者在写作过程中曾将甲对丁的请求权放在甲对丙的请求权之前进行检视,因为本案中货损发生在丁的承运途中,优先检视对丁的权利可能是比较直观的一个思路。但在具体讨论过程中,发现甲对丁的权利并非只是简单的侵权损害赔偿请求权,也存在合同请求权的可能,而为了确定这一合同请求权,必须先讨论甲与丙间的法律关系。因此最终将甲对丙的请求权调整到了前面。

〔批注2〕就本案而言,甲未能履行其给付义务,但存在从乙处获得对待给付的可能。如果甲解除了合同,则其无法获得对待给付。因此解除合同对于甲而言并无利益。

〔批注5〕笔者在写作过程中曾经有个疑惑,就买卖合同而言,在请求——抗辩——反抗辩的视角下,上文关于对待给付义务自动消灭规则的讨论可能并没有那么直接。相比之下,可以直接将《民法典》第604条主文(寄送买卖则是第607条第2款)第1种情况("交付之前")作为出卖人的抗辩,而将第2种情况("交付之后")作为买受人的反抗辩。不过,正如文中所论,对待给付自动消灭的规则确有其必要性,如此一来,就确实有必要从双务合同的一般规则出发来看待这些规范的性质。

〔批注7〕本案中丙并非甲的员工,且丙办理出口手续、与丁签订海运合同等,是为了履行丙基于外贸代理合同对甲所负的义务,而不是为了履行甲对乙的义务,因此,丙不是甲的履行辅助人,而是合同外的第三人。

〔批注9〕解除权行使后买受人(解除权人)负担价额补偿义务,更多是因为,标的物的毁损灭失发生在解除权行使之后。若标的物毁损灭失发生在解除权行使之前(如本案),似乎不会存在买受人负担价额补偿义务的情况。

〔批注11〕这样安排主要是考虑到两个原因:其一,既然甲丙间关系先于甲丁间关系检视,在此即不妨将是否构成代理一并讨论;其二,如果构成代理,甲向丙请求交付单据的请求权,可能不是合同请求权而是物上请求权,从而对甲的请求权性质有实质影响。

〔批注 16〕 在写作过程中,笔者曾经考虑过是否仅凭实际托运人规则即可支持甲对丁的请求权。但是在查阅判例并考察海上货物运输合同的特殊性之后,还是认为向承运人主张权利的前提是持有提单,即使甲是实际托运人,也无法在不持有提单的情况下主张提单上权利。

〔批注 19〕 如果货损发生在责任期间外,那么承运人不必承担责任,此时不是权利已经消灭而是权利根本没有产生。就此而言,发生在责任期间外属于权利未发生的抗辩。

〔批注 21〕 笔者曾经将乙对甲的请求权分为代偿请求权与原合同请求权分别讨论,得出的结论是,乙基于《民法典》第 598 条享有代偿请求权与交付单证请求权两项权利,它们是目的与手段的关系。但后来考虑到,案例分析报告不宜脱离案情和实体规范直接抽象出一个实质问题(代偿请求权)单独讨论,更可取的方法是在讨论特定请求权的框架下分析实质问题,即直接在乙对甲的单证交付请求权框架下,阐述该权利如何实现,以及是否须借助代偿请求权理论。这样一来,乙对甲享有的实际上就只是一个代偿请求权性质的单证交付请求权。

〔批注 24〕 此处论证确实从思路上不太符合请求权基础分析的特点。正常的讨论顺序是,首先分析《民法典》第 522 条第 2 款第 1 句的要件是否满足,在此框架下,再检视案涉海上货物运输合同是否属于其中"第三人可以直接请求债务人向其履行债务"的合同(即利益第三人合同)。

《房屋善意取得案》批注回复

〔批注9、14〕这个问题实际上涉及权利外观要件和善意要件的关系。在学习权利外观理论之初,我就有这样的疑惑:在善意要件之外,设置独立的权利外观要件①有何意义？处分人不具有权利外观,不就是取得人恶意吗(起码属于"应当知道")？

直到后来读到,德国法认为取得人不负查询登记簿义务,我才似乎有点明白其中的道理:正是因为取得人没有义务查询登记簿,所以处分人不享有登记名义时,取得人并不会当然构成恶意(无义务查询登记簿,也就不属于"应当知道"),故而有必要在善意要件外设置权利外观要件,排除无权利外观时善意取得之成立。按此逻辑,占有查看不应是权利外观要件下的问题,因为如正文提及,处分人无占有时,善意取得绝非被当然排除,而要看个案中处分人能否给出合理解释,因此占有无法享有登记外观那般一旦欠缺即排除善意取得的地位。

至于为何取得人无查询登记簿的义务,是因为这样可以进一步节省交易成本。虽然谨慎的取得人为了确保处分人有权利外观,还是会去查询登记簿;但那些"心大"的取得人起码有了更多的选择空间,其可以选择"赌"出让人有登记名义而不再查询登记簿,在此范围内即节省了交易成本。②

因此,有必要在法技术层面区分权利外观和善意,占有查看问题应归入善意,而非权利外观要件下讨论。不过,正文使用的"什么是理想的不动产公示方式"等措辞确实不够严谨。

〔批注19至22〕如上述,取得人并无查询登记簿的义务,因此存在异议登记时,取得人也不会因此构成恶意(无查询义务,也就无法说"应当知道"),故有必要

---

① 例如《总则编解释》(2022)第28条第1款第1项。
② 或有观点认为,这部分不谨慎的取得人无论如何都不会去查询,因此谈不上交易成本有所节省。但这一质疑忽略了,有查询义务时,取得人知道自己一旦不去查询就必然不成立善意取得(未尽查询义务不满足善意),此时只能赌"处分人有处分权";而无查询义务时,取得人即便不去查看登记簿,还是有成立善意取得的可能,此时还可以赌"处分人有登记名义"。后种情形下选择赌的人会更多(换言之,免除查询义务会激励人们适度冒险,在信息足够确定时不用每次都查询登记簿),两种情形下的人数差值乘以单次查询成本,即为节省之交易成本。

设置独立的排除事由(这可能也是为何德国教科书都会分列权利外观、恶意、异议登记等要件/排除事由)。

我国《物权编解释一》(2020)第15条第1款将异议登记等事项规定为取得人"知道"之情形值得商榷,即便是作为"应当知道",也有违此处所述无义务查看登记簿的原理,因此应对其进行重新解释(不过由于文义十分清楚,是否存在他种解释空间还有待考虑)。

〔批注23〕 似无实质区别,本质都是取得人之善意与原权利人之可归责性间的相互补强(wechselseitige Ergänzung)①:取得人善意程度高,可以补强原权利人可归责性弱(第312条可以理解为,取得人必须查明标的物非占有脱离物才系善意);原权利人可归责性高,可以补强取得人善意程度弱。

〔批注29〕 确有观点认为,所有物返还请求权的要件比侵权更宽松,而它们在效果上又无差别,因此认为同时成立所有物返还请求权与侵权请求权,是一种无意义的竞合,在认定所有物返还请求权成立后,不应再继续检视侵权。②

不过,考虑到以下原因,容许二者竞合、继续检视侵权可能仍然是有意义的:如果仅检索所有物返还请求权,那么当原告取得返还之诉的胜诉判决、申请执行时,若标的物已因意外毁损灭失,根据《执行规定》(2020)第41条第2款,原告需要再提起金钱赔偿之诉,此时法院须审查被告是否应为意外负责,进而需要审查被告当初扣留占有是否构成侵权,因为若构成侵权,则被告自始陷入债务人迟延(所谓"盗者常在迟延"③),须为迟延中发生的一切意外负责,若不构成侵权,则要待原告催告后才陷入迟延④,自催告时起负加重责任⑤;而如果在返还之诉中一并审查了所有物

---

① Vgl. Canaris, Die Vertrauenshaftung im deutschen Privatrecht, München: C. H. Beck, 1971, S. 541 ff.
② 参见朱虎:《物权请求权的独立与合并——以返还原物请求权为中心》,载《环球法律评论》2013年第6期(朱教授认为《民法典》第235条是一种特殊侵权,排除一般侵权的适用)。
③ 参见韩世远:《合同法总论》(第4版),法律出版社2018年版,第539页。
④ 参见韩世远:《合同法总论》(第4版),法律出版社2018年版,第538页。
⑤ 若标的物是在返还之诉的起诉状副本到达被告之后毁损灭失,则起诉状可构成催告,审理赔偿之诉的法院无须再关注侵权是否成立,直接根据前诉认定的所有物返还请求权+类推催告迟延规则,即可得出被告须负责的结论;只有当标的物在返还之诉的起诉状副本到达被告之前毁损灭失,而审理返还之诉的法院受辩论原则拘束并未查明该事实(如被告故意或过失未主张毁损灭失事实)时,审理金钱赔偿之诉的法院才有必要查明被告是否构成侵权,以确定其未受催告之前是否已因侵权而陷入迟延。这虽然是一种极端例外的情形,但判断何种理论的解释力更强,往往就取决于其适应于极端案例的生命力。

返还与侵权，那么原告嗣后再提起金钱赔偿之诉时，法院即可援引在先返还之诉有关侵权是否成立的认定[《民事证据规定》(2019)第10条第1款第6项]，仅须再查明标的物的市价。两相比较，后一种做法更加便捷，也可以降低因后诉法院远离占有扣留事实而造成事实认定错误的概率。比较法上，《德国民事诉讼法》第893条第2款规定，原告再提起金钱赔偿时，原返还之诉的一审法院享有排他的管辖权。我国法缺少此种规定，两次诉讼的管辖法院可能不同，如果不承认所有物返还和侵权的竞合、在前诉中一并审查，后诉法院审查侵权事实很可能存在不便。因此，在认定所有物返还请求权成立的情况下，继续检索侵权请求权具有实益（以上观点感谢吴老师的启发）。

余论：最后，我还想补充一些本文写作后的感想和对请求权基础方法的感悟，或许会对读者有些许价值：

其一，人的思维容易发生跳跃，我们也会受到自身知识前见的限制，喜欢关注熟悉的理论问题，而缺乏对陌生争点的敏锐嗅觉。传统的法律关系方法缺乏一套有逻辑顺序的完整分析框架，对此力有不逮；而请求权基础方法旨在追求"不遗漏、不重复"，通过"里三层、外三层"的分析结构要求写作者条分缕析、面面俱到。本案原型"臧树林案"就是一个很好的例证。围绕"臧树林案"的争论一直集中在善意取得之善意判断上，而忽视了李榛（即案情中的担保公司）与谢伟忠（乙）之间其实应当成立表见代理，谢伟忠向连成贤（丙）的处分应系有权处分，根本没有成立善意取得的空间。我也是一直到物权变动、代理一级级要件展开后才发现，《公报》抽象出的、引发那么多讨论的"裁判要旨"，对于"臧树林案"的正确解决而言很可能只是一个傍论(obiter dictum)，"臧树林案"或许根本就不应走到善意取得的分析上去。因此为了维持善意取得的种种讨论，我对原本的案情进行了修正。此外，若非真的按照分析框架一步步分析，我也不会发现，原来有那么多诸如无权占有是不是要件、交易行为的解释、权利外观与善意的关系、抗辩权作为占有本权、费用偿还请求权的到期、妨害与侵害等的问题，此前都没有充分关注到。

其二，正文分析了一些可能在读者看来有些冗余的问题，例如物权行为理论、意思表示解释标准、善意取得的部分要件，这些问题属于教科书的内容，似不应在案例分析中凑数。① 不过,我还是遵照了吴老师的建议,对这些问题进行了一定的展开。我想吴老师或许认为,这实际上体现出请求权基础方法在中国环境中可以发挥出额外的功用:整理我国不甚清晰的实证法,锻炼答题者拆解要件的能力,以弥补中国学生缺少家庭作业(Hausarbeit)等学术论证方面的训练的不足。

其三,本案的核心争点是,取得人是否负有一般性的占有查看义务,全案争点集中,有别于典型的请求权基础案例。不过,此份报告或许也能向读者展示,在请求权基础方法中,也可以训练答题者的法学方法论功底。理论上的法教义学分析其实与社科法学并不矛盾,前者反而能帮助后者发现和定位问题。②

其四,一份优秀的请求权基础分析报告究竟是如何写作出来的,或许是萦绕在读者心头的一个疑问。我也曾在中国政法大学的相关鉴定式讲座上向汉马可(Marco Haase)老师提问:鉴定式究竟是一种思维方式,还是一种展示/报告方式?之所以有这样的疑问,是因为我的这份报告其实断断续续历时3年,前后经过和吴老师的3次讨论大改才最终成型。我一直在想,鉴定式或许并不能反映真实的思维过程,而只是一种书面的表达方式。不过,汉马可老师回复道:鉴定式方法是一种"规范的"思维方式(当然也是一种展示方式),这意味着,在具备相关实体知识的前提下,我们应当按照这样的顺序和逻辑展开思考;或许确实没有人能一次性地写出这样完整的作品,但它应当是法律人不懈追求的目标。

---

① 参见〔德〕罗兰德·史梅尔:《如何解答法律题:解题三段论、正确的表达和格式》(第11版),胡苗苗译,北京大学出版社2019年版,第70—71、122—123、140—141页。
② 教义学的此种功能,参见 Simon Deakin & Zoe Adams, *Markesinis and Deakin's Tort Law*, Oxford University Press, 2019, p. 28。